民國歷史與文化研究

十八編

第 **17** 冊

胡先驌年譜
（第七冊）

胡 啟 鵬 著

花木蘭文化事業有限公司

國家圖書館出版品預行編目資料

胡先驌年譜（第七冊）／胡啟鵬 著 -- 初版 -- 新北市：花木
蘭文化事業有限公司，2024〔民 113〕
目 4+244 面；19×26 公分
（民國歷史與文化研究 十八編；第 17 冊）
ISBN 978-626-344-646-5（精裝）
1.CST：胡先驌 2.CST：年譜
628.08　　　　　　　　　　　　　　　　112022508

ISBN-978-626-344-646-5

9 786263 446465

民國歷史與文化研究
十八編　第十七冊　　　　　ISBN：978-626-344-646-5

胡先驌年譜
（第七冊）

作　　者　胡啟鵬
總 編 輯　杜潔祥
副總編輯　楊嘉樂
編輯主任　許郁翎
編　　輯　潘玟靜、蔡正宣　美術編輯　陳逸婷
出　　版　花木蘭文化事業有限公司
發 行 人　高小娟
聯絡地址　235　新北市中和區中安街七二號十三樓
　　　　　電話：02-2923-1455／傳真：02-2923-1452
網　　址　http://www.huamulan.tw 信箱 service@huamulans.com
印　　刷　普羅文化出版廣告事業
初　　版　2024 年 3 月
定　　價　十八編 22 冊（精裝）新台幣 55,000 元　　版權所有・請勿翻印

胡先驌年譜
（第七冊）

胡啟鵬　著

目

次

第十冊

第十一冊

第十二冊

民國三十五年丙戌（1946） 五十三歲

1月1日，正大校友會歡送胡先驌。

　　【本報訊】國立中正大學留校校友會於昨午五時假鍾愛社成立大會當選出江作昭等七人為幹事，會後就餐，並餞別該校胡前校長赴平，席間胡氏訓詞，辭意誠懇，至九時始盡歡而散。

　　【又訊】正大南昌校友會定於今日午後五時假訊團川榮社聚餐並送胡前校長，凡該校畢業同學，統希屆時攜帶聚餐費七百元，前往歡聚云。〔註1892〕

1月3日，胡先驌致中華教育文化基金董事會信函。

　　敬啟者：

　　　　貴會民國三十四年十二月二十二日來書，知驌經貴會聘任為貴會三十五年度植物學研究教授，至為感荷，特專函應聘。現靜所已接收竣事，驌不日即赴北平整理一切，以後通函請寄北平靜生生物調查所。惟一、二、三等三個月薪金仍請寄南昌鴨子塘十七號為要。驌之工作地點仍在北平本所也。此致
中華教育文化基金會

　　　　　　　　　　　　　　　　　　　　　　　胡先驌 敬啟

　　　　　　　　　　　　　　　　　　一月三日（1946年）〔註1893〕

1月3日，正大校友會昨宴胡先驌。

　　【本報特訊】本市正大校友會，於前（一日）在假訊團川榮社舉行元旦聚餐，並歡送胡前校長，到會理監事暨校友數十人，觥籌交錯，情況至為熱烈，胡前校長席間並以「滿招損，謙受益」六字訓勉。〔註1894〕

〔註1892〕梁洪生主編《杏嶺春秋——〈江西民國日報〉有關國立中正大學的報導全匯（1938～1949）》，2010年12月內部印刷。中華民國三十五年一月一日週一第三版。

〔註1893〕胡宗剛撰《胡先驌先生年譜長編》，江西教育出版社，2008年2月版，第385頁。

〔註1894〕梁洪生主編《杏嶺春秋——〈江西民國日報〉有關國立中正大學的報導全匯（1938～1949）》，2010年12月內部印刷。中華民國三十五年一月三日週四第三版。

1月6日，任鴻雋致胡先驌信函。

步曾吾兄左右：

昨奉上月二十六日來示，知弟十二月十五日一緘已經達覽，至為欣慰。尊處上月二十五日來電亦於三日前奉到，即復一電，請於赴滬前來渝一晤。因北平靜所接收後，情形大致明瞭，將來辦理上問題甚多，故甚欲與兄先為一談。惟目下交通不便，兄來渝之舉或不易辦到，甚或弟致兄之電亦不克到達，故寫此信託農山兄轉交，因知兄過滬必能與農山晤面也。

靜所損失無論嚴重與否，皆須由兄到平後，一面清理，一面追索，所失書籍儀器，至此等設備之恢復至相當程度，方能恢復工作。至房屋家具等，已經由守和兄撥去之三十萬元中用去二十萬元，略加修理添置。兄此次往平最好能就最小限度之復員費用，作一預算交會，以便提出執委會核撥。惟為應目下急用起見，自可在上海葉良才兄處先撥若干萬攜帶前往，數額可臨時決定，如存款尚多，當可撥交一百萬也。關於兄之薪津及靜生所經費當俟兄到平後，按期發放。總之，靜所事非兄早到北平，無人負責清理。兄能刻日前往，此所之大幸也。

此外尚有一事須與兄說及者，北平圖書館因復員後，館中書庫已不敷用，欲借用靜所房屋，昨經此間委員會討論，在不妨礙靜所工作程度內，可借一部分。至房屋如何分配，請兄到平後，徑與該館商洽。再去年一年中，此間寄兄之款項，計共為靜所四十八萬元，美國援華會特別研究補助費十二萬（兄與楊宜之兄兩人各六萬元，此款有四萬元係由蕭叔玉兄代呈），教育部支配美援華會補助費二十八萬元（此款原為三十二萬元，現尚有四萬元存敝處未匯），各款想已一一收到，請來示提及，以資參考為感。弟處尚有若干關於靜所之緘件若干，俟得兄確定住址，即行寄上，請加復辦。

再者，廬山植物園收復後情形如何，兄在南昌時派人前往察看接收否？鄙意以為宜先派陳封懷兄前往接收。存美國學校內諸物品尤為重要，不知損失情形如何？均請來示示及為盼。餘不備悉。

此頌

時祉

弟 任鴻雋

卅五年一月六日〔註1895〕

1月7日，秦仁昌致陳誠信函。

　　1945年8月抗戰勝利，身在雲南昆明之秦仁昌牽掛存於美國學校之物品，乃致電國民政府軍政部部長陳誠，請其囑咐接收部隊對該項物品予以妥善保護。當獲悉寄存物品全部不知下落後，再次致函陳誠，請其設法追索：

辭修部長勳鑒：

　　接奉十二月十日手書，驚悉牯嶺存件已被日軍運去，當即以虞電請設法查明昔日牯嶺日軍事首長姓名，予以拘捕，審訊存件下落，以便追回。查，美國學校三層樓，紅頂校舍內共存有廬山植物園植物標本、圖書七十九大木箱。弟費二十年之搜集、研究，及不知若干精力與金錢，即在歐美四年之研究，內尚有研究筆記本一箱，均未經發表，要非金錢所能購得，就中尤以三萬八千餘種之蕨類標本，為世界獨一無二之科學材料之搜集，為中國今後最寶貴材料，久為日本學者所垂涎。此次為其運去乃係預定之計劃，不過為弟今後研究工作及中國學術計，非設法追回不可。同時中央研究院地質研究所奇珍圖書及岩石、化石標本一批，約兩百箱，藏於美國學校之三層校舍之頂樓內，亦已為日軍運走。統擬懇請鈞臺查明當日駐牯日軍長官，設法逮捕，嚴訊各物之下落，以便弟前去認領運回，造福中國科學不啻七級浮圖矣！

　　專此奉瀆，敬頌

勳祺

弟 秦仁昌 拜上

一九四六年一月七日〔註1896〕

1月17日，胡先驌在農專講演。

〔註1895〕胡宗剛撰《胡先驌先生年譜長編》，江西教育出版社，2008年2月版，第385～386頁。

〔註1896〕胡宗剛著《從三老手札看廬山森林植物園之創建》，公眾號註冊名稱「近世植物學史」，2023年04月03日。

【本報特訊】省立農專為增進學生學術知識起見，曾輪流聘請專家學者講演，日前（十四）又邀請國立中正大學校長胡先驌博士，講演《今日農業建設之途徑》。胡氏自土地問題說到農業，身之改進及增加生產與農產製造等，講述詳盡，並列舉科學方法以說明改良種子等問題，歷時二小時之久，頗引起該校學生對農業研究之超越云。〔註1897〕

1月18日，胡先驌日內赴渝。

　　【正路社訊】前國立中正大學校長，現任教育部收復區教育訓導委員胡先驌氏近日奉中樞電召赴渝協商要務，聞胡氏奉電後準備於周內乘輪赴潯轉武飛渝云。〔註1898〕

1月18日，胡先驌致夏緯琨信函。

　　玉峰仁弟惠鑒：

　　　　手書備悉，前函囑弟以庶務主任名義向各方接洽，想已照辦。日前請任叔永先生電匯十萬元以充吾弟薪津及所中開支，想已收到。驌陰曆年後即飛渝接洽，再由渝飛平處理一切，已電蔡希陶（以秘書名義），令即赴平。津浦路通後，周、楊兩先生亦可陸續北上也。友人傅涇波先生現任行政院北平辦事處副處長，現寓磚塔胡同二十號，茲特作一介紹函，請即晉謁，託彼協助為要。

　　　　專此即頌

　　近祉

驌拜　啟

一月十八日（1946年）〔註1899〕

　1月19日，王景祥致胡先驌函。

〔註1897〕梁洪生主編《杏嶺春秋——〈江西民國日報〉有關國立中正大學的報導全匯（1938～1949）》，2010年12月內部印刷。中華民國三十五年一月十七日週四第三版。

〔註1898〕梁洪生主編《杏嶺春秋——〈江西民國日報〉有關國立中正大學的報導全匯（1938～1949）》，2010年12月內部印刷。中華民國三十五年一月十八日週五第三版。

〔註1899〕胡宗剛撰《胡先驌先生年譜長編》，江西教育出版社，2008年2月版，第387頁。

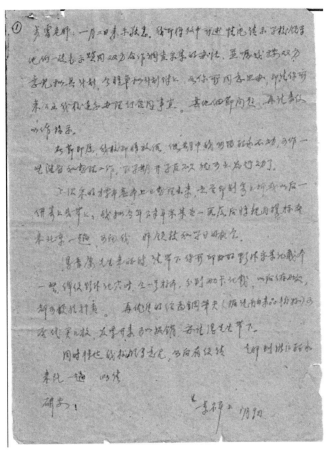

王景祥致胡先驌函

步曾老師：

一月二日來示敬悉。

我即將信中所述情況，請示學校領導，他們一致表示贊同，雙方合作調查採集的辦法。並囑我按雙方擬具計劃，今將草擬計劃附上，如你所同意照辦。即請你所來公函，我校連（聯）係辦理訂合同事宜。其他細節問題，再請來信，以作指示。

春節即屆，我校即將放假，假期中我仍留麗水不動，可作一些準備和整理工作。下學期開學後，不久就可以出發行動了。

上次採集的標本基本上已整理出來，是否即刻寄上抑否以後一併寄上或帶上。我擬今年下半年採集告一段落後，將親自攜標本來北京一趟，可向我師領教和學習好機會。

馮晉康先生來麗（水）時，請帶下你所印好的，野外採集記載

本一些，俾便野外記錄時，仝一號標本，分到兩卡記載，以後分存兩處，都可便於□□查。再優質的繪圖鋼筆尖（據說舶來品較好），可否代買幾枚，發票開來，可以報銷，亦請馮先生帶下。

同時轉達我校領導意見，今後有便，請老師到浙江麗水來玩一趟。此請

研安

生 景祥 上 1 月 9 日〔註1900〕

【箋注】

王景祥，浙江省人，中正大學第四屆畢業生，曾在浙江麗水林校任教。

1月，中國興業出版公司刊印《政治之改造》單行本，文前新增作者序文，正文內容有增刪。

此編為拙著《中華民族之改造》之一章，曾在《龍鳳月刊》第三期與《民國日報》刊布。友人輩僉以全書告成有待，而斯編所課論之問題有時間性，以早日問世以供有識之者之參考為宜，乃以付中國興業出版公司為之印行，甚望對於當前政治改革，有所匡益，則亦不負百十日沉思屬稿之勞矣。是為序。

民國三十五年元月胡先驌序於南昌

2月，雲南木材研究領先全國。

雲南之木材研究始於張英伯，在農林所與中央研究院工學研究所合作下，設立研究室。其研究俞德濬為之歸納如下數方面：「其一為雲南各林區內重要木材標本之採集，已去者有昆明富民羅次諸縣、滇東北部之烏蒙山，以及滇西部沿滇緬路線之林區；其二為昆明商用木材市場與採運方法之調查；其三為滇中部主要木材之鑒定，計已完成一百二十七種切片，分隸於六十科九十四屬；其四為木材物理性之研究，計已完成一百零六種木材含水量與比重之測定，及四十種木材弦徑兩面之收縮試驗；其五為木材力學性質之測定，曾就所採五十二種木材分別作靜曲、動曲、縱壓、橫壓、順紋拉力、橫紋拉力、剪切、劈開、硬度等之試驗；其六為木材之化學分析，擬

〔註1900〕 胡啟鵬輯釋《胡先驌墨蹟選》（初稿），2022 年 2 月，第 367～368 頁。

就習見之十種木材，分析其水分灰分各種配精物纖維素木素等，進
而試作松木及櫟木之木材乾餾，比較其乾餾產物。此外氏並曾研究
施來登木之木材組織，以確定其在系統上之位置。據此推斷該獨種
屬應獨立成為一科，但可附屬於山茶部。此則利用解剖學上之觀察，
輔助解決分類學之疑難問題也」云云。〔註1901〕

2月和5月，鄭萬鈞又派中央大學森林系研究生薛紀如兩次到該地，採得
完整的花和毬果標本。根據王戰提供的路線，獨自從萬縣徒步至磨刀溪，第一
次是春節過後的2月間，採集到完整的金黃色的雄花序標本，採集日期是1946
年2月20日。第二次是當年的5月再次前往，這次採集到帶葉毬果標本，採
集日期是1946年5月18日，並對其生長態勢、生境等進行了深入的調查，同
時還採到竹柏、黃杉等標本。薛紀如將這兩次採集水杉模式標本和調查，1947
年撰寫了有關水杉的調查報告。

鄭萬鈞教授看了完整的標本之後，還不能鑒定出何個品種。

【箋注】

薛紀如（1921～1999），河北省臨城縣人。森林植物學家，竹類專家。1941年，
薛紀如考上中央大學生物系，因為對植物的偏愛，二年級時即轉入農學院森林系。1945
年又考取中央大學研究生，1948年獲得碩士學位。對森林生態學和生物多樣性保護有
較深入的實踐與研究，尤其在竹類的研究方面作出了突出的成績，命名了4個新屬，
60多個新種。對西南竹類研究和雲南竹產業的發展作出了重大貢獻。

3月2日，胡先驌致袁同禮信函。

守和先生惠鑒：

不通音訊，又隔多日，敬以興居為念。驌已於日前來滬，一俟
與中基會任叔永先生接洽後，即將飛平，布置靜生所復員工作。頃
得敝所庶務主任夏緯琨報告，雲貴所欲借用敝所房屋成立西文部，
並已將書架百個運至敝所，將植物標本室占滿。聞之至為詫異，此
等事何以事先不同驌商洽取得同意，竟自由行動。且敝所復員在即，
圖書、標本均將運回陳列應用，原有房屋不能讓借，且貴館房屋極

〔註1901〕 俞德濬，《八年來雲南之植物學研究》，《教育與科學》，1946，2（2）。胡宗
剛著《靜生生物調查所史稿》，山東教育出版社，2005年10月版，第144
頁。

多，似無更借用敝所房屋之需要，應請將書架運回為要。再聞中基會曾撥與敝所復員經費三十萬元，交與臺從手收，請將此款交與夏緯琨先生收用。又驌曾電任叔永先生，電匯十萬元與夏先生收用，此款匯出已久，而夏先生來信云尚未收到，若此款係由臺從轉交，亦乞即日交與夏先生為感。

　　專此敬頌

臺綏

　　　　　　　　　　　　　　　　　　弟　胡先驌　拜啟

　　　　　　　　　　　　　　　三月二日（1946 年）〔註 1902〕

3 月 2 日，胡先驌致夏緯琨信函。

玉峰仁弟惠鑒：

　　驌於二月二十五日來滬，本擬即日乘飛機往重慶，以任叔永先生有信云三月初來滬，故已去函詢問是否仍須驌往渝或留滬，以圖面晤，一俟與任先生晤見之後，即將乘機來平也。

　　目前交通異常困難，故周仲呂、彭鴻綬先生尚不能來平。前得任叔永先生電，云已電匯與吾弟十萬元，時已逾三四星期，何以尚未收到？是否係由袁守和轉交，而袁扣住未發，可往詢問。如袁已往美國，可詢其他負責人（是否徐鴻寶）。驌來平時當更多帶經費來也。讀吾弟致秉農山先生函，知圖書已搬回大部分，標本亦將搬回，至以為慰。一俟晤見任先生後，再電匯鉅款以供使用。北平圖書館擬在本所樓層成立西書部，殊為荒謬，茲特作一函與袁守和或其代理人，請即往面交為荷。

　　專此即頌

春祺

　　　　　　　　　　　　　　　　　　　　　　驌　拜啟

　　　　　　　　　　　　　　　三月二日（1946 年）

　　另一函致沈先生，請面交。〔註 1903〕

〔註 1902〕　胡宗剛撰《胡先驌先生年譜長編》，江西教育出版社，2008 年 2 月版，第 388
　　　　　　～389 頁。

〔註 1903〕　胡宗剛撰《胡先驌先生年譜長編》，江西教育出版社，2008 年 2 月版，第 388
　　　　　　頁。

3月15日，胡先驌致夏緯琨信函。

　　玉峰仁弟惠鑒：

　　　　奉二函，備悉一是，圖書館欲吞沒十餘萬元，驌當然不承認，已函告任叔永先生，且將吾弟原函寄上矣。傅書遐君明日即乘船赴平，彼在平熟人甚多，大可幫助吾弟也。四月份幻武請暫謀他來，以節開支，現正向各處接洽補助，在未得到此項經費時不得不縮緊用費也。

　　　　專此即頌

　　時祉

　　　　　　　　　　　　　　　　　　　　　　驌　拜啟

　　　　　　　　　　　　　　　　三月十五日（1946 年）〔註1904〕

3月16日，李良慶致任鴻雋信函。

　　叔永先生道鑒

　　　　敬陳者：數年來交通梗阻，未得修書致候，起居歉仄曷已。戰事結束，承公不棄，電令接管靜生所，深感知遇之厚，當呈兩電報告一切，諒邀尊覽。慶於奉命後，即與兼士先生接洽數次，不意渠於接收前一日，突另派夏緯琨君執行接收之責。慶於當日亦出席，一睹損失狀況，頗有滄桑之感，真不知又需若干時間、勞動和金錢始恢復舊觀。

　　　　也曾致函王啟無君，囑其轉呈，想蒙鑒矣。慶現在北平臨時大學第一分班（理學院）任植物學教授，今後尚希先生勿吝全至，多加指導，俾有遵循為幸。

　　　　專肅，祇頌

　　大安

　　　　　　　　　　　　　　　　　　　　弟　李良慶　謹上

　　　　　　　　　　　　　　　　　卅五年三月十六日〔註1905〕

〔註1904〕　胡宗剛撰《胡先驌先生年譜長編》，江西教育出版社，2008 年 2 月版，第 389 頁。

〔註1905〕　李良慶致任鴻雋，1946.3.16，南京：中國第二歷史檔案館，484（981）。胡宗剛著《靜生生物調查所史稿》，山東教育出版社，2005 年 10 月版，第 186 ～187 頁。

3月18日，靜生生物調查所全面復員工作。

　　《華北日報》發表一則題為《靜生生物調查所重建工作即展開》的消息，報導了胡先驌已在上海，待乘飛機返回北平，靜生所即可正式開展工作云云。胡先驌到滬之前曾途經南京，為靜生所經費和改隸等事做短暫停留，奔走於政府有關部門；任鴻雋也到南京相晤，一同拜見前文所提及的幾名位處顯赫的政府官員，請予支持，然所獲甚微。到滬後，胡先驌與中基會商得 1946 年年度預算 360 萬元，在當時情形下，此數雖屬無幾，然在中基會方面已是盡最大努力。胡先驌還從美國援華會得到少許房屋設備修復費。〔註 1906〕

　　春，中央工業試驗所遷上海。該館人員不願拋棄多年苦心經營的木材試驗館，留在樂山，繼續他們的科學研究事業。1950 年 1 月，木材試驗館由樂山專署接管。7 月，樂山木材試驗館隸屬政務院林墾部，並改名為政務院林墾部西南木材試驗館。1950 年 12 月，該館 20 多人從四川遷北京併入林業部，與林業科學研究所合併。

　　春夏，由於在麗江的盧山植物園實際解散，秦仁昌調雲南大學森林系任主任，馮國楣調進農林植物所工作。馮國楣到西南聯大生物系標本室選取標本副本 8000 餘份存於本所。〔註 1907〕

　　4月9日，參加董事會會議，議決圖書館應再募購書費及徵求捐書諸多事項。

　　理事會第 155 次會議（理監事會聯席會議）記錄（1946 年 4 月 9 日），上海社所開理事監事聯席會議，出席及列席者：胡先驌、劉咸、秉志、任鴻雋、楊孝述、曹梁廈、顧毓琇、茅以昇、於詩蔦。主席：任叔永，記錄：於詩蔦。

　　報告事項：

　　一、楊允中君報告：本社基金存款在卅一年結束時，物價尚平無甚動用，後以幣值不穩，遂以十萬元投資化工、電工兩出版社，

〔註 1906〕 胡宗剛著《靜生生物調查所史稿》，山東教育出版社，2005 年 10 月版，第 190 頁。

〔註 1907〕 中國科學院昆明植物研究所編委會編《中國科學院昆明植物研究所簡史（1938～2008）》，2008 年 10 月版，第 4 頁。

又以五千元投資中國奶粉廠。迨中國科學公司增資，本社原只六萬元股本，再投六萬元，連同贈股變為卅萬元。及該公司再度增資，本社股本應變為一百五十萬元之時，應再解之新股款卅萬元未有著落。適外埠股東因交通關係，除其贈股外，應購之新股多不認購，遂由本社承受，將其一部分高價售成現金，以解此新股款，是以增資權利得以無損。現該公司股款除一百五十萬元已歸入基金會外，尚餘十四萬二千七百元股票暫存，備原股東照市價來購或售出作經常維持之用。至基金中公債八萬餘元，則已聽從熟悉金融者意見以偽幣一百八十五萬餘元市價售出，換購白米，逐期配與職工。最近基金中尚存數種股票一百六十餘萬元及少數存款。此次任叔永先生募得五百萬元充實基金，本社經費大為樂觀矣。

二、任叔永君報告：生物研究所復員經費已向教育部申請一千萬元，又向美國援華會申請一千餘萬元，希望籌近三千萬元，如用去一半，則可餘一千餘萬元充生物所經費。

三、曹梁廈君報告：現在總社復員有望，上海社友會維持上海社所擬至六月底為止，其社友會應辦之交誼會，屆時再定新計劃。

討論事項：

一、議決：普通社員及仲社員每人繳常年社費五千元，各贈《科學》一份，永久社費暫行停收。

二、推舉盧於道君為本社副總幹事，協同總幹事主持社務。

三、議決：圖書館應再募購書費及徵求捐書，推舉陸禹雲、潘德孚、劉重熙、吳學周、王志稼、湯彥頤、王天一七君為圖書館委員會委員，劉君為召集人，商辦該館復興事宜，再聘一管理員常駐辦事。

四、瑞士化學會函請明復圖書館補付會費以便補寄刊物案。

議決：經費穩定後照辦。

五、議決：《科學》編輯部下設一科學通訊處，專供準確之科學新聞發稿，宣傳於全國報章雜誌，以正觀聽，請張孟聞、盧於道兩君主持其事。

六、議決：希望秉農山君主持之生物科學研究所與本社生物研究所合併，或由生物科學所擔任研究員數人俸給，在本社生物所研

究，以收出錢出力之效，請秉君接洽。

七、上年有裘姓以慶豐紗廠股票票面十萬元捐入本社，請為設立裘可桴、裘汾齡父子理工著述獎基金，當由上海社友會接受。推出曹梁廈、陳聘丞、沈義舫、楊允中、裘維裕、裘復生、楊季璠七君組織該獎金委員會，暫行主持。上年份雖收到股息偽幣九十萬元，因戰局未靖，給獎困難，遂捐入與著述有關之明復圖書館為維持費，今年又收到法幣五萬元，尚未動用，現在光復，應請討論。

議決：追認上述七君為該委員會委員，請裘維裕君為召集人，定期討論徵文章則等項。

八、於詩蔦君申請：總辦事處基層工作獨力漸覺難支，可否添聘職員案。

議決：俟經費穩定後再議。

九、通過方子藩2205（待30）、王紹鼎2206（待76）、甘履登2207（待114）、朱仕銘2208（待175）、朱育勝2209（待176）、朱榮昭2210（待343）、吳叔禾2211（待294）、宋名適2212（待286）、沈其勇2215（待175）、林國鎬2214（待33）、邱永麟2215（待179）、夏福齋2216（待219）、徐彰黻2217（待81）、張泳泉2218（待83）、張國棟2219（待304）、梁普2220（待26）、陸欽軾2221（待75）、陳志瀛2222（待389）、陳蜀生2223（待27）、程韞真2224（待84）、項隆勳2225（待9）、黃有識2226（待39）、楊恩孚2227（待71）、葛福臻2228（待72）、董繼堂2229（待230）、趙士壽2230（待28）、樊補2231（待206）、蔡燕林2232（待41）、鄭宜樑2233（待29）、蕭一平2234（待63）、藍春霖2235（待73）卅一君為普通社員；孔祥穗2236（待21）、方資敏2237（待260）、王誠杲2238（待64）、石玉華2239（待329）、李昭道2240（待195）、李歐儒2241（待330）、沈仁安2242（待349）、阮儀2243（待312）、周格2244（待385）、周德震2245（待196）、周韻梅2246（待331）、柳嘉淦2247（待313）、洪暉2248（待241）、范華庭2249（待314）、夏允贗2250（待397）、夏壽萱2251（待168）、徐光憲2252（待55）、徐志仁2253（待355）、徐尚德2254（待333）、袁存良2255（待315）、張徵明2256（待403）、曹君曼2257（待288）、章民泰2258（待326）、

許寶樹 2259（待 336）、陸錦霖 2260（待 337）、陳伯漢 2261（待 36）、陳耕薰 2262（待 327）、陳福英 2263（待 357）、馮德璋 2264（待 316）、黃開 2265（待 376）、黃渭漁 2266（待 134）、葉仲若 2267（待 378）、虞昌年 2268（待 379）、管廷鎮 2269（待 390）、蔡祖懷 2270（待 381）、錢毅 2271（待 318）、顧永康 2272（待 319）卅七君為仲社員。〔註1908〕

4月1日，馬曜、馬幼周聯名提交議案。

雲南省第一屆省參議會第一次會議開幕，馬曜與馬幼周聯名提交「為確定雲南農林植物研究所經常費預算以利本省農林建設研究案」，闡明理由如下：「查吾滇科學研究機關，論歷史之悠久，規模之完備，首推雲南農林植物研究所。該所人員民十九年開始入滇籌設，迄今十有九載，足跡所至，遍歷三迤；收羅農林植物標本，四萬餘號；中外圖書，一千餘冊；所有研究人員，亦皆係國內有數植物學專家，在學術界有相當地位。工作努力，成績斐然，尤為抗戰期內後方罕有之學術機關。該所原係北平靜生生物調查所與本省教育廳及經濟委員會合辦之事業，而靜生生物調查所因係私立學術機關，抗戰以來，經費缺少，幾不能自保，萬無餘力顧及該所。目前僅教育廳每年補助國幣二千元，經濟委員會每年補助十萬元，合計每月僅有一萬元，並無分文公糧代金生活補助、調查研究專費可領，在物價高昂之今日，區區此數，即維持一個工人之最低生活，亦屬難能，遑論研究人員之生活。迄至今日該所員工瀕於斷炊，萬難維持；即該所年來研究所得之重要論文數十篇，亦因經費無著，無法刊印問世，尤為可惜。當今大談科學建國，此有數之本省科學機關，吾人加以維護，寬籌經費，使能安心工作，實為必要。請省政府將該所經常費及事業費，自三十五年度起，正式列入省經費預算，以固定其經濟基礎。本年度該所員工薪資及生活補助費每月至少八十五萬元，始足繼續維持其現有之員工生活。另外，本年至少需研究調查及增購圖書儀器等事業費三百萬元，均請列入本省三十五年度

〔註1908〕 何品、王良鐳編注中國科學社檔案資料整理與研究《中國科學社董理事會會議記錄》，上海科學技術出版社 2017 年版，第 276～278 頁。

預算內，俾便繼續研究工作。」該項議案，非經過深入瞭解，否則無從寫得這樣精準與翔實。〔註1909〕

4月1日，俞德濬致雲南省教育廳信函。

貴廳自三十一年度起，按年補助敝所國幣二萬元，三十二年度起在敝所設立社教工作團黑龍潭支部，按月撥食米九公石六公斗，補助員工薪夥開支。頃接貴廳訓令「會一字，第三〇七號」略開：「奉省府令三十五年度公糧停發後，以前僅領公糧未領生活補助費各機關，應自行設法，以免久候。」等由。查敝所三十五年度工作計劃，各項研究編纂調查採集等工作，亟需展開，事業既多，經費有限，前曾函請貴廳准予寬籌經費，以利進行在案。乃遲至今日不特增加經常補助費案尚未接獲復示，而員工公糧反予全部停發，影響本年經費收入為數甚巨大。敝所既由三方合作舉辦，應請繼續加以支持，特將敝所三十五年度工作計劃綱領並附經費預算表一份奉請指示，至盼另為設法，增加經常補助費，俾各項事業不致因款絀而停頓，實為公便。〔註1910〕

4月29日，靜生生物調查所積極整理恢復中。

（中央社北平二十八日電）靜生生物調查所所長胡先驌博士，刻正領導所屬，積極整理內部圖書，動植物標本，陳列印刊，及各研究室，均經分別布置，預計三個月內設備充實完竣，即開始研究工作，今後研究目標，聞重實用方面，如沿海水產之調查，及各種苗木之培植，均為當務之急，該所附設店山植物園，本年擬作大規模種植，雲南分所則派專人作經濟植物種子之採集，至於植物調查工作，在雲南江西等地繼續進行，又抗戰期間，曾在雲南採得植物標本約十萬號，其中新種頗多，現存昆明，待便運回，鑒定發表。〔註1911〕

〔註1909〕 馬曜等：為確定雲南農林植物研究所經常費預算以利本省農林建設研究案，雲南省檔案館檔案，1083-001-00583-026，賈穎抄錄。胡宗剛著《雲南植物研究史略》，上海交通大學出版社 2018 年 7 月版，第 184 頁。

〔註1910〕 俞德濬致雲南省教育廳函，1946 年 4 月 1 日，雲南省檔案館檔案，1012-004-01821-009。胡宗剛著《雲南植物研究史略》，上海交通大學出版社 2018 年 7 月版，第 179 頁。

〔註1911〕 梁洪生主編《杏嶺春秋——〈江西民國日報〉有關國立中正大學的報導全匯（1938～1949）》，2010 年 12 月內部印刷。中華民國三十五年四月二十九日週一第二版。

4月，《論中國積極研究經濟植物之重要》文章在《科學畫報》（第 12 期
第 7 卷，第 307～309 頁）發表。摘錄如下：

中國五千年來以農立國，地大物博，氣候溫和，農業富源為世
界之冠。主要糧食如稻、小麥、大麥、高梁、栗、稷、大豆，自太古
以來即經種植；果實如桃、李、梨、栗、桔、柚；蔬菜如芥、菘、
莧、葵，皆原產中國。工業用植物如苧、油桐、桑、漆、烏桕、皆
為外國所無有。又如作食料用之茶葉，作食用油料用之油茶，亦原
產於中國而最初被利用者。至於花卉種類之繁多，尤為世界所豔稱，
致有無中國產之花卉、則不成花園之說。木材種類亦極豐富、楠木、
杉木、柳杉（Cryptomeria）、雲杉（Picea ssp.）、冷杉（Abies ssp.）、
落葉松（Larix ssp.）、海松（Pinns koriensis），皆為偉大之森林喬木。
中國雖無世界之樹王如美國之「世界爺」（Sequoia）與澳洲之有加利
（Eucalyptus ssp.），然臺灣與雲南之臺灣杉（Taiwania ssp.）亦為亞
洲之樹王。北美洲有樹木六百餘種，中國則有二千餘種，蓋三倍於
北美洲。中國名產藥用植物亦極多，大黃、甘草久已蜚聲，近年來
則麻黃、當歸又為世人所重視。以中國植物資源極為豐富，故中國
人亦最能利用之。據美國農部調查美國人食用植物凡一千餘種，中
國人食用植物則多至二千餘種，具見中國人能利用其豐富之植物資
源也。

然中國人自來即知栽培外國產之經濟植物，此等新植物資源之
利用，大有影響於中國人之國計民生。中國輸入此類外國經濟植物
之記載厥為張騫使西域後輸入葡萄與苜蓿；西瓜、安石榴、胡瓜亦
為自西域輸入者。而影響國民生計最大者厥為宋代之輸入占城早稻
與元代至大規模植棉，尤以後者為重要。自衣料一項言之，棉未輸
入以前，中國文化可稱為蠶桑文化，棉普遍栽種以後，則可稱為木
棉文化。國民經濟因此一種植物之種植，而受極重大之變動焉。自
新大陸發現以後，美洲原產經濟植物之輸入，尤與我國人民生活以
莫大之影響。吾人久習用之，殆忘卻玉蜀黍、甘薯、馬鈴薯、辣椒、
南瓜、茄、番茄、落花生、煙草，皆新大陸之產物，而為明代海通
以後西班牙、葡萄牙人自美洲輸入中國者也。今日自中國除去以上
所舉之作物與蔬菜，寧為可以忍受之事乎？

　　雖然中國之植物資源未被利用者當不知凡幾，而外國之經濟植物之可以輸入中國而增加中國之富源者為數亦眾。如近年發現竹柏（Podocarpus nagi）與數種（Symplocos）可用以榨取食用油，前者含量尤豐，油質特好，每種子百斤，可榨油三十斤，此樹閩、廣、贛南一帶山地皆可廣為種植以供榨取食油之用。又如近年發現之胡氏核桃（Huocarya），其果大同胡桃，果肉飽滿，可供食用，可以炸油，原產滇、桂石灰土壤區域，為一種佳良之核果，大可以在適宜地帶廣為栽培。又如桃金娘（Rhodomyrtus tomentosus），近年有人在廣西以其果釀酒，色香味皆與紅葡萄酒相似，一時銷路極廣。但此植物為贛、粵、桂數省之野生灌木，從未加以人工栽培，若廣為種植，可在華南創立偉大之新事業。又如西北各省需要良好耐旱之牧草，而蒙古則產之，若輸入種植，則於改良西北土壤大有裨益。又如在雲南南部，靜生生物調查所採集隊曾先後發現前所未見之山毛櫸科之偉大喬木計二十餘種，皆為高四五十尺二三人合抱之大喬木，為最佳之硬木材。如能開發此項森林，其價值將及億萬。至於美麗園藝植物之多，尤屬更僕難數，歐美各國數十年來，屢次派隊至川滇各省採集種子苗木，植被庭園，而我國反少種植，苟廣為採集輸種，不但可以增加中國園庭之美麗，而種子苗木事業，亦可增加國富。此僅舉其犖犖大者，其詳不能具述。由此可知在今日中國，研究經濟植物之重要也。

　　至於外國之經濟植物可以輸入，而在中國建立新事業者亦極多，姑舉數例以明之。如馬鈴薯為一種最耐寒之作物，原產南美洲安德斯高山，種類甚多，野生者頗有較普通栽培種更為耐寒者。俄國科學家為欲開發北極區，乃派採集隊往安德斯山採取輸入極度耐寒之種類以供改良馬鈴薯品種，俾能種植於近北極之酷寒地帶。中國如能育成此項品種，則四川松理番及西康等高寒地帶皆可種植，而人民可以得食。又如熱帶之果品未經種植者種類甚多，在雲南南部與海南皆可移植。如廣州之氣候，本不宜於種植檬果，但錫蘭山中有一種，則能生長於廣州之氣候，曾經陳煥鏞教授試種成功。苟廣為種植，則可為廣州添加一種新果業。又如皮堪核桃（Pecan）為美洲南部一種最佳之核果，與浙、皖產之山核桃同屬一屬，在中國長江

以南可以種植，以代替胡桃，而成為一種重要之產品。如此之類，為數尚多，是在廣為研求試驗推廣之也。

歐美國家之農林與植物學機關，莫不重視經濟植物學之研究。在英國則由皇家植物園（Royal Botanical Gardenat Kew）總持其事，各殖民地皆有一大規模之植物園，以調查研究並栽培經濟植物。錫蘭之茶業，南洋之橡皮業，即此類機關研究之結果，至今日則緬甸所種植之油桐，已足供大英帝國之用矣。在美國則有農部之植物工業局（Bureau of Plant Industry）規模至為宏大。經常以鉅款派人在世界各處採集研究輸入外國有價值之經濟植物。如美國土產之栗樹，以患劇烈之栗疫病幾至死盡，美國植物工業局乃大規模輸入中國之栗樹以替代之，而斯業復振。近年來美國獎勵種植大豆與油桐，不遺餘力。在太平洋戰事發生以後，南洋熱帶產品如橡皮、奎寧、馬尼剌麻等物不能輸入美國。美國一方面積極製造人工製造品如人造橡皮以替代天然橡皮，製造阿的平以替代奎寧，一方面在中美洲、南美洲種植天然橡皮，金雞納樹與馬尼剌麻等，以求供應所必需之熱帶產品。荷蘭在爪哇之建立茶業、橡皮業、奎寧業，久為世所稱道。蘇俄政府尤知急起直追，其經濟植物研究所，用助理員至五千人之多，其規模之大，可以想見。又有大豆研究所，搜羅大豆之品種數千。其研究精神有如此者，故能收顯著之效果也。

今日中國在中央有相當規模之中央農業試驗所，與初創之林業試驗所，在各省有農業改進所。對於農業研究，尚有相當成績。但全國尚無一經濟植物研究機構，如英國皇家植物園、美國之植物產業局、蘇俄之經濟植物研究所者，以研究利用輸入中外之經濟植物。農業試驗機關以所用之人員皆非植物學專家，對於此項工作不能勝任，故有另立機關以從事經濟植物之需要。庶能廣開新農林業之富源，以裕民生而增益國家經濟，政府與社會賢達曷不注意及此乎！〔註1912〕

4月，俞德濬致雲南省教育廳信函。

教育廳核准農林植物所補助經費，與上年補助實物與經費之總和相比，尚不及二十分之一，減少 200 萬元，此對農林植物所影響

〔註1912〕《胡先驌全集》（初稿）第十四卷科學主題文章，第 249～251 頁。

無疑巨大。俞德濬發出呼籲：「長此以往，不特研究工作無法進行，即舊有事業基礎均將停頓。」俞德濬之函抵達教育廳後，教育廳下屬機構會計室、社教科均向廳長陳情、轉請，言明農林植物所創辦以來業績，不應該任其凋落。分別摘錄如下：

本省以地理環境之優越，所產植物包羅萬象，調查研究，以求利用，實有必要。近年以來，該所潛心研究，於將來本省之農林經濟，裨益諸多，實有繼續補助，免致中輟之必要。惟本廳可移以補助該所之款項，亦只能於社教機關臨時補助費三十五萬二千元中提撥一部分，為數亦微，擬詳述情形，呈請省府酌予補助。〔註1913〕

查該所創立九載逾茲，歷年工作成績，道載口碑，諸如對本省植物全誌編纂，經濟植物調查，園藝植物採集等，貢獻至大。既經函請前來，擬請即由學術文化出版事業費項下，全年撥助二十萬元，並再據實呈請省府核酌予補助，免使既興機構中輟廢置。〔註1914〕

4月，韓安題碑文紀念中央林業實驗所。

中央林業實驗所遷至南京，位於重慶歌樂山的中央林業實驗所所址改建為西南工作站。離開重慶時，所長韓安題摩崖石刻「中林峯」，意欲要求大家努力攀登中華林業科技的高峰。摩崖石刻160釐米x100釐米，石刻文字：中華民國卅五年四月中林峯農林部中央林業實驗所所長韓安題。吳中倫生前曾多次提及此事。〔註1915〕

4月，俞德濬致雲南大學信函。

關於俞德濬出國，在雲南大學檔案中，有一通俞德濬致校長函，請求學校代為申請出國護照，藉此可悉一些赴英細節，函云：「德濬於日前接到英國皇家愛丁堡大學植物園主任史密斯教授來函，囑到該園

〔註1913〕 教育廳會計室向教育廳長的請示，1946年4月11日，雲南省檔案館檔案，1012-004-01821-009。

〔註1914〕 教育廳社教科呈請教育廳長，1946年4月23日。雲南省檔案館檔案，1012-004-01821-009。胡宗剛著《雲南植物研究史略》，上海交通大學出版社2018年7月版，第180頁。

〔註1915〕 王希群、江澤平、王安琪、郭保香編著《中國林業事業的先驅與開拓者——樂天宇、吳中仁、蕭剛柔、袁嗣令、黃中立、張萬儒、王正非年譜》，中國林業出版社，2022年3月版，第050頁。

研究園藝植物學，並予以薪給擔任半時助理工作。函內並附有英國工部許可狀，限令於發文四個月內（即本年六月二十四日以前）到職，過期失效等由。現以時間迫促，急需辦理出國手續。為此，擬請鈞座代為轉呈教部核准發給出國護照，以便如期啟程。實為德便。」〔註 1916〕

5 月 20 日，胡先驌致夏緯瑛、傅書遐信函。

玉峰、書遐仁弟惠鑒：

別後至下午四時飛機始起飛，十時始抵滬，一路安善。任先生已晤見，今日電匯五十萬元（圖書館之書架十萬元尚待交涉，故水電費九萬元不必付，俟驌回平後再說）。屋漏須盡速修理，預算或可較前所請者增多，故已另擬預算報會。教育部亦可得數百萬補助，援華會所補助者則遠較預期者為少，然今年總可混過也。靜生所委員會即將改組，將推范鴻疇先生為委員，書遐弟可先去函談及，孫穎川先生則本為委員也。驌數日後即赴京轉贛，自滬無船，可謂怪事，餘容到贛再告。

即頌

時祉

驌 拜啟

五月二十日（1946 年）〔註 1917〕

5 月 20 日，參加董事會會議，討論向生物科學研究所方面接洽與本社生物研究所合作情形諸多事項。

理事會第 157 次會議記錄（1946 年 5 月 20 日），上海社所開理事會議，出席及列席者：任鴻雋、秉志、胡先驌、楊孝述、茅以昇、於詩鳶。主席：任叔永，記錄：於詩鳶。

報告事項：

主席報告：本社復員經費，教育部允撥五百萬元在南京發，美

〔註 1916〕 劉興育主編：雲南大學史料叢書——學術卷（1923～1949 年），雲南大學出版社，2010 年，第 237 頁。胡宗剛著《雲南植物研究史略》，上海交通大學出版社 2018 年 7 月版，第 182 頁。
〔註 1917〕 胡宗剛撰《胡先驌先生年譜長編》，江西教育出版社，2008 年 2 月版，第 390～391 頁。

國援華會允撥七百五十萬元在上海發，並指定其中須擘出二百萬元作普及科學運動之用，尚有售去碻所房地，亦可得二百萬元，故總數可至一千四五百萬元之譜。惟此數應以若干為遷移費，若干為維持事業費，應請加以討論。

討論事項：

一、秉農山君報告：向生物科學研究所方面接洽與本社生物研究所合作情形，討論結果本社擬定合作條件如下：（一）設備公用；（二）對方應維持至少二人之合理俸給津貼，並擔任添補設備及消耗及儀器書籍之東下運費；（三）研究論文出版費由對方擔任，詳細辦法俟該所復員來申后再行互商。

二、主席報告：秉農山君函述陳義之（字宜丞）君擬捐五十萬元作生物所基金，再有秉君與錢雨農、胡步曾二君所受壽儀約六十萬元一併捐入，應否接受。

議決：照收。

三、議決：本社各種紀念獎基金，現因國幣貶值不便運用，應並歸總基金，比照《社友》六十九期所載各種紀念獎金辦法，保留原獎金名稱，如係私人所捐，可徵求捐款人同意，不同意者將該基金退還。

四、主席交議圖書館委員會劉重熙君因事繁函辭「負責管理本館事務」案。

議決：挽留，並推為該委員會主任委員。

五、議決：加推胡卓、楊季璠兩君為本社圖書館委員會委員。

六、議決：永久社員本年份徵收《科學》助印費，如普通社員常年社費之數。

七、公推茅唐臣君為上海方面會計理事。

八、於詩蔦君建議：為利用上海社所交誼室並符本社普及科學宗旨起見，擬請辦理科學演講及科學電影，即動用援華會普及科學運動捐款，請公決。

議決：照辦，並可增加科學廣播等等，請上海社友會組織各種小組主辦之，其原有交誼會大集亦勿中止。〔註1918〕

〔註1918〕何品、王良鐳編注中國科學社檔案資料整理與研究《中國科學社董理事會會議記錄》，上海科學技術出版社 2017 年版，第 280 頁。

5月27日，胡先驌致雄才仁信函。

雄才仁弟惠鑒：

十七日手書備悉。中國古代對於苔蘚認識殊不明確，大有包括淡水藻類、真苔、地衣、石松、卷柏各物之勢。《本草綱目》卷二十一陟釐條下集解，李時珍有曰：「其蒙翠而長數寸者，亦有五⋯⋯，在牆曰土馬馬髮。」土馬馬髮條下集解，禹錫曰：「垣衣生垣牆之側，此生垣牆之上，比垣衣更長，故謂之馬馬髮苔之類也。」在桑花條下集解，大明曰：「生桑樹上白蘚如地錢花樣。」在此兩則，可見在一般人心目中指苔蘚是何物也？

專此即頌

時禮

驌　拜啟

五月二十七日

信札標注：中華教育文化基金董事會編譯委員會用箋，會址：北平南長街二十二號。〔註1919〕

【箋注】

孫雄才（1899～1964），出生於江蘇宜興縣。1926年畢業於國立東南大學農科。曾任江蘇省水產專門學校生物學教師，中山大學植物系講師，英士大學植物學及林學教授，中國科學社生物研究所研究員。1949年後，任華東藥學院植物學教授兼生物系主任，南京藥學院植物教研組主任。著名的唇形科植物分類學家。

5月，張則堯請胡先驌為其著《中國農業經濟問題》題簽書名。商務印書館，1946年10月初版，1947年2月再版，5月第三版。目錄：壽勉成序、陳仲明序、自序。一、農業與國運；二、中國農業機械化問題；三、中國農業資本問題；四、中國農業勞動問題；五、中國農場制度之改革；六、中國農業金融問題。

其自序載：「近兩年來，余任國立中正大學經濟系教授，在所講授之合作經濟、農業經濟學、工商管理、經濟學概論四門課程中，前兩門乃余十餘年來研究、服務、教學繼續未斷之學科，故講授興趣特高；關於農業經濟學，輒於講畢理論之餘，對中國農業經濟上之主要問題，加以剖述，並試為解決之方案。

〔註1919〕胡啟鵬輯釋《胡先驌墨蹟選》（初稿），2022年2月。

茲當世界重見和平，國家力圖建設之日，農業經濟之改進，自屬建設之要務，去冬適又幸得餘暇，爰將積存講稿，稍加整編，以成本書，藉作芻蕘之獻。至篇章內容，為執筆便利，採取論文體裁，然仍本整個系統，避免重複，篇幅亦力求節省，俾凡留心中國農業經濟問題者，均有時間閱覽。惟書中各項建議，僅憑一己考慮所及，不敢信其允當，國內賢達，其指正之。

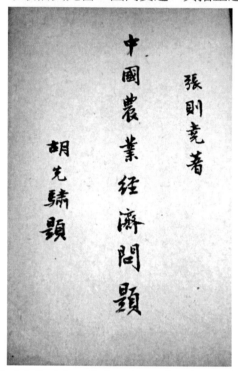

胡先驌題，張則堯著《中國農業經濟問題》，商務印書館 1946 年版

本書稿成，余持訪中正大學前任校長胡步曾（先驌）先生。胡先生為農學界之鉅子，承示寶貴意見數事，洵足補余輩治經濟學之未逮，辭出時並蒙欣然為題書面；今春余來京任職，復承壽松園（勉成）先生、陳仲明先生校閱一過，並作序言，此余於本書出版之前，均為誌謝者張則堯序於南京。三十五年五月。」

5 月，《美國西部之世界爺與萬縣之水杉》文章在《觀察》雜誌（第 2 卷第 13 期，第 10～11 頁）發表。摘錄如下：

世界上最著名最高大最老之樹，為美國西部加利福尼亞州之兩種杉科喬木，號稱為「世界爺」者。此樹共有兩種，一種生於加州與俄勒岡州西部海岸，一種生於加州東部雪山（Sierra Nevada）。前

者分布較廣，後者則較為稀少。前者生予較暖較潮濕之地，後者則生於較高寒之地。前者之學名為 Sequoia empervirens，後者之學名今改定為 Sequoiadendron giganteum。「世界爺」一名本為紀念一有名之美國印第安人 Sequo-yah 者。最初發現者為 S. Sempervirens，其學名之意為帶綠世界爺。在西曆一七六九年，西班牙教士克勒士比在其日記中曾記述此樹。其後則旅行家與植物學家多人更作詳盡之研究與描寫。此樹分布頗廣，成散處之森林。……其最高之一株則高三百六十四英尺，為世界最高之樹。此種美國人稱之為「紅木」（Redwood），但與中國通常所稱之為紅木之豆科喬木，迥非一物。

至於加州東部雪山之世界爺乃「大世界爺」，美國通常僅稱為「大樹」（Big tree）。主要之大樹，多生於世界爺國家公園中。其最大之一株名為薛曼將軍（General Sherman），號稱為最大之生物。……

世界爺不但生命最長，其發源亦極早。藏有世界爺化石之最古地層為白堊紀。至第三紀之初年，則世界爺甚為繁茂。世界爺最發達之處為阿拉斯加與西伯利亞間白令海一帶。此地在第三紀之初為聯接亞洲與北美洲之大陸。其時氣候溫和，恐龍與犀牛等古動物，皆往來於此地域間。世界爺在其盛時曾分布於歐、亞與北美三洲，在東三省與日本皆有廣被之世界爺森林。藍氏世界爺（Sequoia langsdorfii）為亞洲與北美洲習見之種。至第四紀冰期，歐、亞兩洲氣候酷寒，世界爺乃滅亡。世界爺在其盛時，據云共有十二種之多，而今日僅有兩種幸存於北美太平洋海岸。世界爺之近親共有數屬，分生北美洲與亞洲，但其最近之血族則為去年在四川萬縣發現之水杉。至於其學名與歷史則為近代植物學史上一最有趣味之事。上文曾云在第三紀初年，北半球共有十二種世界爺，其實其中有數種即屬於水杉一類而非真正之世界爺。先是在民國三十年，日本古植物學家三木茂根據兩種早經發表日本產之化石世界爺 Sequoia disticha Heer 與 S. japonica，認為其形態與真正之世界爺不同，應另立一新屬，乃稱之為 Metasequoia（變形世界爺）。此兩種皆產於日本本州最新世（Pliocene）之煤礦中。在民國十七年，日本古植物學家遠藤誠道在我國東北撫順始新世煤礦中與庫頁島南部發現另一種化石而稱為「中國世界爺」（Sequoia chinensis）。但據予之研究，則此種亦

為一種「變形世界爺」，而非真正之世界爺。據予之研究，則此屬之歷史已上溯至數千萬年以上。變形世界爺與世界爺之區別，在前者之果鱗片為對生，而在真正之世界爺，果鱗片則為螺旋狀排列。此種形態上之歧異，極為重要，故不得不為之另立一屬名。

去年二月，農林部中央林業實驗所職員某君，在四川萬縣路旁水邊發現偉大之樹三株，土名為水杉。其最大之一株高至三十四公尺，基部龐大，圍至七公尺。其葉冬季連短枝一同脫落，對生羽狀排列，其毬果鱗片對生。鄭萬鈞教授得見此樹之臘葉標本，斷為一杉科新屬。後經予研究，則知此樹乃與三木茂所發表之「變形世界爺」，同為一屬之植物，而與美國之兩種世界爺，血統最近。後經美國加州大學古植物學家錢耐教授（Prof. Ralph W. Chaney）研究，則知此屬亦生存於美國西部漸新世地層中，歐洲亦有之。於是乃知在第三紀之初，此屬與世界爺屬均發生於亞洲東北部而分布及於歐洲與北美洲。但至冰期則皆絕跡。碩果僅存者，只有四川萬縣與湖北利川之水杉（Metasequoia viva Hu et Cheng）一種。無怪錢耐教授稱之為一世紀中最有趣之發現也。尤可怪者，湖北與四川萬縣，皆英美著名植物學家如亨利教授與威爾遜博士等多年跋涉採集之地，而此龐然大樹竟未為彼等所發現而留待吾人，不可謂非有幸有不幸矣。

與此二屬血統相近之大喬木，尚有數屬。一為美洲之落葉柏（Taxodium）。共有二種，一產美國東南部，一產墨西哥，為生於水邊之落葉喬木。墨西哥落葉柏有一株，基部直徑四十英尺，據估計其壽命為四千至五千年。但一般皆無此老壽，僅事壽一千至一千五百年而已。

另一屬則為孔雀杉，又名針葉杉、柳杉或榲杉（Cryptomeria）。共有兩種。一種產日本與中國，一種產雲南。日本日光山上之杉林最為著名。在中國則有西天目禪源寺後清乾隆皇帝所封之樹王，與盧山黃龍寺前二株之「娑羅寶樹」。此樹在浙江處州一帶多成大森林，木材甚佳，供建築用。通常高至一百三十五英尺，徑十至十二英尺。

另一屬則為水松，學名為 Glyptostrobus pensilis。為落葉喬木，與美洲之落葉柏最為相似。在第三紀時歐洲亦有之，但久已滅絕。僅有一種生於廣東、福建、江西三省。其樹高至七八十尺，有時成

灌木狀。其木材不甚佳，但為美麗之觀賞喬木。在長江以南，可以廣為栽培者也。

最後一屬則為臺灣杉（Taiwania）。此屬共有兩種。一生臺灣臺北阿里山、太平山一千八百至二千六百公尺處。其最大之一株高至一百九十英尺，胸圍至三十英尺，日人稱為神木。此種經東京帝國大學植物學權威學者早田文藏教授命名為 J. Cryptomerioides，以其與孔雀杉相似也。另一種則為 J. Flousiana。首先發現於上緬甸與怒江山谷與滇北菖浦桶二千二百五十至二千五百五十公尺之高山上。高至七十公尺。王啟無教授曾砍伐一株，數其年輪在一千七百以上。此外或有更老之樹，曾經逢秦漢之盛世，不啻商山四皓尚生存於今世也。

中國地大物博，植物種類之富，甲於世界。古代殘存之植物如公孫樹、水松、水杉、臺灣杉、福建柏等，皆世界所無，而西南各省珍奇之植物種類尤夥。印度植物學家巴利博士（Dr. G.S. Pari）曾估計雲南所產木本植物各屬，約占世界所產百分之九十以上。吾人據此幾可斷言雲南乃世界被子植物之搖籃。前此歐美植物學家，在雲南已經有層出不窮之發現，而近十五年來我國植物學家之新發現尤夥。最近所發現之水杉，乃西南植物中最重要與最有趣之新發現，其科學重要性不在祿豐龍與北京人之下。不過水杉尚巍然存在，而祿豐龍與北京人則已成為千百萬年前之化石耳。他日若能移植一株於南京陵園之中以供萬民之景仰，不但此珍木可大顯於世，亦以證明中國科學家之研究成績也。〔註 1920〕

6月10日，胡先驌致夏緯琨信函。

玉峰仁弟惠鑒：

驌於十五日晚十點到滬，勾留十日赴京，曾唔見朱部長及教育部諸首長，接洽甚圓滿，援華會補助八百五十萬，教部補助額尚未定。在京留二日，於六月三日來贛，下月將奉命赴日本考察教育，將在八月底九月初始回平也，張肇騫先生亦同時或先後來所。所中

〔註 1920〕張大為、胡德熙、胡德焜合編《胡先驌文存》（下卷），中正大學校友會出版發行，1996 年 5 月，第 339～343 頁。

屋漏已修否？念念。植物園一切均在整理中也。不久將匯一百萬元來所。

　　　專此即頌

暑祺

　　　　　　　　　　　　　　　　　　　　　驌 拜啟

　　　　　　　　　　　　　六月十日（1946 年）〔註 1921〕

6 月 15 日，胡先驌致韓安信函。

　　竹坪所長吾兄勳鑒：

　　　　六月十日手書並悉，馮、呂二君俸津均已收到。江西、雲南兩省采集隊均整裝待發，而貴所采集費迄未撥下，坐視好采集季節之消失，至為可惜。吾兄果誠意合作採集者，望於得此函後，即日將採集費分別電匯盧園與滇所，至以為禱。吾兄欲邀唐曙東來貴所任顧問，兼木材系主任甚佳。弟意宜商之左舜生，請其與陳啟天部長商酌，將整個木材試驗館由經濟部撥歸農林部，則一切設備材料圖書皆可移轉，庶唐君多年心血所積不至因來貴所而拋棄也。木材試驗館之成立，靜所曾有所協助，而陳部長又為東南大學畢業生，弟可為此事作函分致左、陳二公。彼二人同黨，應更易商量也。不知兄意如何？

　　　專此候復

敬頌

　　臺祺

　　　　　　　　　　　　　　　　　弟　胡先驌 拜啟

　　　　　　　　　　　　　　　六月十五日〔註 1922〕

6 月 20 日，韓安致胡先驌覆函。

　　步曾吾兄勳鑒：

〔註 1921〕胡宗剛撰《胡先驌先生年譜長編》，江西教育出版社，2008 年 2 月版，第 391 頁。

〔註 1922〕王希群、傅峰、劉一星、王安琪、郭保香編著《中國林業事業的先驅和開拓者——唐燿、成俊卿、朱惠方、柯病凡、葛明裕、申宗圻、王愷年譜》，中國林業出版社 2022 年 3 月版，第 026 頁。

拜讀六月十五日大函，祗悉種切。前遵雅囑，於五月廿日將贛、滇二處合作採集費各五百萬分別匯出：一匯九江牯嶺廬山植物園；一匯昆明雲南農林植物研究所，此刻定克收到。本所具萬分誠意與貴所合作，一切事宜自當遵約履行，祈勿疑念。至聘唐曙東事。已上書左部長，請與陳部長磋商，能將木材試驗館由經濟部撥歸農林部，尤為欣幸。備請分神代向兩部長進言，以便促成，至深拜感。唐君本人意見如何？亦乞代徵詢。

　　邇綏

韓安 拜

六月廿日〔註1923〕

6月25日，胡先驌致鑒千信函。

　　鑒千先生惠鑒：

　　　　積日不見為念。茲有懇者：舍侄女胡德貞昔在南昌女中高中部畢業（畢業證書遺失），從其夫唐英信在桂省。其夫病故後，即任第五軍軍人子弟學校教員三年半，返贛後任社師附小教員一年半，任體專附小教員半年，總計曾任小學教員五年半，皆以能稱，但尚未獲得檢定及格資格，故特專函介彼晉謁，伏乞體念其為軍人遺族，而服務成績亦甚優越，為之設法獲取檢定及格資格，則感同身受矣。

　　專此敬頌

夏祺

弟 胡先驌 拜啟

六月廿五日（1946年）〔註1924〕

6月25日，胡先驌致夏緯琨信函。

　　玉峰仁弟惠鑒：

　　　　回贛後迄未得來書，甚念。得傅書遽來函，知發現大批標本及圖書，極慰。請致通告呂烈英，即日到所中工作，並與顧子剛商洽，

〔註1923〕 王希群、傅峰、劉一星、王安琪、郭保香編著《中國林業事業的先驅和開拓者——唐燿、成俊卿、朱惠方、柯病凡、葛明裕、申宗圻、王愷年譜》，中國林業出版社2022年3月版，第026頁。

〔註1924〕 《胡先驌全集》（初稿）第十七卷下中文書信卷，第478頁。

恢復以前取書並交換雜誌關係，至以為要。植物園恢復工作正在積極進行，募捐尤有甚大希望。驌不日將赴日本考察教育，一俟得到教部通知即成行也。前囑打聽印刷彙報價目，請速詢明通知為要。

　　專此即頌

夏祺

胡先驌 拜啟

六月二十五日（1946 年）〔註1925〕

1946 年 6 月與中正大學生物系全體師生合影前排左起：林英、趙竹韻、嚴楚江、戴立生、張肇騫、胡先驌、周蔚成、張美衡、胡步青

1946 年 6 月與國立中正大學生物系全體師生合影，左起，前排：林英、趙竹韻、嚴楚江、戴立生、張肇騫、胡先驌、周蔚成、張宗漢、胡步青；二排：吳小航、陳梅生、伍律、史紹良、李樹華、徐光瑞、孟文奎、李榮祥、李鵬年、侯定；三排：唐宗植、王資田、施一平、馬梅蓀、唐春蘭、餘名嵞、馮國奧、黃傳根、楊祥學、林靖、黎功德；四排：唐善康、龍迪宗、龔明暄、李道宏、繆自強、吳金娥、潘利華；五排：樓福勳、周光裕、陳嘯梅、黃新和、尹長民、沈小華、施玉華、葉純玉

〔註1925〕 胡宗剛撰《胡先驌先生年譜長編》，江西教育出版社，2008 年 2 月版，第 392頁。

6月,《選習生物學系應有之準備》文章在《讀書通訊》(第119期,第12頁)發表。摘錄如下：

　　人為生物之一種,其生活所資,如衣食住行,大半皆有賴於他種生物,而維持個人之健康與防治疾病,亦為生物學研究之範圍。故生物學與人生之關係至為密切,無論其為純粹之生物學研究,或應用之生物學如農林、醫學之研究,皆至為重要。英國大哲學家懷特赫德教授在其《科學與近代世界》書中,且謂若十六、十七兩世紀諸大科學家非研究數理科學而為研究生物科學者,則近代文明決不呈今日之狀貌。於此可知生物研究之重要。今日我國學校中僅知重視數理科學而輕視生物科學,實大不幸之事也。

　　普通所謂之生物學,實包括植物學與動物學兩大支學科。在歐美各大學中植物學系與動物學系類皆分立,鮮有合為一生物學系者。蓋以此兩系之範圍已極廣大,在大學四年短期中欲兼通此兩組科學殊非易易。在我國大學中合此兩系為一,故課程異常繁重。學生每每畏物理、化學課程之難,因而選習生物學系學系,此乃認識之錯誤,故欲選習此系,首須認明此點,而作應有之準備。

　　選習此繫者不久,必發覺個人之興趣或偏於植物學,或偏於動物學,則宜選定一組課程以專精之,而同時亦選習他組之課程。若對此兩組科學均有興趣,則盡力之所及以兼治之,自是佳事,第恐精力不勝耳。至每一組中,其課程約可分為形態學、生理學、分類學、細胞遺傳學四大部門,而生態學近年亦以附庸變為大國。此外更有精專之研究,而成為細菌學、菌學、植物病理學、昆蟲學等學科,則多列於農學院或醫學院課程中。

　　形態學所研究者為動植物器官之形態及其內部之構造,其目的在辨識生物之精粗形態,且以追尋各類動植物形態演進之過程,因而明瞭其進化之關係。自形態學分出之學科有解剖學以研究動植物內部之構造,與組織學以研究各器官之精細組織。以近日切片之技術甚精,故另有動植物製片學,又稱為動植物顯微技術。形態學之專研究動物神經繫者,則稱為神經學,以其技術之困難,已成為一專門學科。又有胚胎學者專門研究動物胚胎發達過程中之形態。生理學有動植物及人體生理之分,其目的在研究生物之生理。至生物

化學與生物物理學則又為自生理學更為專精之化學與物理學之研究。又有所謂試驗生物學（Experimental Biology）者，則以特殊之試驗方法以試驗生物發達之現象者，其性質在形態學與生理學之間，為一種高深之研究。分類學乃根據各種動植物個別之形態以鑒定其品種，並排比之於各科屬以研究其系統上之關係之學科，其範圍至廣。以應用之關係而特為分出精研者則有細菌學，菌學與昆蟲分類學。至於專精每一大部門甚至一科一屬之動植物，此則為專家之事，而非一般大學生所能及也。至古生物學則為古代動植物之形態與分類之研究，亦極為重要。遺傳學在近代有卓越之進步，故成為一重要之專門學科。與之相關者，則為動植物細胞內部形態之研究，是為細胞學，亦可謂形態學之一支也。至於動植物生活環境之研究則為生態學及動植物社會學，亦一極有趣與有用之學科，對於應用生物學極有關係，而在近世有長足之進步者也。

研究此各種生物學科，最重要之工具為外國文，英文之外，必須兼習的德法文，而德文尤為重要。近年俄國科學進步甚速，能通俄文尤佳。又日本科學亦甚發達，能通日文亦有不少便利。至於習植物分類學者，則必習拉丁文，以植物分類學皆用拉丁文以描述新種也，惟此種描述至為簡單，但翻閱字典，即能閱讀，不過如能略習拉丁文法，則於自作植物新種之描述，大有裨益耳。研究形態學與細胞學者必須精研製切片之技術。研究生理學者則宜精研有機化學，對於物理學亦宜有相當精深之研究。研究分類學者宜精研形態學，歷史地質學，與古生物學，細胞學亦有裨於分類學之研究。研究遺傳學者，則宜研究統計學與細胞學。研究生態學或動植物社會學者，則宜研究地質學、生理學與分類學。選習生物學系之學生，欲求不僅成為區區二三流之專家，而對於所治之學科能做重要之貢獻，則必求有廣博之知識，卓越之眼光，與超妙之思想，故宜於專門以外之學科多所研讀。美國生物統計學大家裴爾博士曾作一文列舉生物學家必讀之書五十種，包括牛頓之《算學原理》及羅馬詩人Lucretius 所著《自然》之長詩，於此可見涉獵之宜廣，故生物學系學生必不可不習哲學與研讀古今偉大之哲學名著。近年來之中國大學生嘗有過求專業化之病，此則不得不特別指明以期青年學子引以

為戒者也。〔註1926〕

6月，因中正大學搬遷產生矛盾。

遷贛南之舉乃時局使然：「日人進擾贛東，乃有西遷零陵之議，嗣以日人侵佔高安，近迫上高，復作南移贛縣之準備」。〔註1927〕至於校址遷湖南茶陵受阻另有他因，其一江西省「本省各界爭請留贛，以便子弟升學」。〔註1928〕其二是江西各界上書教育部反對遷校，教育部「曾迭電中正大學與省府聯繫，勿遷離贛省」。〔註1929〕贛縣分校校址最終設於贛縣水西鄉龍嶺，並於1942年12月1日開始上課。至此，中正大學除本部泰和校址外，又在贛縣設立臨時分校校址。〔註1930〕

1946年6月國立中正大學農學系第三屆畢業同學合影，前排左起：熊大棠、歐陽瑩、張明善、胡先驌、蕭遽、周宗璜、王庚秀、易裕寰

〔註1926〕 《胡先驌全集》（初稿）第十四卷科學主題文章，第247～248頁。

〔註1927〕 《中正大學一年來之經過》（1946年），江西省檔案館藏，檔號：J037-1-00281-0108。

〔註1928〕 《復已鹽高電》（7月25日），《國立中正大學有關遷校及借用校舍的文書及農學院儀器標本目錄》（194206～194508），中國第二歷史檔案館藏，全宗號五，案卷號5330，第47頁。

〔註1929〕 《為電覆請電中正大學中止遷湘一節》（1942年8月3日），《國立中正大學有關遷校及借用校舍的文書及農學院儀器標本目錄》（194206～194508），中國第二歷史檔案館藏，全宗號五，案卷號5330，第64頁。

〔註1930〕 《為本分校擇定龍嶺為校址定於十二月一日開學函請查照由》（1942年11月7日），江西省檔案館藏，檔號：J026-2-00160（3）-0040。高志軍著《政治與教育的互動：國立中正大學研究》，2021年12月華中師範大學博士學位論文，第236頁。

初夏，廬山森林植物園復員職員安排。

　　陳封懷重來廬山，正式復員則在當年 8 月 1 日。人員編制規定為：主任陳封懷，技師唐進，技士一是雷震，一為熊耀國。助理一為王秋圃，一為馮國楣。還有技工、相工 8 人，即熊耀國自江西武寧招來之鄒垣、王名金，及重新召回的工人羅亨炳等人。唐進時在靜生所，未曾來廬山，馮國楣尚在雲南農林植物研究所。〔註 1931〕

7 月 2 日，胡先驌致夏緯琨信函。

　　玉峰仁弟惠鑒：

　　日前寄上一函，想已收到。接印度 B. A. Ragi 來函，索取驌所著「ThCharacterization and Affinities of the Chinese Flora」一文之單行本，可在驌住室中撿出，航空寄 35 Ballyganj Ciacedar Rd. Calcutta，India。至以為要。又前囑打聽在平印彙報之價，請速告知。本所房屋修繕防漏工程已辦竣否？念念，餘容續詳。

　　夏祺

　　　　　　　　　　　　　　　　　　　　　　　　　驌　拜啟

　　　　　　　　　　　　　　　　　　　　　　七月二日（1946 年）

　　呂烈英可命其來所整理圖書。又及。〔註 1932〕

7 月 13 日，胡先驌致林伯遵信函。

　　伯遵先生惠鑒：

　　多年闊別，至以為念，日前收到任叔永先生函，知定於本月二日啟程赴美，近想已成行矣。敝所預算加三百二十五萬元，合計六百八十五萬元，已由驌領出一百五十萬元外，尚有五百三十五萬元，請於得此函後，匯二百萬元與夏緯琨君為要。大陸銀行匯費最廉，請交該行匯出如何？又驌曾請秉農山先生代領七、八、九三月薪津及六月份增加數，想已匯出矣。將於八月底，九月初來滬轉平，張肇騫先生亦將於八月由溫州來滬，乘船北上。廬山植物園修繕辦公

〔註 1931〕胡宗剛編《廬山植物園八十春秋紀念集》，上海交通大學出版社，2014 年 8 月版。第 029 頁。

〔註 1932〕胡宗剛撰《胡先驌先生年譜長編》，江西教育出版社，2008 年 2 月版，第 392 頁。

房屋與修治道路均已竣工,整理苗圃工作亦在積極進行。募集基金事亦在積極展開,前途極有希望,特以奉聞。

　　　專此敬頌

暑綏

　　　　　　　　　　　　　　　　　　胡先驌 拜啟

　　　　　　　　　　　　　七月十三日（1946 年）〔註1933〕

7 月 14 日,胡先驌致教育部信函。

　　　敬啟者:

　　　查本所於民國三十年十二月八日被敵軍強行佔據,時本所所有職員均被迫離職,故在其佔據期間一切盜竊破壞等詭譎行為實無法探悉。至卅五年一月二十五日本所奉令接收,檢點財產始發現損失甚巨,該種損失應由敵人負責自不待言,況擬照總覆函開,日政府承認盜取本所之圖書,第一批途中沉沒,第二批在 151 野戰醫院被盜,第三批不知下落。此更為有力之證據,不問其已否運抵日本,在責任上無可逃避。如謂原物業經遺失,無法追回,亦應由日政府將該國內生物學研究機關所藏之同種圖書移作歸還本所之用,懇請鈞部核轉行政院賠償委員會,續洽追索賠償,俾可早日恢復舊觀,以利研究工作之進行。

　　　此致

教育部

　　　　　　　　　　　　　靜生生物調查所所長 胡先驌

　　　　　　　　　　　　　三十五年七月十四日〔註1934〕

　　7 月 15 日,《思想之改造》文章在《青年與時代》（第 1 卷第 1 期,第 4～11 頁）發表。

　　7 月 28 日,《饑荒心理與貪污》文章在《大公報》（重慶）發表。摘錄如下:

〔註1933〕 胡宗剛撰《胡先驌先生年譜長編》,江西教育出版社,2008 年 2 月版,第 392～393 頁。

〔註1934〕 胡宗剛撰《胡先驌先生年譜長編》,江西教育出版社,2008 年 2 月版,第 393 頁。

「衣食足而後知禮義，倉稟實而後知榮辱。」苟衣食不保，則一切都談不到。當大饑荒之時，人民易子而食，人肉公開販賣，在中國歷代都是數見不鮮的事實。到了那時，一般人為了要維持生命，什麼都顧不得，什麼殘忍卑鄙寡廉鮮恥的事，都做得出。抗戰後期廣東潮汕與香港之吃人肉與公賣人肉，即是當前的事實。至於出賣妻孥，幾元一斤，則更不足道了。真正甘於槁餓，不受嗟來之食的能有幾人？所有為解決生活而引起之一切惡德，皆發源於一種急切求生之心理。這種心理，便是亨丁敦教授所謂之饑荒心理，而幾認為我國之民族性者也。

饑荒心理，不僅表現於真正饑荒之時，而當社會不安定，政治不修明，生活無保障之時，一般人困於生活之壓迫，環境之惡劣，希望之鮮少，社會之冷酷，則起饑荒之反應。蓋雞鳴而起，日夜所努力者，即在如何解決生活，則一切人類高尚之美德，自不但談不到，甚至認為不可能。此種心理苟普遍而長期的彌漫於一國之中，便成為一個時代之民族性，而整個國家社會乃為一種世紀末之氣氛所籠罩。人人皆有「我躬不閱，遑恤我後」之心，頹唐散漫，苟全性命，政治無革新之希望，社會無進步之可能。一個國家民族，到了這個時期，其命運之悲慘真有不堪言者。

中國人口眾多，耕地不足，飢饉頻仍。數千年來，亂多治少。每過數百年，必因饑荒而引發內亂。內亂一起，必數十年或數百年而後定。丁大亂之世，人民朝不保夕，唯一之目的，即在如何維持生命。故道德墮落，綱紀掃地，孜孜為利，不擇手段。在平民則以生活困難，而刻苦吝嗇，一錢如命，缺乏同情心和高尚思想；在統治階級則以俸給不足，職位無保障，而喪失自尊心，蠅營狗苟，貪污舞弊，無所不至。此時苟執政者，不能設法解決一般人之生活問題，則雖有功令勸獎於前，峻法督察於後，亦不足挽救此種饑荒之心理。假若在上者復不能守法，不惜營私舞弊於上，而欲根絕貪污，納政治於正軌，則尤等於緣木而求魚矣。

久亂之後，人心不安，道德必至墮落，準之九州萬國，莫不皆然。美國在南北戰爭之後，法紀蕩然，貪污滿目，亦如今日之中國，直至日後產業發達，社會安定，政治始漸趨於清明。中國人民素為

饑荒心理所困，而自民國建立以來，內亂頻仍，每況愈下。今又遭
八年空前之國難，執政者對於戰時財政復措置無方，以至民生日困，
公務員無法維持生活，復不能執嚴刑以懲貪污，以至賢廉者無以自
存，貪婪者逍遙法外。故雖在上者有求治之心，而所得之效果，乃
不能負其所期望之十一。梁武帝勵精圖治數十年，終不能轉移南朝
之風氣，即其殷鑒也。

今日中國之局勢，較前代略勝一籌者，即在可以獲得國際之援
助，在經濟方面較純賴自力更生更有辦法。若干年之後，藉國外之
資金，以建設重輕工業，人民生活水平提高，衣食既足，則饑荒心
理自可逐漸祛除，貪污之風亦可稍殺，政治當有逐漸清明之望。然
在目前為急切挽回政治風紀計，仍以盡早增加公務員之待遇為上策。
照立法院所提議增加公務員待遇之標準，或足以急劇刺激物價上漲，
愈增加財政上之困難。然在今日，冗員與駢枝機關尚多，聞今日公
務員之數額較之二十六年前，增加百分之七十，苟能屬行裁員，恢
復二十六前數額，則公務員之待遇，則至少可以增加百分之五十，
而不至於增加本年度財政之虧空。被裁人員盡可從事縣政、地方自
治，或教育工作、或由中央分發邊疆服務，以應此數項人才之急需，
而得以增進其品質。故裁員未必便至增加巨額之失業人數也。

經此調整之後，冗員既去，公務員待遇增高，同時以法令嚴格
保障其職業，使長官不能隨便裁免；復以嚴刑懲治墨吏，使之不敢
輕罹法網；而對於廉潔奉公之公務員，則多方獎勵，或不止超昇；
如是則廉者自勤，貪者自戒，則貪污之風庶幾可以稍殺矣。〔註1935〕

7月29日～8月2日，在江西廬山暑期學術講習，對《生命的意義》《思
想之改造》《教育之改造》《政治之改造》《經濟之改造》《詩的技術與內容》等
六個專題進行講習。

七月二十九日（星期一）

我們開課已一周了，我們的開學典禮，奉蔣主席手諭於今日上
午十時與夏令營的國父紀念周合併舉行……會場的氣氛，充滿了嚴
肅的氣色！而國父紀念周與開學典禮兩種隆重的節目也從而揭幕

〔註1935〕 《胡先驌全集》（初稿）第十五卷人文科學文章，第474～475頁。

了。王陵基主席領導行禮後，即席訓詞。大意謂：「今天是江西省暑期學術講習會開學典禮的一天，學術的重要，不論是學術界的同仁或夏令營的同志都應該知道，並且要加緊研究。中國的學術發達很早，歐美的科學，只在一百五十年內才進步，才發達起來。在一百五十年以前至三千多年之間，歐美是遠不及中國，這是大家所知道的！為什麼現在歐美的科學會一天天地進步，我們中國的科學反而落後呢？這就是因為我們大家研究的精神比不上人家的緣故。歐美的人，不論研究什麼東西，都是貫徹到底、始終一致，父親死了，兒子以至孫子還是繼續地研究下去，不至成功不止。但是我們中國則相反。我們中國人的聰明才力不是不如人家，只因我們沒有續續不斷的研究精神，對一切學術——尤其是科學的研究，只是有始無終，不能徹底，這是多麼危險的一回事！希望大家以後一方面要有自信心，人家能研究到的我們一定可以研究得到，不會比別人差。一方面固要研究到底，另一方面也要學以致用。因為無論研究什麼學問，都要研究得有結果，能夠切合實用，為國家民族造無量的幸福，這是我今天所希望於各位先生和各位同志的。」

下午二時，胡先驌博士為我們講《生命的意義》。他是一個生物學家，在國際上頗負盛名，這個問題，當然是他的本行所以在前幾年去重慶的時候，路過西南各大學請他講演，也就是講這個題目。回到正大，記得在紀念周上也講過一次，我是聽了的。他說：

人是生物的一種，但因智慧的發達，所以人類能夠真正瞭解生命的意義，可以分五點來說。

第一，生命的起源。在古時神權時代，以為人類是上帝造成的，像中國盤古開天闢地的說法，都是極其荒誕無稽的，到了智識稍為發達以後，儒家對生命的解釋是『兩儀生四象，四象生萬物』，這種推論，也是極其荒唐的。西方對這個問題也是神秘的，即以稍有一點科學智識的巴斯得氏也說，生命是由生命而來，英人黑爾命則說，生命的起源是別個星球上以一種什麼力量把生物射到地球上來。那麼別個星球上的生物又從何而來呢？這種種皆錯誤的謬說，都是不科學的說法。究竟原始的生命從何而來呢？我們先從第一等的原子構造說起。我們知道，在九十餘種原素當中，以氫為至小，構成它

的原子是由一個陰電子繞一個陽電核不斷旋轉（符號：兩個同心圓，復加文字說明：外圓為陰電子，內圓為陽電核。錄者注）（原注：不過運動方向一定，且原子能夠平衡）而成的！又如氫、氦，陰電子是二個，原子□呈不平衡的狀態，就會引起放射現象，而發生無限的熱能，原子彈即應用此種原理構造而成的。也即是利用中子逐出一個電子，使它起放射作用而發出熱量。比原子構造複雜的是分子，分子是由許多種不同的原素的原子化合而成。如水是 H_2O，氫二氧一化合而成，它含有一千多個分子。分子到化學階段時，即起化合分裂作用，它吸收入熱能和散發熱能。現在我們煤炭的燃燒，即是利用分子能，這是第二等構造。不過有一點要注意的，就是在原素中，以碳原素最容易和其他各種原素化合，而且容易分裂。□次之，但須高溫，化合後即不易分裂。這裡說到我們生命的起源，就是在這碳素化合物中產生的，它能吸收外物而變成自體，這可算是第三等構造，即所謂有機化合物，這就是生命的起源。

第二，生命的兩種特質。這兩種特質就是一是生長、吸收同化，二是繁殖個體。但是可危害生命的除細菌以外，有許多傳染病（如天花、猩紅熱）根本不是細菌傳染而來，而是一種能殺死細菌的 Viono，是法國一位細菌學家發見的，原名 Bacteais phagc，中國譯為噬菌物，它可以傳染動物的病，也可以傳染植物的病，又可以滲透素燒磁，在一種用反射腺的顯微鏡下（這種鏡能放大至十萬倍，超顯微鏡只能放大八、九千倍），可發現它是一種結晶體，真是可怕的毒素。可講到細胞，如團藻 Volotx，它是結合一百多個細胞而共同營生的一種最低等生物，它這一百多個細胞是合作的，有一定的運動，必要時而且要勇敢犧牲細胞的個體為群眾謀利益（若不合作，便會死亡），像這種生物如遇旱天或冬天來臨，則一百多個細胞只能留一個細胞，其餘的都犧牲到這個細胞裏，這一個僅存的細胞，則外面裏以厚殼，儲存足夠的養料，到了下雨或春天的時候，再分裂而生長，這就是生物保持種子的一種死亡現象。

第三，動植物的分化。一般的植物都以來葉綠素來作養料，如鞭毛蟲 Einghna，它一方面吸收日光水分自製葉綠素，但另一方面它又能攔路打劫捕殺細菌為養分，所以它能營作分化的生活。

　　第四，性的起源及其意義。性起源於細胞分裂，如草履蟲是由一個細胞分裂為二個細胞，二個分四個，四個分八個，依次分裂到不能分裂的時期，於是甲草履蟲與乙草履蟲交配一下，交配以後，體內的原素交換了，而各自又新生開始分裂了，這是性的起源。又如人類，也是男性的精蟲和女性的卵子染色體細胞交合（但染色體可裂上下二部，稱為基因 Geni，而男女染色體都不能增加），因為雌雄的染色不同，所以也引起了形態、生理及心理上的不同。但是蚯蚓卻有雌雄兩種性器官，卻不能自相交配，須另找蚯蚓始能生新的變異。至於性的意義，人類和其他動植物有不同的地方，因為植物能自製養料，所以壽命能活至數百年以至千餘年者，這是植物的一種永遠不變的本能運動。人類雖然也有本能運動，如呱呱墮地的時候，就會哭、撒尿、拉屎及握拳等，但這種本能是很少的，這是人類靠智慧的活動，所以身手輕捷，感覺靈敏，神經系統發達，為脊椎運動。脊椎動物是內骨外肉的，生命短促，用血液循環，用肺器官司呼吸，這是和其他動物不同的，如魚類用腮呼吸，又甲殼類的動物（如昆蟲類），呼吸的氣管是在外部的，而殼骨也是在外部的，所以身體不能長大，這真是人類的幸福，否則蟻大如狗，以蟻體能負一百五六十倍的比率的重量，那麼人類就很危險了。因為蟻類只有本能運動，如蜂的釀蜜，作窠以六角形是最經濟的，是最節省材料的高級結構，但它僅有這本能而不知改進。再說到螞蟻，它是昆蟲中最高等級的，因為它的社會組織非常的嚴密，有母蟻王，有頭二等兵的戰鬥蟻，有強盜蟻，去另一蟻穴盜卵蓄為奴蟻，永遠坐食的子蟻，還有剃頭蟻，專司工蟻拭觸鬚的塵土的工作，食物由主人供給。更有一種熱帶的軍隊螞蟻，能指揮數千萬的蟻兵，昆蟲為之一掃而光。不過種種的蟻類都是營本能而永遠一成不變的，所以進化遲滯，並且不能進化。法國有一位昆蟲學家，試驗昆蟲的本能，經無數次的觀察，發現昆蟲的本能始終不變，他即以昆蟲拖天牛的觸鬚為例，首先昆蟲是拖天就的觸鬚的，後來剪去一半，則須已比腳短，以人類的智慧，拖腳較為省力，但是拖鬚如前，於是再剪去一半，仍是拖鬚，於是將鬚盡行剪去，那知昆蟲並不拖腳，而望望然去之。由此可見，昆蟲的本能運動是不變的。人的本能雖是很少，

但可以靠後天的學習和智慧，可以適應環境，可以改造環境。

第五，人類的進化。人類有五十萬年的歷史，而文化歷史只有一萬年，科學的進步、迅速，只在近代二、三百年中。在五十萬年以前，世界並不是現在這樣的。在亞洲沒有喜馬拉雅山，只有一個Tethiyonu海，直通南北，印度洋的暖風直到北冰洋，整個世界是溫熱的氣候，約在五、六十萬年以前，因為地殼的變化，中部的薄弱部分的溶液，被擠壓突起而成阿爾卑斯山峰，那時我們的祖宗猿猴原是居住樹上以手走路和覓果實，所以營養本能運動一成不變，這樣經過幾十萬年。現在既有地殼的變遷，地球上起了寒熱的現象，猿猴寄居樹上是不能適應環境了，於是被撞到地上來，結果以腳走路，空出兩隻手來，於是萬能的雙手，創造出燦爛輝煌的。

總之，生命的意義，我們既明瞭堂堂七尺之軀的生命起源，是由電子而分子細胞而有機化合到龐大的群體，假使我們把人分析直至最後，把電子逐去，那麼人便是一個空物而等於零了。所以人的生命，直如太滄之一粟，但為了永遠綿延生存，為了探求和發掘偉大宇宙的真理，我們的神聖任務，是何等的重大。我們絕對不能以原子毀滅自己人類，智慧是應當用以促進人類的進化，去印證宇宙，正因為生命是短暫的，有如電光火石，所以我們要以本體的我去發現宇宙的奧秘和印證宇宙啊！

七月三十日（星期二）

下午，胡先驌博士為我們講《思想之改造》。他在前幾年即寫了一部《中華民族之改造》的書，內分《思想之改造》《政治之改造》《教育之改造》《經濟之改造》，逐日公開講演，今日為第一日，講《思想之改造》。他說：

我們知道，思想是行動的泉源，惟有正當的思想，才能使中華民族永遠適存於世界。中國固有的美德是忠孝仁愛信義和平，這八德是基於民族固有的思想，為歷來聖賢去力行的結果。同時我國也有壞的惡德，如貪婪、殘酷，缺乏同情心，舞弊，不忠實，縱慾，保守，缺乏生活力，缺乏正義感，缺乏智識活動（求知欲），缺乏美感，缺乏互助合作，不守法律，缺乏宗教信仰，此皆緣由我國歷來災荒兵亂所引起的，美人稱我民族有『個人主義』及『饑荒心理』（Famine paycholoyy），由此而造成了上面的幾千年傳統的壞習慣。

我國民族也有美德，那便是勤儉耐勞，也是由於農村貧苦而致成的。故農民孜孜為利，苦於生活的影響，造成了貪婪的習性，這是因為全國人民百分之九十五皆感生活壓迫的緣故！這也就是饑荒心理的由來。貪婪有二途：好者吝嗇，壞者不擇手段、唯利是圖，與美國人拜金主義是不相同的。前者在求生活的享受，後者在求權力與名譽，及作政治的活動，尤其是捐錢辦理慈善事業，如煤油和鋼鐵大王死去的時候，以其百分之九十以上的財產捐辦文化事業或慈善事業。中國人怎樣呢？有一個這樣的故事：山西有一富翁以積銀熔為銀礦，匪來搬不動，是為守財奴。此由貪婪而致無同情心及殘酷的行為，在社會階級和家庭裏面，有虐待下層人（如奴婢、女傭工、妾媳等）的慘象。此皆由貪財心而起的。又中國的官吏，俸祿微薄，致不足以養廉，於是人人走上了貪婪的一途，政府且為默認，並認為非法收入為天經地義之事，這是舞弊的起由。中國人經商以信譽稱聞於世，但是現在的奸商則不同，如直接稅的偷漏，國家收入僅占百分之三十，而中飽於稅官的卻有百分之七十，此由稅吏俸祿微薄不得不貪的一個例證。中國人由於過去生活的貧困，一旦得財，則拼命得享受，不嫖則賭，務償過去精神上的痛苦，衣食反次之，這是縱慾病態的現象。

保守也是中國民族的特性，適度的保守固為有益，可戒輕浮暴躁，但是過分的保守也是有礙於進步。中國國民性是順合適應環境，而不求創造，遇事苟全，尤病缺乏生活力，故對於生活上無積極創造的衝動而舉國歷代為灰色的悲觀主義所籠罩了，因為國人飽經憂患，故有苟安的心理，而無生活上享受的衝動。中國古代的秦始皇、唐太宗、漢武帝、忽必烈、清世祖，他們的興起，皆是生活力的表現；又入張騫、班超、玄奘，也是個人生活力的表現。民族生活力的衰弱，自鄭和以後六百餘年，可說都沒有生活力。唐代高仙芝率兵征西域，越過了高二萬尺的帕米爾雪峰，曾受外人驚歎。現代青年的騎擊馳騁及遊山的風氣都沒有了，而專事於麻將幾圈度日。清末俞曲士先生於做了大沙漠的甘肅巡撫後，胸襟為之大快，曾有詩諷之，曰：『沉憂鬥靡麗，厭作東南人。』由此可見東南人的沉醉生

活了。東南人（浙江）靡靡的風氣，蘇州人可為代表，因為不能瞭解生命創造生命，而自甘為生命的奴隸啊！缺乏正義感，國人因生活艱苦苟安順應的心理，養成忍耐的習性，社會的是非善意，雖然有所辨別，但都潔身自好。由於憂患的困難，此內心與行動不一致，達成矛盾心理的惡果，而減少生活的興趣，沒有道德觀念，雖然是遭了良心的譴責，但仍願順應罪惡，認為偽善為延世的良方，正義為無益，這是中國人缺乏正義感的大概情形。

缺乏智慧活動。我國古代文化，為西洋所不及，歷代聖賢豪傑哲人甚多，近數十年來反無所聞。甲午以後，偉大的學者僅有康有為、梁啟超、陳三立、章炳麟、王國維等而已！又缺乏求知欲，以大學生的不努力研究科學而只求文憑，以文憑為做官發財的手段，此為教育最大的失敗，也就是學界最痛心的事情。缺乏美感，國人應效法日本人愛美的觀念。旅日的人士，看見日本到處美化，回想到本國，一定有自慚形穢的感想！因為日人的竹籬茅舍，也必定求其藝術化，室中陳設雖是簡單，但仍整潔而幽雅。願國人屏絕賭博而崇尚音樂、美術的欣賞。缺乏宗教信仰，也是國人的缺點。六朝宗教活動極盛，到宋以後逐見消沉，近年雖有耶穌教傳入中國，但也沒有多大的成就。民間只有迷信而無宗教信仰。缺乏互助合作的精神。中國是宗法社會的國家，親族間互助合作頗具成效，但是在族關係以外的互助合作，則不願為的程度比美國人的個人拜金主義還要更深呢！至於缺乏守法的精神，在中國古代，是主親親重賢的，故有『刑不上大夫』之弊。不重法而重人情，所謂『刑』只有對平民而設，以致政治走不上軌道，也是這個緣故！從前英國有一皇后維多利亞出遊遇暴雨，適路旁有一所房子，但因主人不在家，門是關著的，沒法，只得把門打開。後來主人回來了，皇后便向他道歉，而主人要她留下了一個名字。第二天主人便向法院起訴，結果皇后賠款了事。像這樣的情形，中國人能做得到嗎？以上所談的各種惡德，俱是由社會環境所造成的，也就是饑荒心理的惡果。倘若產業發達，生活水準提高，教育發達、法律嚴明、政治優良，則物質享受可不成問題，今舉其對策七端，以作商討。

第一，求物質與精神生活上的進步。今後的物質生活可不成問

題，因為經濟很富裕，是不虞匱乏的；求精神上的進步，亦即是求身心的發展，那麼一定要昌明生理學和心理學，在這上面去充沛生活力。

第二，瞭解自由與自治的重要。中國在上古時代，是極端自由的，如堯舜時人民的《擊壤歌》：『日出而作，日落而息，鑿井而飲，耕田而食，帝力何有於我哉！』威爾士曾譽中國的政治為變相的民主。這種政治和英國的有點相似。不過政治在士大夫手中，雖宗族間能夠自治，但呈著脫離政府的狀態，因為國人對政治沒有認識，同時對政治也不發生興趣，所以有這種不良現象；又一般統治階級，濫用威權，剝削人民自由，摧殘自由自治，我們要根絕集權主義、集權思想。

第三，確實瞭解平等的意義。尊重平等的信仰、平等的真諦，要打破階級的不平等，如官吏之於人民，如主人之於傭僕，一律要平等相待；至於男女間的平等，是早已如此的，像古代的猶太人，男子是嫁到女家去的，這和中國古代母系社會是相同的。我們知道，猶太人是營帳生活，帳門是向東的，假使妻子要和丈夫離婚的話，非常的容易，用不著登啟示，更用不著請律師，只要趁丈夫到外面去了，把帳門向西就夠了，男子看見這種情形，便得回娘家去，這都是重女輕男的時代，我們必須要消除這自卑與自大的心理。又種族與種族間亦須平等，如漢族以前，給其他各族不好的印象，今後應設法糾正他，以團結各民族。

第四，博愛，博愛是最難實現的。儒家主觀的博愛，墨子的兼愛，皆為博愛之道。孔子的博愛，如大道之行、天下為公、吾人不獨親其親，不獨子其子，這種博愛的大道理，也都是一種理想，所謂愛無差等，私情又為其崇，能夠做到兼愛已難能可貴，所以沒有博愛心的緣故，皆由宗族心理與饑荒心理所造成，假使國人明瞭血統有不可分的關係——像唐太宗之虯髯，根據遺傳學的看法，是雅利安民族（即希臘民族）的特徵，故唐氏與雅利安族有血統關係，說一句消化笑話，姓李的祖宗，可以遠溯到歐洲；又顧維鈞大使的鈎鼻，像猶太人，不知道他的哪代祖宗和猶太人有過血統的關係。中國是一個宗法的社會，是以父系為中心的，常人有一句話，一代

生二子，十代一千煙，若以此法逆溯上去，十代以上，便有一千個有血統關係的祖宗了，若再加上母親的母親（即外祖母）外祖母的祖母，這樣逆溯十代，也便有一千個有血統關係的女祖宗。由此看來，中國四萬萬五千萬人，恐怕都有血統的關係，因為我們的祖先已織成了一個血統網了！若由這個血統的觀念為出發點，一變而為博愛的心理，那自然沒有爭奪的事了！老實說：中華民族的血統和世界各民族也有密切的關係，是一個混血的大雜種。假使全世界人類基此血統觀念來談博愛的話，那世界當可大同了！

第五，篤行互助合作。我們知道，我們今日所享受的，都是歷代中外民族通力合作所得的結果，人為萬物之靈，國際間能夠互助合作，方能達到大同的目的。

第六，守法。中國古代不重法治而重人治，處今日社會環境複雜的時代，則非法治不足以維繫社會的秩序。

第七，宗教的信仰。我們沒有宗教信仰，則覺得生命空虛無聊，精神沒有寄託，所以我們要創造一理想的宗教和堅定意志信仰的宗教；倘以有涯寶貴的生命，費在無聊無益的事上，則不但影響生活力，且生命亦感無意義，有信仰即有目的，有目的生命即有意義，以小我之活力為大宇宙活動的一份子，以我為本體印證宇宙，宗教的『無我』──即『色即是空，空即是色』否定人的意思。與『為人』足為法者，吾人當知個人為空虛，然而吾人對一切有情、吾人出此空虛的我而為人，即『我為人人，人人為我』的因果律。又宗教中的『自我』──克制私欲，戒貪嗔癡。『依他』──為人祈禱，以上帝為我能力之助，為兩項改進個人生命的方法，吾人要創一新的宗教，必須融合各種宗教的優點，適合科學、文學、哲學、美術……各種科學的道理，有現代的智識，有超人的智慧，有領導群眾的能力，對於中華民族全民有無盡的幸福啊！

七月三十一日星期三

下午，胡先驌先生為我們講《教育的改造》，他說：

要談教育的改造，必須先明瞭教育的目的。教育的目的，據我個人的看法，是要教人如何增進他的智慧，修養他的德性，以適應一切生活的環境。我們知道，人類一切的活動，都應該努力於生活

的改造——包括精神生活和物質生活，而教育的使命，也在於指導人類的生活臻於美滿，並發揮潛在的偉能，要做到如此的地步，必須改造生活方式，剷除頹廢、浪漫、縱慾、和不規律起居生活的一切壞習慣，這樣才能美化人生，使人生有意義。

我國古代的教育，如大司徒（即今日的教育部長）教人以六德（知、仁、聖、義、忠、和），以六行（孝、友、睦、姻、任、恤），以六藝（禮、樂、射、御、書、數），這種教育，才是真正完備的教育。可惜後來偏重於學文，結果弄得與人生脫節，讀成書呆子，還是一個廢物，和教育的目的相反了。中國所以自漢武帝以利祿誘惑學子以後，形成了一般學子為利祿而讀書，直到清末，廢除科舉，但他的餘毒還是存在的。近代我國教育的制度，因襲歐美，所以只重學術的灌輸，忽略了人格的陶冶，教育結果，學校變成了販賣知識的場所，因為熱衷歐美的文化，全盤接受，可測度的物質科學知識（按歐美文化的由來：一是希伯萊，即基督教猶太人研究天的文化；二、埃及的物的研究的文化，都沒有研究到人，自伽里略將物質分成可測度與不可測度兩種，於是物理、化學的物質科學昌盛，更把不可測度的人格的修養忽略了！所以教育走上偏重學術的途徑），結果就是自命學過高等教育的人，除了得到一點專門知識以外，即一無所有，所以在精神煩悶的時候，只有找下等的娛樂來消遣——如打牌唱戲。這種人我刻薄地直稱他為「沒有受過教育的專家」，不注重人格薰陶和培養，這是教育的失敗和教育制度的不良。由此我們應針對此症下救方。我以為：

（一）要確定教育的目標，簡單一句話，由學德並重的教育而創造生活式的教育制度，教育的成效，要達到：小之能灑掃，應對美滿個人的生活，大之要為生民立命，繼往開來，這才算是優良的教育制度，一掃過去偏重智識傳授的弊端。

（二）檢討教育內容，這可分為十二點來說。

（1）各級課程不能標準化。因為人類才智的不同，倘任強制於一個階段受同等教育，則影響天才兒童的滯進和庸笨兒童的追不上，這尤其對於兒童個性的發展，有很大的妨礙，所以希望學校課程固然要完備，但須有很大的伸縮性。

（2）培養完美的人格。在歐美各國為適應個性和特殊低能兒童的發展，有一種測量智慧的方法，稱為智商（IQ），還有人格，也可以測量，叫做人格商（PQ），用這種測量人格的方法，再加以教育的陶冶，可以使劣等品格的兒童，改變原有的壞氣質，這是我們可以取法的。目前各級學校訓導制度確有改進的必要，尤其是擔任訓育或導師的人，應該最要注重身教，要以精誠感化兒童，再用言語開導，絕對不能體罰兒童，有一定要特別注意的是，往往一個謹守規則而不愛好活動的忍酷兒童，在校中當然博得師長的贊許，不過要知道這種學生將來到社會上是不能做大業的，而往往在校中是一個頑皮而不下流的、愛活動的兒童，他的成就卻反而更偉大，這是訓導人員應該注意這兩種兒童調和的一點，尤其是希望小學教師的同仁要注意。

（3）宗教信仰。除了學校必修的課程以外，對於哲學的知識，也應該灌輸一點，使學生獲得超越現實的一種高尚的智識，而產生宗教的信仰，使精神有所寄託。

（4）注重勞動的教育。教學生做幾個泥塑模型，不是勞動的真義，我們要訓練兒童勞動的身手，做園藝和灑掃的勞力實際工作，使兒童習勞耐苦，鍛鍊健全的身心；至於體育的活動，賽跑、跳高等運動，也要切實地培育，使成為一個健全的國民（這裡我們以例證明外人習勞苦的精神，如俄國大文豪托爾斯泰，幼年的擦皮鞋，印度的聖哲甘地的紡棉花，這都是偉大人物習勞的成就、事業的有力表現；漢劉伶詩人的「雞肋不可當尊拳」的弱體，實是一件可恥的事）我們務必要使兒童從生活中體驗生活。

（5）注重職業教育。學校教育不但注重智、德、體三育外，還至少要授兒童以一種職業的教育，充實兒童關於職業的智識，使義務教育、國民教育、職業教育打成一片。

（6）使用機械的教育。在世界科學發達、工業機械發展的今日，每一個人都與機械有接觸的機會，所以簡單的機械，我們要教學生使用。這次日本的失敗，美人譏為使用機械的不夠，這話是不錯的。

（7）政治智識。我們知道，人是經濟、政治的活動者，對於國家和社會的法律及政治的設施，以及國際現勢的智識，都應當有基

本的認識,尤其是大學生,不但要對政治智識有興趣,而且還要培養對政治的特殊眼光。

(8)健康和醫藥智識。健康對於人生的重要,可以影響整個國家民族的興衰。如東漢末年,中華民族的浩劫,因瘟疫、刀兵的禍亂相尋,僅存千餘萬人,又如歐洲元末,歐洲梅毒的侵入我國,以致引起大亂,這都是國民忽略健康的慘劇,又如蒙古人的梅毒,現在俄政府還派大量的醫生為之診治。所以要為民族子孫打算,一定要多多灌輸健康和醫藥的常識。

(9)男女應該分校。我們知道,男女生理上和心理上都有顯著的差異,為了達到種族上的目的,我們不應該讓女子遷就男子而共一校念書,我們應該分校,授女子以家政和生育的必需技能和智識,使成為一個賢妻良母,像美國最偉大的母親,是美國麻省理工大學校長的母親,她的另一個兒子為大學教授,還有一個不平凡的,這是母教的良果,可為效法的。

(10)注重美術教育。培養兒童審美、愛美的觀念,使美化人生。

(11)師範教育素質提高。師資素質提高,教師待遇也須提高,小學的教師,以大學生為合格,待遇要與中學教師相差無幾,要與中、大學教師待遇相差無幾。

(12)延長國民教育年限。我國國民教育為六年,和德雇用十二年相比,年限真是差得太遠,幾及一倍。我們知道,六年小學教育,對於學科的接受是不夠的,而且職業教育,包括國民教育裏面,更非六年的教育所能完成,所以我們應該把初中的三年加上國民教育的六年,合為九年,如此,則國民教育一完成,其學生亦為有用的職業人材,同時中學年限縮為三年,但延長也是可以的,大學也不必加以年限,使它有伸縮性,而完成學業。

總之,今後我國教育制度,除上述而外,還要多多舉辦農業性的國民學校,授以必需的農業基本智識,以為改良農村經濟的張本;多多舉辦女子家政學校、職業學校,甚至於創辦新嫁娘學校,以為新民族開拓新幼苗。做要者,僑民教育亦應設局指導、溫習,以為祖國擔負建設的一支生力軍。

我國目前的教育制度，有三大缺點：（一）不注重人格的修養；
（二）不能適應國民的需要；（三）不能培養偉大的領袖。我們知道
了這三大缺點，今後必須要力予糾正，如果我個人能貢獻的十二點，
能夠一一付諸實施，則對於新的教育制度的樹立，當不無裨益，希
望教育界的同仁，共相勉勵，為國家樹百年的大計而努力於教育建
設的完成。

胡先生的《教育之改造》，客歲應正大校友會之請，曾於社師（原
擬在江西大舞臺）作公開學術的講演，記得後面還有幾個具體改造
教育的辦法，如縣立中學改為國民學院，訓練政治幹部人材……現
在或許是刪了而不講吧！

八月一日（星期四）

下午，胡先驌博士又為我們講《政治之改造》，我因為在南昌聽
過了一次，所以還是一旁整理我的筆記，一面聽他的講演，他說：

人生一切公共的活動，都包括在政治範圍以內，所以改造政治，
有十個基本原則：

第一，政治改造，要顧及全民的利益，不能代表某一個階級的
利益。我們翻閱我國或各國的政治史來看，凡是代表一時代的武士、
貴族、僧侶或農工階級、士大夫以及某一黨、某一派，一旦政權握
在手中，顯著的得勢的階級，就超然化、特殊化，享受一切其他階
級不能享受的利益。以我國宋代為例罷，那時神宗對王安石的新政
很滿意，所以想到農工的利益，可是當朝大臣文考博奏陳說：「陛下
賴士大夫治平天下，不賴平民治平天下。」神宗無可奈何，這充分
說明了當時的士大夫所享受的一切特殊權利了。

第二，政治改造，要顧及國家和民民族的利益。個人的利益，
不能超越國家的利益，而且可能犧牲個人的利益，以為國家民族謀
最大的利益，以國家民族的利益為出發點。美人的崇拜個人主義和
黷武國家的過分國家主義，對於我們都不需要，在這兩者之間，我
們應當採適度的折衷主義，所以我國要顧到國家和民族的利益，不
能顧及個人的大利益，同時因為我國人有時表現不夠卓越或進化不
夠，那麼犧牲少數人的利益來為國家，這也是必然的現象。在國家
民族利益的大前提下，我們是應該如此的。

　　第三，政治改造，必須顧全國家民族永久的利益。一般的執政者，眼光短淺，對於國家大事，很少能顧慮到二三百年者，此我國近百年來所以一蹶不振的原因。有些政治家只以解決幾個目前的困難為得意，即如有關國計民生的重工業統計的遠大計劃，都沒有措施，這是執政者的大失策，所以顧全國家民族永久的利益，是希望執政者有一番很大的措施！

　　第四，政治改造，要發揮民族偉大的潛能，使中華民族達到一種盡善盡美的境界。在漢唐時代的武功和文治，以及元朝的武功，這都是我們列祖列宗發揮民族潛能的偉大表現，為國家，為民族，我們應該如何發揮呢？

　　第五，政治改造，要顧及全世界各民族的利益。我們知道，在現代科學的昌盛時代，國與國之間的交通、政治、軍事、經濟、教育、文化，均是息息相關的！而且互相倚賴、互濟互利的，假如我國積弱下去，東西秩序不安定，美國是無法安枕的！所以美國要維持經濟權益，必定要扶植我國的！

　　第六、政治改造，必須要認定人類的智慧絕對不平等，必須培育多數智、德才能之士及卓越的領袖，以擔任重要職務而領導人民。在民主政制下，必須有卓越的領袖來領導人民，尤其是我們中國，文化水準低，對政治沒有認識，所以一班野心家利用愚民操縱國事，最是最危險的！

　　第七，政治改造，不可單謀一人或一黨派的統治權，而抹殺他人的權利！我們知道，國家是屬於全民的，絕不能由一人或一黨決定全民的命運或犧牲全民的利益，用不正當的手段，謀一人的利益，這是人人可得而誅之的！

　　第八，政治改造，必須主持大政的大員有無大可指謫譏評的美德（包括公私），一個領袖是影響全國，尤其是他的德行影響國民甚大，如美國老羅斯福總統及威爾遜總統被人民控告喝酒，實際上他們倆並不大喝酒，兩氏曾提起公訴，由此可見美人對元首人格道德的重視了。孔子有兩句話：「其身正，不令而行，其身不正，雖令不行。」所以秉政的人，應該以身作則，有優良的公私美德，而後可率人以正了！

　　第九，政治改造，必須養成法治精神，使人人皆為國法所約束。中國人對於法治的淡漠，說來真夠人痛心。抗戰期間、勝利以後，官吏貪污之風，猖獗之烈，無以形容，可是貪污的大官，如特任官有哪一個被判死刑的或免職的？除了倒楣的兵役署長程澤潤正法和稅務署長高秉坊被判徒刑外，國家辦了幾個貪官？殺了幾個污吏？看看人家法治的精神，像德皇威廉的敗訴及英維多利亞皇后的被罰（因避雨斷鎖入門，主人回來了，要皇后留下了姓名，第二天以未經允許破人門戶，訴諸法院），那種遵守國法的精神，真是我們要努力效法而且需要嚴格法治的啊！

　　第十，政治改造，須養成優良的文官制度。國家對於官吏，不但要保障其職位和生活，要罰賞分明，嚴行黜升，而且要體恤官吏，使其安心工作，而矢志為國熱心服務。像某國有一軍官，被政府由英調往印度，不久，他的父親也接著政府的命令，於某月某日去印度某一地，他的父親果然遵命前往，父子相見大歡。由此可見政府體貼官吏是無微不至，在這種情況之下。官吏能不死心塌地為國家熱心服務嗎？

　　以上十個基本的原則，希望各位深切認識，其次再談到：

　　一、憲法問題：我國五五憲法草案，雖較過去有點改進，但仍不十分完全，尤其是國民經濟一章，只有保障國民經濟自由這一條虛文的規定，口口聲聲嚷平均地權、節制資本，速限田的法律都不敢創制，以之與英國的「一孩降生，由國家儘量提供給工作，以至於退休金、埋葬費、遺族贍養金，都由國家供給」的人民權益相比較，真是萬萬不及啊！還有我國憲法剛性很大，看一四六條憲法的修改，其規定要有四分之一的代表──總數為二千人，四分之一即五百人提議，有四分之三的代表──即一千五百人的出席及三分之二的代表──即一千人──的通過，始可修改憲法。你想，在偌大多數的代表中──何況其中還有少數政客操縱──要通過此案是多麼的困難！何況國家在十年內的變遷，國性大不相同，怎樣如許之久應用這一部法典呢？又國民大會職權好像很大，但是代表多到兩千，意見難以協調一致，使少數有力的政客，勾結同黨或阻撓不合本身利益之案的通過，尤其是罷免官吏不易，除非這個領袖或高級

行政人員有罪大惡極而激起全體代表的公憤，始有罷免的現象。創制復決兩權也不容易執行，實際上四權等於零；至於說到憲法委員，雖由人民選出，但沒有罷免、彈劾官吏的權，沒有對行政官投不信任票的權，這是立法不能獨立而實際上在行政權利範圍之下的一個最大的缺點；還有監察院的監委也不夠。現在的名額僅有十九名至二十名，將來省級行政範圍縮小，省份增加至七八十省，何能監察如許多的省份？以我國的人口與美國為比例，則美國國會的每一參議員平均每日可收到人民意見書六千餘封，而參議員也必須另雇數名書記專司看信和回信的工作，照此類推，我國每一國大代表平均每日應收一萬餘件，如何處理得了？這是監察制度需要改進的地方。再說到國大連預算、構和、條約、戰爭的法定權利都沒有，而總統又不對國大負責，如此國大及總統如此的大權，均非開明的憲法所應有，所以我們建議國大會議下設常會，每年召開兩次，每次會期兩月，討論四權行使及國家重要大事之決定，這樣才可補救國大職權的空虛。

二、地方制度與地方自治。我們知道，省區行政範圍太大，不易管理，所以省區的調整，我們極端贊成，中央集權，可削減政客和軍閥的割據，而國家的政令軍令始可統一。至於的所謂聯邦自治政府，擴展地方權利，實無異分裂國家，中央政府等於虛設了。

三、實施新縣制。檢討縣政的不良，約有數端：1. 縣長官階太低，俸給微波，所以作為一縣的主管，其上司多如牛毛，無形的低落地位，殊有影響政令的執行，而縣長素質的差可見，使有地位有才之士集中於上層了！所以今後的縣長，一方面要嚴格甄用，一方面要提高官級，最低敘至簡五，以增進行政效率。2. 戶籍嚴格清查，以為推行政令的張本；3. 充實縣財政，使地方事業發達。

四、確立外交一貫政策。一個國家應該確立一個永久而遠大的一貫外交方針，中國過去在門戶關閉以前，可說無外交，設使在中日之戰以前，我們能和日本提攜，則兩國均可富強，雖然也曾有一個卓越眼光的李鴻章，但憾無一貫外交的方針。直到蔣主席秉政以後，才有新的外交姿態。我國應走的外交路線，應是：

1. 親美。因為美國是一個道義國家，一向對我國抱友好的態度，

尤其是近年來對我國的提攜、國防地位的提高，可說完全是美國人支持的！而且我國今後要走上工業化的道路，高度的技術和雄厚的資本，都要利用美國，以加速建設完成！

2. 親英。說到英國，國人必須為之頭痛，是的，英人在過去給我們的刺激太多了，中國的一切恥辱，可說英國一手造成的！不過，自己也應負咎，自己太差了，所以招致大辱，現在英國對我們的態度由輕視而轉變為疑懼了！像英人對於馬來島華人勢力的伸張，曾有過如此的一句話：「馬來將要成為中國的第二十九省啊！」又印度領袖尼赫魯，亦曾大聲疾呼，願與中國成立聯邦，而不願受英國的統治；再在滇緬鐵路開放的時候，英國議會曾起質問，這都是英國人對我疑懼的表見，所以香港的一時的不肯歸還中國，是英國想在遠東有一根據地可維持殖民地的權益。不過在我國發展海南島和臺灣，以及北方大港開築後，軍事、經濟，在香港都會失去重要性而成為死港，到那時候，英國還要拱手送還我們呢！不過，英國現在工黨政府的開明（社會政策比蘇聯都進步得多），將來經濟的互惠，對我國的經濟是有裨益的！所以我們對英才要保持很好的友誼！將來我國如果工業發達，對南洋的經濟需要迫切，像橡皮、金雞納霜、糖、咖啡等，假使勢力伸張，可能合南洋為聯邦了！

3. 親蘇。我國邊界數千公里，和俄境相接，然而我國的外交向沒有和俄發生密切的關係，以俄國的地大物博和科學發達，我國竟棄之如敝屣，殊為可惜，尤其是自中蘇條約簽訂後，國交漸惡，今後亟應注意，雖然中東鐵路共管，但將來對我經濟和貿易當有裨益，而俄國對西伯利亞的建設，正可互賴互存。儘管蘇聯取得旅順、大連等港，對我有威脅，但美助我建青島海軍，在渤海對峙，可以無憂，所以這次蘇聯撤運東北的工業去建設西伯利亞，正是懼我利用建設東北的有力證據。為了兩國間的平衡發展、和平相處，應該建立友好關係，並進而認識蘇聯，多多培育俄文人才。目前我國可說根本不懂得俄國，國內有幾個懂得俄文、對俄國有相當研究的，而蘇聯認識我國則不同，單以關於我國研究方面的書，多到五千冊，我國的一張報紙、一份雜誌，蘇聯也有。還有我國外交有兩大缺點，一是在南美洲二十多個國家，而且有兩個大國阿根廷和巴西，我們

都沒有和他建立過關係，所以經濟不能互惠，這是我國太傾向英美的惡果。又中東回教徒的國家——以土耳其為首領，我國也應該和他們建立友好的關係，以共同發展中東亞，尤其對土耳其國，要慎派使節——如過去賀耀祖使土之拒絕凱末爾的雪茄，有失外交禮節的笑話，這是我國外交缺憾、應行糾正的錯誤。

總之，今後我國的外交路線，除親英美蘇三大國外，對於南美洲及中東、南洋各個國家均應從速建立友好的關係，尤其是南洋和中東，可為我國將來發展的對象，老實說，日人的處心積慮，對南洋的經營，可說是超過英美，又如日人封鎖滇緬路，出乎英人意料之外，在雲貴高原多瘴癘猛獸、大山巨川，以及土人的橫暴重重惡劣環境下，日人居然在十年以前，就派一大將聯絡土人，並研究作戰的問題，所以一舉成功，再如星洲，以一萬五千人人繳十六萬英人的槍械，均屬驚震的行為。這是尚有望國人共勉的！

對親美、親蘇外交政策進一步闡述：「在這幾年中，我對蘇聯的看法有過幾種轉變。在抗戰初年，英美兩國對於中國沒有物資的援助，蘇聯卻以大量的軍火與物資援助中國，並派空軍協助中國作戰，這時候我對蘇聯是抱著熱烈的感激心情的。後來因為國共兩方摩擦的厲害，蘇聯對於反動政府便取了不友好的態度。我聽了反動政府的宣傳，說宋子文到了莫斯科，斯大林要中國割讓新疆、蒙古與東北，我便認為蘇聯仍然要執行帝國主義的侵害政策。但是在美蘇合作的情形下，我認為由於聯合國的機構，世界和平可以保，我認為中國的外交政策，一方面固應親美，一方面也應親俄。」〔註1936〕

八月二日（星期五）

上午謝康先生講完了近代史學的新趨勢以後，便是胡先驌先生應我們文史地組的請求講《詩的技術與內容》。他雖然是一位科學家，但對於文學的造詣也是很深的！他是我們新建治坪洲胡家玉探花的曾孫，幼年非常的聰明，有「神童」之目，在十二歲的時候，即入泮補博士弟子員，所以中國文學的根底是非常深的！尤其他對於詩——五古的造就是至深沒有了。他說：

〔註1936〕胡先驌著《對於我的舊思想的再檢討》，1952年8月18日。《胡先驌全集》（初稿）第十五卷人文科學文章，第641～646頁。

詩的範圍很廣，詩、詞、曲三者都可以包括在內。我們要講的做法，須先說一說中國文字的語音系——屬於緬藏語系，因為中國字的發音是單者，所以韻不夠而有四聲——平、仄、去、入來補充，平聲字又有陰平、陽平的分別，由此看來，中國字雖然是單音語系，也是從多音語系而來的！據說福建的方言為漢代話，廣東的方言為唐朝話，江西人有七音，廣東有九音，宋朝的沈約，就把這段複雜的字音，創為四聲——平上去入，而這四聲對於美感，是有音調節奏的，中國的詩詞，就利用這種音節，配合起來，覺得非常的悅耳，可以播之於管絃，這是中國文字的特色，為外國所不及的。中國最早的詩，當然是《詩經》，如「關關雎鳩，在河之洲；窈窕淑女，君子好逑……」不但合乎平仄，並且是叶韻的，所以朗讀起來格外好聽。至於填詞，不僅是論平仄，並且要分平上去入四聲，如《鶯啼序》調，全屬上聲，也是可以的。常人以為古體詩可以不講平仄，這是錯誤的，尤其是七古。我們讀詩最好讀律詩，應以上海蘇州音為最高標準。因為各地方言的不同，和讀詩是有很大的關係的，不能同一音調（入聲同平聲），如《滿江紅》一調，多以入聲為叶調，但也有用平聲的；中國詩最難讀的當為齊、梁詩，因為這個時代，正是古體詩嬗變而為律詩沒有成熟的時候！我們作詩，須先從五古著手，可以言情，寫景，說理，敘事，四者兼而有之。做七言詩，要如長江之瀉，一貫而下，宋人做律詩，不喜硬對而多活對，這也是值得注意的地方。作詩用字要佳，每一個字都須要推敲才好，所以古人有「僧推月下門，僧敲月下門」，往往以一字之差，便有死活之分了。如陳散原先生《送張之洞》的詩有句云：「作健逢君領元老。」「領」字大為時人賞識。又如我（胡自己）所作的：「水風刁鵠蒲。」「刁」字是非常好的。又如陶淵明的「悠然望南山」與「悠然見南山」，「見」字比「望」字要好得多，因為「望」是有意的，而「見」是無意的，才和「悠然」二字配合得來。以上所談的是關於技巧問題。其次談到詩的內容。若以數學上的比例來說，技巧要占百分之七十，內容僅占百分之百三十，內容要分抒情、寫景、說理、敘事。我們要抒難達的情，寫難寫的景，說難說的理，敘難敘的事。如陳散原睡時聞水仙花的香，有句云：「爐火微微不上眉，冷馨孤發睡魔

知。」老人幽閒的情狀完全寫出。又《亂後》有句云:「可憐亂後頭條巷,淘米人家一二存。」亂後蕭條景狀,躍然紙上。現代新文學的白話詩,如胡適之所提倡的,他們引鄭珍(子尹)《巢經巢詩集》、江泛(弢叔)《伏敔堂詩集》、金和《秋蟪吟館詩》為知己,因為這三家的詩都不避俗言俗語,在外表看來,很相似,但內容相差是很大的。如子尹詩:「止覺有無路,來循夫子牆。」他的人品是如何的高尚!又如楊斯的悼亡詞:「沉醉夢醒,風聲雨聲,一更滴到三更,又四更五更。」雖然是沒有悼亡的字,但他悲痛的情緒,是何等的真切!「為有強起理梳妝。」描寫她愛月的真情,又是何等的真切!至於寫景,有淡遠的寫法,有急意的渲染,可以寫聲,如陸放翁的「空階一夜蕭蕭雨」,「蕭蕭」是寫雨的聲音,也可以寫色,我的《遊日記事》:「黯黮如懸帳。」「隱隱飛橋隔野煙。」「黯黮」、「隱隱」等都是寫色!又如我的「松杉矗雲表」,「矗」即是形容杉木的大。朱大微《過香港》詞:「大旗落日,照千山劫墨成灰。」此時香港因戰敗而被割於英了。再說敘事。敘事很早就有的,如白居易的《長恨歌》《琵琶行》等事,敘事詩後變為曲──傳奇,如《長生殿》《西廂記》《琵琶記》,為傳奇中之最佳者。清末吳炳《燦花五館》的傳奇,可以比得蔣仕銓的五種上。詩以思想人品為主要,宋詩所以高超於唐詩的緣故,就因為宋詩的思想和人品高。詩的技巧現代可以將新的思想裝入舊詩裏面去。作詩最主要的書有王士禎的《聲調譜》、趙執信的《談龍錄》,方回的《瀛奎律髓》……都是可以參考的![註1937]

8月1日,廬山森林植物園籌集經費。

　　《廬山植物園最初三十年》載:廬山森林植物園正式復員,靜生所開始下撥其經費。關於植物園復員初始情況,先錄一段《靜生生物調查所三十五年度工作報告書》:「二十八年廬山淪陷於日軍之手,廬園乃遷往雲南麗江,本園則由留山英人 Horbert 盡義務照料。原有之辦公大廈為日機所炸毀,庚款會補助金所建之大廈則未竣工,太平洋戰事發生後,原存於美國學校之圖書標本被日人運回北平本

<hr>

〔註1937〕　王諮臣記、王令策整理的《廬山暑期學術講習一月記》(1946 年 7 月至 11 月個人日記)。胡迎建、胡江華主編,胡啟鵬執行主編《胡先驌研究論文集》,文化藝術出版社 2010 年 6 月版,第 358~377 頁。

所。後英人病沒，房屋無人照料，多被拆毀。曾商請江西善後救濟分署補助五百萬元，將小房一棟修繕作為辦公之用，以經濟困難只能將道路略為平治修理，苗圃工作尚未能積極進行，然苗木數十萬株，皆已長成，極有價值。今又受中正大學委託，栽培海會寺永久校址所需之各項苗木，又兼管廬山管理局夙負盛名之廬山林場與擔負美化廬山之設計與實施之任務。又擬開闢經濟農場及茶場，以備廣植最著名之廬山雲霧茶，正恢復原有之種苗事業，已得甚多歐美各公私機關來函洽談種子，今後此事業不難超越戰前狀況。惟目前經費極為窘迫，蓋本所今年經費過少，不能兼顧本園，而江西省農業院亦以經費支絀，不能供給本園開支，故全賴多方設法籌措經費，曾呈請蔣主席補助經費，經農林部在林業經費項下撥付三百萬元。明年仍當繼續陳請補助，一方面則將籌募基金，舉辦生產事業，以維持並發展本園事業。」〔註1938〕

8月1日，廬山森林植物園抗日期間損失慘重。

歷經戰亂之廬山森林植物園，景物全非：千畝山林變成荒山，原有名貴苗木3100餘種，110萬株枯萎殆盡；原有生活及工作的建築設施概被拆毀，家具雜件更是蕩然無存；園林道路也被洪水沖毀，處處雜草叢生。面對斷垣殘壁、滿目瘡痍，陳封懷主持的復員自1946年8月1日正式開始。其舊時人員除陳封懷，還有熊耀國、雷震共3人，而在麗江人員皆未返回，秦仁昌任教於雲南大學，馮國楣則轉至雲南農林植物研究所。新來人員有陳封懷在中正大學的學生王秋圃；有熊耀國自江西武寧招來之鄒垣、王名金等，僅此數人而已。〔註1939〕

8月14日，胡先驌致朱家驊信函。

驌公部長勛鑒：

自廬山講習會歸來，得誦七月廿日手教，藉悉對於張壽朋先生

〔註1938〕《靜生生物調查所三十五年度工作報告書》，中國第二歷史檔案館，484（1026）。胡宗剛著《廬山植物園最初三十年》，上海交通大學出版社，2009年7月版。第98～99頁。

〔註1939〕胡宗剛著《靜生生物調查所史稿》，山東教育出版社，2005年10月版，第206頁。

備極優禮，而張先生以旅居不便，匆匆辭歸，聞之至為悵惘。人生
遇合，自有天緣，不能強致，有如此者。然公禮賢下士，吐握為懷，
必有聞風興起者矣。張先生之薪津及公之原函，均已遵囑寄去，勿
念。敝所承補助五百萬元，雖同杯水車薪，亦感厚誼。前承面允代
為盧山森林植物園募捐基金，尤感盛情。稍遲當以捐冊呈奉也。溽
暑諸惟珍攝，千萬。

　　專此敬頌

勳綏

　　　　　　　　　　　　　　　　　　　弟　胡先驌　拜啟

　　　　　　　　　　　　　八月十四日（1946 年）〔註 1940〕

　　8 月 25 日，《科學在蘇聯與中國》文章在重慶《大公報》「星期論文」欄
目發表。同年轉載於《科學》月刊（第 2 期，第 21～22 頁）；同年 9 月《書報
精華》（第 21 期，第 46～47 頁）；同年 12 月轉載《宇宙文摘》創刊號（第 1
期，第 24～26 頁）。摘錄如下：

　　　　共產黨柄政之蘇聯，是篤信唯物主義的。科學是人類控制與利
　　用物的近代方法與工具，故篤信唯物主義，便重視科學，崇拜科學，
　　因而不惜以國家的全力促進科學，以物質的優待，報酬與鼓勵科學
　　家。信奉三民主義的中國，說是精神物質並重的，科學雖然認為重
　　要，但尚有一些不可捉摸的東西，據說是屬於精神的，而較科學更
　　為重要，故視科學為次要。而且提倡科學只須有了精神鼓動，則雖
　　物質條件不足，科學亦自會進步。故一年一度的科學宣傳，說什麼
　　「無科學即無國防，無國防即無國家」，自然會促進科學，使之有「迎
　　頭趕上」之進步。一般無儀器設備圖書，枵腹從公的科學家，自會
　　有驚人的科學發明，科學的國防，自會建立，這似乎是蘇聯與中國
　　對於科學的觀點不同處。

　　　　篤信科學，似乎是俄國共產黨一種主要特徵。在帝俄時代，政
　　府雖亦知提倡科學，然當時的科學不過是統治階級的一種裝飾品。
　　大科學家巴夫洛夫雖然蜚聲國際，但在冬天他的實驗室內連火爐都
　　沒有。在十月革命成功之後，列寧進入莫斯科第一樁事，便是訪問

〔註 1940〕《胡先驌全集》（初稿）第十七卷下中文書信卷，第 422 頁。

巴夫洛夫，問他需要多少經費，以維持他的研究所。以後蘇聯政府以全力提倡科學，建立龐大的科學研究機關，對於科學家給予以種種精神與物質的獎勵。一位著名的園藝學家逝世，斯大林親為之執紼。科學家的月薪高至三萬盧布，為工人之薪金之一百五十倍。科學經費占國家總預算百分之一，而在美國則為千分之一，英國則為萬分之一。最近美國著名的研究原子彈專家蘭格穆爾（Irving Langmuir）在《原子兵器競爭及替代辦法》一文中，曾預料蘇聯對於製造原子兵器將來或許遠在美國之上，因為蘇聯「對於純正科學或應用科學有深切的認識，並且推崇備至，無以復加」；「已有極廣泛的科學方面計劃，為其他任何國家所不及」。莫斯科《消息報》最近發表一篇論說，曾表示科學家從沒有像在蘇聯受到國家如此的重視與社會如此的尊崇。國家對於科學家供給他生活上的最大舒適和工作上的最大便利，並且保證他死後家族的舒適生活。蘇聯政府在歐戰結束後一個月即開一個研究院會議，頒布了一千四百個榮譽，有十三位科學家受到了「社會主義勤勞英雄」勳章，一百九十六人受到了列寧勳章。在克寧姆林宮舉行大宴，斯大林出席，莫洛托夫任主席，參加宴會者達一千一百人。平時科學家都受有優渥之待遇，另有別墅與汽車享受。在其復興五年計劃中，斯大林宣布政府將盡力發展科學，除修理研究院的房屋外，馬上預備建築另一研究院，至少有現在的研究院五倍至十倍之大。蘇俄境內有大學七百八十所，一經濟植物研究所用助理員多至五千餘人。其科學技術人才之多與研究所規模之大，可以想見。蓋蘇聯深切瞭解科學家為近代立國之基礎，實力之泉源，欲獲得世界領權，則科學之發達必須超越任何國家。

在中國則適得其反。中國科學之落後，盡人皆知。一方面固由於科學人才之少，然國家不知以全力促進科學，亦為無可諱言之事。中國科學家為數極少，然蜚聲國際者亦不乏人。日本研究原子物理學之科學家有五人，中國此類科學家在國際有名者亦有二三人。他如數學家、化學家、地質家、動植物學家、生理學家在國內外負盛名者，亦指不勝屈。然在八年抗戰期中，諸科學家幾乎最低水準之生活亦難維持；而以圖書設備之損失，致諸科學家難以繼續從事其

專門之研究。勝利之後情形並未改善,各科學研究機關復原之困難,有非言語可以形容者,其經費之竭蹶,無論為公立或私立,莫不皆然。如兩廣、江西、四川各省之地質調查所,過去皆卓有成績,今則無法維持。中央研究院各研究所之經費亦極竭蹶,各著名大學以圖書儀器損失,與經費之拮据,數年之內皆不能從事重要之科學研究。私立之研究機關如蜚聲國際之靜生生物調查所,尤難恢復其固有之規模。日人在東北所創之大陸科學院與臺灣之科學研究機關,亦不能恢復維持。我國科學本不如人,復遭長期抗戰之摧殘,戰後政府與社會復不知重視科學,則科學在中國至少在短期中無發展希望,則工業化與國防,皆屬空言。將來國家之命運必至操讓他人之手,其悲慘有不可想像者。

然亡羊補牢,尚不為晚。第一,政府應有以全力發展科學研究之決心,必須在一般教育經費之外,每年在國家總歲出預算中規定一百分比(在目前狀況下宜為百分之三)之巨額專款。以一由科學家所組成之國立科學最高會議,詳細擬定全國科學研究方針,支配此款,以充實或創建公私科學研究機關,優獎本國科學家,使之享有相當優裕之生活,並聘任國外之著名科學家使之協助並指導科學研究。購買分配巨額之儀器圖書設備,審查評論科學研究之成績,協助政府以擬定教育建設與國防之方略。第二,則國內之富豪宜倣傚歐美之資本家捐集鉅資,補助或創建各種科學研究機關,以謀解決生產事業上種種實用問題。必如此,我國之科學建設,方有急速進步之希望。而科學的國防可以建立,生產事業可以發達,國家亦可以獲得真正之獨立與自由。此乎不再,我朝野上下其勉之哉![註1941]

8月,《國家應定專款舉辦科學研究》文章在《科學畫報》(第12卷第11期,第499〜501頁)發表。原刊編者按語云:「此文為中國科學社理事胡先驌先生所擬之提案,原題為『規定國家每年歲出總預算中百分比專款舉辦科學研究案』,本報為響應該提案起見,特為轉發。」摘錄如下:

在今日物質科學極度發達之時,科學研究為國家興亡之所繫。蔣主席屢言「無科學即無國防,無國防即無國家」,至原子彈、火箭

[註1941]《胡先驌全集》(初稿)第十四卷科學主題文章,第243〜244頁。

彈、雷達、火箭、飛機之發明，益信此名言之具至理。今美國又以
毒菌武器之發明宣告於世矣。前數項武器係於物理學之研究，後一
項係於生物學之研究。美國又正銳意研究日光能之利用，已收若干
成效。此項研究完成，則每日自日球放射之光能，皆可利用之以為
動力資源，而戈壁、瀚海、撒哈拉等沙漠區域之重要或將超過油田，
而為列強競逐之地矣。在他方如以木屑製糖，酵母制人造肉，水養
法栽培農產物，皆可以使糧食生產加以革命。又如可型物之研究與
大規模之製造，可使吾人自鋼鐵時代進至「玻璃」時代，在我國等
鐵礦較為貧乏之國家，可型物之研究與製造實為迫切之要圖。又如
俄美兩國所研究以人體中之內表皮組織製成血清，可治一切血管硬
化、心臟、腎臟衰竭以及癌症等衰老病症，而將人壽延至百歲以外。
血漿粉之製造，已使戰時輸血治療法有卓越之進步。凡此種種與國
防及民生有關之科學研究，在英美蘇各大國皆正在以全力推進之。

自此次世界戰爭勝利結束後，各國更加重視科學研究，不惜以
鉅款從事於此。如在美國加利福尼亞大學，本以勞倫士教授原子擊
破研究聞名於世，原子彈研究之成功，即以勞倫士所創造之原子擊
破機為基礎。勞倫士本建造有一大型原子擊破機，價值美金七百五
十萬元，今加省大學又造一大約一倍之新原子擊破機，此機告成，
則任何元素與宇宙線皆可以人工製造，將來對於國防上、工業上或
醫學上之應用，有不可思議者。美國佔領德國後，曾將德國研究原
子能之專家九十餘人運往美國，其重視科學家之心情可以想見。而
在戰時研究原子彈費款二十萬萬美元，研究雷達費款三十萬萬美元，
其研究火箭彈、火箭、飛機之費用以及其他公私機關研究經費之多，
尤難臆計。蘇聯則以美國研究原子彈成功，尤銳意積極從事科學研
究，優待於科學家無所不至。史太林宣布其新五年計劃，將使蘇聯
之科學研究超過世界任何國家，科學家之月薪高至三萬盧幣，為工
人薪金之一百五十倍，此外尚享有別墅汽車等種種優待，身後尚保
證其妻子有優裕生活，近正議建一較原有科學研究院大至五倍至十
倍之研究院，其政府獎勵科學至於此極。故美國原子彈專家某氏曾
認為蘇俄在製造原子彈方面，三年之後即可超過美國。至於毒菌武
器之研究，設備較簡，費款不多，在蘇聯必可在短期內研究成功，

殆無疑義。

蘇聯與我逼處，近對我國之復興，與夫人口之多，資源之富，至感疑懼。又復以兩國之主義不同，而於中國與美國親善，尤有戒心。故其積極獎勵科學研究，增進科學國防，一方面固為防美，一方面亦有防我之意。以彼科學與工業之基礎，遠勝於我，而又以獅子搏兔之力，提倡科學研究，苟彼於短期內獲得成功，則我國欲求不為其附庸而不可得，屆時雖欲研究科學以求自衛，必為彼所制止，如盟邦制止德日研究國防科學者然，則我國真將永無獨立自由之機會矣。

時在今日，若我國急起直追，當非無望。我國科學不發達，然尚有若干出類拔萃之科學家，較之他國之名家，尚無愧色。如日本研究原子能知名者有五人，中國亦至少有二三人如趙忠堯、魏學仁兩博士，又如現任中央大學校長吳有訓博士為國際知名之物理學研究專家，若使之重理舊業，亦可研究雷達。其他中年或青年科學家可以深造者尚不乏人，然以生活艱困，設備缺乏，至不能積極從事研究。政府與社會未能積極提倡科學研究，優待科學家，故青年人亦不知有從事科學研究之可貴，如此情形至為可慮。為今之計，只有政府立定積極獎勵科學研究方針，優待科學家，雖不能即時做到蘇俄之程度，亦宜使科學家獲得稍優之俸給，使之絕對無仰事俯畜之憂。而另以鉅款資助公私科學研究機關，充實其設備，供給其研究經費，使科學家能各盡其所能，充分研究。又如外國著名之科學家亦可禮聘來華助我研究，如日本研究原子能之專家，以此項研究，在其本國，已被制止，極願來助中國從事此項研究，我國正可利用之，在我專家監視之下從事研究，不憂其無成績也。

獎勵科學研究，必須在一般教育經費之外，在國家總歲出預算中規定一百分比額之巨額專款。由一科學家組成之國立科學最高會議詳細計劃，以擬定科學研究方針，支配此款以充實或創建公私科學機關，優獎本國科學家使之享有相當優裕之生活，聘任國外之著名科學家使之協助並指導科學研究，購買分配巨額之儀器圖書設備，審查評論科學研究之成績，協助政府以擬定教育建設與國防之方略。必如此，我國之科學建設，方有急速進步之希望。就具體之科學研究而言，以下之設施殆刻不容緩。第一為原子能之研究，今北平研

究院雖有原子研究所之成立，然僅有其名，殊無設備可言。一大規模之原子擊破機（Cyclotron），戰前價僅值七十五萬美元，在今日請美國代為造一具至多亦不過倍於此值，在今日國家財力亦非不能辦此。至供實驗室教學之用之原子擊破機一具僅值美元五萬元，則少數有名之公私大學皆宜給與一具。第二為雷達與X射線及宇宙線之研究。第三為火箭之研究。第四為無線電控制之研究。第五為冶金學之研究。第六為可型物化學之研究。第七為醫藥與細菌學之研究。第八為放射元素礦產探採與提煉之研究。第九為應用生物學之研究。第十為氣象學之研究。此十項基本研究皆宜於最短期內，以巨額經費從速進行。今謹建議請政府規定並宣布在教育經費之外，以國家預算總歲出百分之三為科學研究專款，不得挪作他用。另組織一國立科學最高會議，以國立中央研究院評議會會員及若干會外著名專家組織之，具有關於科學立法並決定政策支配總費之最高權責，每年開大會二次，決定一切大計。另組一常務委員會以負經常行政之責。此項科學專款比額必須在民國三十六年預算中規定，國家科學最高會議亦須於三十六年成立。必如此則我國科學庶有急速進步之希望。〔註1942〕

9月1日，儲安平主編《觀察》在上海創刊。

《觀察》雜誌

〔註1942〕 《胡先驌全集》（初稿）第十四卷科學主題文章，第255～257頁。

9月12日，《經濟之改造》文章在《江西民國日報》發表。摘錄如下：

管子云：「衣食足而後知禮義，倉廩實而後知榮辱」。任何國家與民族之發展與進步，大半繫於國民經濟之發達。在某一限度內唯物論家之主張，實具至理。故孔子有「富之」之主張，而「利用厚生」尤為我國先哲之古訓。米梭波達米亞與埃及古代文明之產生，蓋由於兩地農產之發達，希臘文明則為古代海上商業發達之後果，中國古代文明之燦爛，亦由於黃河下游之華北平原，至為肥沃；初民獲得豐裕之生活，遂能產生優美之文明。降至中古意大利各小邦之能產生偉大之文明，乃由於海上商業之發達，我國唐宋兩代之文明邁越前代，亦由於海陸交通之發達，國際商業之興隆，有以致之。征諸近代，靡不皆然。中國近代之衰敗，固有多因，而鴉片戰爭之後，經濟日趨於衰落，實為其主因；亦猶明代之衰亡，由於嚴重之饑荒：有以破壞社會之秩序也。今日之中華民族，承百年來禍亂衰敝之餘，半殖民地式之經濟形態，既已斯喪元氣殆盡於前，而此次八年抗戰，尤使精髓盡竭於後，若非我國得天獨厚，資源豐富，而又可得國際之協助，則分崩離析之禍，將有不忍言者，民族復興與改造，將河清難俟矣。

故今日中華民族當前之急務，厥為經濟改造。開發固有富源，建立輕重工業，發展交通，振興農業，擴張國際貿易，普遍提高人民之生活水準，在今日人人皆能言之。然經濟改造，問題滋多，必須有卓越之眼光，確定之原則，精密之計劃，方能有百利而無一弊，否則國民經濟雖可增高，而財富分配不得其宜，流無窮之毒害於社會，徒長亂階，難求救藥。竊以為在謀經濟改造之前，必須認定六項基本原則，茲特標舉之於下：

（一）經濟改造必須普遍提高各級人民之生活水準與顧及各級人民之利益。

（二）必須不妨害人性之發展，不引起民族之退化。

（三）必須鼓勵人民之創造性而不過於妨害其經濟活動之自由。

（四）必須顧及勞資及消費者三方之利益，使皆不受損失而得公平之分配。

（五）必須與世界各民族互助合作以共謀人類之福利。

（六）必須兼籌並顧國內之自給自足與國際貿易。

此六項原則實為中華民族經濟改造之信條。一切經濟設施，皆須以此為根據。每一國民，尤以從事政治工作或有志於國家之經濟改造與經濟建設者，皆須篤信與擁護履行之。尤須拋棄黨派之成見，而不故意違背與醜詆之，則民族與國家方有復興之望；否則為國家民族與全人類之罪人也。茲更申論之：以各人之智慧與職業之不同，在一廣大社會中，無形中為若干不同之階級。各階級之利益，每每互相衝突。農民當然希望農產品價格高而工商品價格低，工人與商人則希望工業品價格高，經商之利益優厚，而農產品價廉。不事直接生產之官吏教師及自由職業者，則希望農工產品均價廉，麗個人之薪給與收入優厚。因此總難得其平，而引起衝突。通常工人以居於城市，智識較高，易於結合，故易獲得政權。農民則散居鄉間，難於團結，故每處於劣敗地位。然在歐洲亦有所謂綠色革命運動，而在若干國家，農民黨之勢力亦不可侮。美國工會固有偉大之力量，然農民之力量，亦能左右政治。在中國古代談政治者大半重農，而特別賤視商人階級。甚至如孟子稱之為「賤丈夫」，而在秦漢徵遣戍卒，賈人與贅婿為首選，歷代之苛待商人，每每出乎情理之外，有如此者。在近代資本主義國家，商人之勢力，則又可以壟斷政治，而侵奪其他階級之基本權益。凡此種種，皆違背自由平等與民主之精神，要當引為深戒。實則士農工商，皆為國家之公民。欲改造國家之經濟，必須同時顧及各級人民之利益，不可畸輕畸重。當前之急務在普遍提高各級人民之生活水準。工業建設固屬切要，農業現代化尤為當務之急。而如何大量生產，使每一消費者均能獲得充分之物質享受，則為經濟改造之唯一目標。

經濟改造固以增加生產為目的，但須知增加生產之目的，則為改善人民之生活；而人民之生活不僅包含物質條件，且包括其精神條件。故增加生產之方法，必須不致防害人性之發展，不致引起民族之退化。各種職業中以農業與手工業，最不妨害人性之發展，其富有創造性與美術性。農夫手胼足胝，終歲辛勤，所得或僅能果腹。然其工作可由彼自由計劃與安排，其管理與創造之才能可以充分表現，雖貧為佃農，仍得為自身之主人。且工作有變換，有極勤勞之

時，亦有極閑暇之時，三季辛勤之結果，滿倉滿箱，皆個人才智之代價。「夜雨翦春韭，新炊間黃粱」，一飲一啄，皆自己所創造，且日與大自然相接，倍感精神上之愉快。苟收入不至過於鮮少，則農業實為最佳之職業。手工業則倚賴個人之技藝，及管理與創造之能力，一件手工業品之完成，無論名貴如一名瓷一名表，或下賤如一馬蹄鐵或一溺器，終為一完整之創造品，而含有美術性。至如廚師之烹調，裁縫之縫紉，其悅口適體，為顧主所交譽，尤能增個人之自尊心。獨地下之礦工，大工廠中專作一種工作之工人，一年三百六十日，一日八小時，所作者專為一種極單調之工作。其工作之機械性，與其所運用之機械相若，無一毫之自由，無一毫之創造性與美術性。除一定標準之熟練外，不能使用其分毫之聰明才智。其工作為一整體之一部分，對於最後之成品，不能感覺其創造與美感之滿足。此種職業之單調性最能妨礙個人之發展。無怪近日工業國家之工人，雖物質生活尚稱優裕，然絕無精神生活之可言。雞鳴而起，即以一日中最寶貴之時光，作最單調之工作，下工之後，只有飲酒賭博或追尋低級趣味之娛樂而已。既終身從事機械工作，則已變成一種活的機械，真所謂行屍走肉也。驅太半之國民變為行屍走肉，其民族未有不退化者，此乃近代文明最大之危機，而欲改造國民經濟時，不得不深思熟慮以預預防其大患者也。

在一自由經濟社會中，政府對於人民之經濟活動，令其自由發展不加干涉，成功與失敗，視個人之聰明才力為轉移。如有特殊之創造力與企業力者，每每可由赤貧變為巨富，多數偉大之發明與企業，皆由此種經濟活動而獲得與養成。雖云有創造能力之人在任何環境之下亦能創造，然苟不能獲得充分之自由，則其創造欲亦必因束縛與障礙而受打擊。且一種新發明在未發明之前每被視為不可能。若在官僚制度之下，若一種試驗經一權威學者認為不可能時，則青年科學家決不敢亦不能再作嘗試。新發明遂於不能實現，此種前例，指不勝屈。若在自由經濟社會中，則一種嘗試之成功失敗，皆個人負責，無人干涉之，故每每能有出入意外之成就。自由經濟，固有其必然之惡果，但其優點亦不能抹殺。在人類尚未能進至完全大公無我之前，吾人如欲改造一國家民族之經濟，一面固須防止自由經

濟之流弊，一方面亦須鼓勵人民對於經濟之創造性，而不過於妨害其經濟活動之自由。其實此種折衷之辦法，並非難能。只須政府與社會操有統制經濟之權，一方面承認私人財產權，一方面亦承認社會有徵用與統制私人財產之權，換言之即節制資本之權。凡礦產重工業交通與公用事業皆屬於國家，農地使用權及輕工業，則付託與私人，任其自由經營，而以累進制之所得稅與遺產稅以節制資本，則一面可以鼓勵人民之經濟活動，一面亦可以防止資本主義之流弊矣。

人類社會中之經濟活動，有三種要素：即資本勞工與消費三者是也。三者缺一，經濟活動，必至停止。今日一切經濟上之爭論，皆集中在勞資之爭。社會主義者斥責資本階級之剝削勞工階級之剩餘價值，以為剩餘價值完全為勞工之勞力所產生，與資本無與，故應盡為勞工所有。實則所謂剩餘價值之獲得有賴於多種因素；如機械之效能，交通之便利，市場之需要，發明機械與製造方法之發明家之貢獻，消費者之嗜好，企業家之才智，管理入之效能等等不能以數字計算之因素，皆所以增減剩餘價值者也。資本（包括物質資本如周轉資會，廠房，機械，什物等及精神資本如發明家之貢獻，與企業家之才智等）對於經濟生產既有貢獻，則不可抹殺資方應得之利益。至於勞方利益之心須顧及，則已為今日一般之信念，不必更事闡明矣。然消費既為經濟活動三要素之一，則消費者之利益，自須顧及，否則亦不得其平。然在今日經濟論爭之中，常有忽略此點之傾向，此則大堪指謫者。所謂顧及消費者之利益，不外設法使生產量多而質精，價廉而物美。勞資兩方面皆不可過求額外之利潤，盡可能減低貨物之價格，增高貨物之價值，儘量增加出產之數量，應用最新之發明；即盡可能為消費者之利益而生產，斯不失生產之意義，必如是方能達成經濟改造最終之目的也。

在今日交通神速之世界，萬里有若戶庭，閉關自守，久已不可能，而至今益甚。九州萬國，休戚相關，共存共榮，乃今後惟一之國策。故欲謀一國與一民族之福利，必須兼及世界各國家各民族之福利，亦即謀及人類全體之福利。故改造經濟，首須與世界各民族互助合作，共同努力，方能達成最後之目的。此次戰後，各國之政

治家，對於此點，漸有正確之認識與觀念。故世界糧食會議乃一致
通過儘量增加生產之議案，過去為保持市場之價格，而焚燒過剩之
小麥、拋棄逾量之咖啡一類之荒謬愚妄舉動，今日已盡入皆知非議
之矣。今日占世界半數人口之亞洲民眾，其生活水準只及美國人民
生活水準十分之一，澳洲人民生活水準五分之一。如欲提高此世界
半數人口之生活水準至澳洲人民之生活水準，則必須增加現在世界
之消費生產十四倍，可見欲謀一國與一民族之繁榮，必須兼謀世界
各國各民族之繁榮。故欲謀中華民族經濟之改造，必須兼顧世界其
他各民族經濟之改造。在今日中國之經濟，尚為落後，但在中國工
業化之後，不出三十年，中國之經濟地位，在東亞必居首位，則尤
有與其他民族互助合作之需要，而對於提高亞洲人民之生活水準，
尤屬責無旁貸也。

　　過去對於一民族之經濟政策，有兩種不同之主張。第一種如英
國所主張者，則為儘量發展國際間之自由貿易，而不求各區域之自
足自給。此種政策之長處，在使各國能儘量發展其所長，而賴懋遷
有無以補其不足。其短處則在使各區域之經濟完全失去其獨立性。
如英國以人民儘量發展工商業，至使其本國農業日趨於衰落。又如
南洋一帶之農業，除稻米外，如橡皮椰子蔗糖，完全以外銷為目的。
如外國市場之需要縮減，則國內之經濟基礎立受影響。此種流弊在
戰時尤感嚴重。另一種主張則為求一國之經濟自給自足，而絕不顧
及國際貿易之情況。此種經濟政策在第一次世界大戰之後最為風行。
國國皆求自給自足，遂使國際貿易陷於全世界不景氣之深淵而不能
自拔，卒至釀成第二次世界大戰。今後國際間之經濟關係，自宜一
反此前轍，而積極鼓勵國際貿易之發達，以求世界各國共存共榮之
道。我國居世界四強之一之領導地位，自不能反對此種政策。但我
國地大物博，各項富源幾無美不備。除少數熱帶物產如橡皮奎寧椰
子馬尼剌麻不能自給外，大部分物產皆能自給。在戰前廣東省每年
須輸入洋米一萬萬元，此大非必要也。又全國需要輸入印度黃麻所
制之麻布袋價值一萬萬元，此尤非必要也。戰前我國糖產至為衰弱，
但現在臺灣已歸回祖國，則蔗糖已不假外求矣。海南島之開發，橡
皮奎寧亦可自產一部分矣。紙業發達，則殊無購買洋紙之必要。紡

織業與棉業發達，則亦無購買外國棉織物之需要，且可以轉供南洋與非洲之市場。故儘量改良，增加我國固有之生產，即可達成我國大部分自給自足之目的，而並不至有害於國際貿易。而我國之大量生產，適足以供應國際市場之消費也。

討論經濟改造原則竟，今更討論經濟改造之實際問題如下：

一、土地政策

中國地大物博，以農立國，人民百分之八十五以上為務農為生，故土地政策實為全國經濟之命脈；而重農主義，亦為我國之主要經濟思潮。雖今後我國必須工業化，而工業化之後以農業技術之改進，人民務農之百分數，必須視今日減去三分之一或半數，然農業終為我國人民之主要職業，而土地政策終能影響我國過半數之人民，故談經濟改造必須從樹立健全之土地制度入手。上古之時，土曠人稀，土地為社會所公有。私人在一種井田制或類似之授田制下，使用土地。此時期土地政策之特色，即在人人皆有平均使用土地之權，而無一夫不耕之歎。及至戰國之世，人口大增，政制複雜；授田之制，不能維持，豪強兼併，已不能免。於是土地終歸私有，地主階級肇興。其時土地集中之情形，至為可駭。「民多以千畝為畔，無復限制」。入漢以後，兼併日甚。蕭何「強買民宅數千萬」，張禹「多買田至數百頃，皆涇渭溉灌，極膏腴上質。」「秦揚以田農而甲一州」，武帝且公然置私田於民間至招谷永之極諫。此種頹風為有識之士所痛心，故董仲舒有限田之議，王莽創王田之法。然終以積重難返，議固不行，法亦顛覆。直至五胡亂華之後，殺戮相接，土地多蕪。後魏孝文帝，乃創均給天下人田之制度，蓋「喪亂多年，戶口稀少，計口均給，不虞不給」也。此制一立，北齊北周下逮唐初均斟酌採用。然日久貴族之風又作，雖有禁令，不救世弊。均田之制，自此而夭。至宋時朱猛有田多至三十萬畝，自是言改革者不能均田，但求均稅。捨本逐末，於茲可見。賈似道之收買公田，徒貽笑柄。元季獻田賜田苛虐，明代之投獻頒賜，至使土地集中勳戚之手。弘治中，徽、興、岐、衡、諸王田多至七千餘頃。「福王封國河南，詔賜田二百萬畝，跨山東湖廣境」。而「畿輔皇莊五，為地萬二千八百餘頃」。皇室兼併土地至於此極，尤堪駭怪矣。入清則圈地以給旗兵，而親王

貴主亦各給圈地自百餘畝至千餘畝不等。其餘官吏莫不以購買主地為殖產計。至晚清如毅軍將領之為皖北大地主，張作霖吳俊升輩之為東三省大地主，皆其著例。民國以來四川軍閥競買成都平原之田，趙恒惕在湖南買田萬畝，湖南贛人某氏有湖田數萬畝，則今日之大地主也。大地主之外，尚有無數之小地主，各有田數百畝至數千畝不等。此皆達官貴人土豪富商所置之永久產業，因土地集中於地主手中，故各省佃農額占全部人民百分之二二至六六不等，而每每占人口百分之一點五之地主占田畝至百分之四四以上。佃農則占人口百分之四五，而僅佔有田畝百分之八點九。半佃農亦占人口百分之三五以上而僅占田畝百分之二一點五九。自耕農只占人口百分之七，共占田畝百分之二五。此種情形在土地兼併最劇之區如廣東如成都平原殆猶甚焉。故以全國言之，百分之八十之人口為農民，其中之又半數即百分之四十之人口為農奴式之佃農。終年手胼足胝不能維持一最低之生活水準。全國經濟問題之嚴重，殆未有逾於此者。

由於土地之兼併，尤以由於人口之眾多與耕地之不足，因而產生一更嚴重之土地問題，即每人墾地之面積過小是也。美國人民平均墾地一九點三華畝，阿根廷三三點六華畝，加拿大四〇華畝，中國則僅有二點七七華畝，視波蘭之一〇點二華畝，英領印度之八點二華畝，尚猶不及。總計農民佔地在十畝以下者，幾占全數百分之四十二，佔地百畝以上者不過全數農民百分之六點六。每人所佔耕地如此之少，使全為自耕農，亦無法維持一適當之生活水準。所以至此者，由於耕地少而人口多。亦由於我國風俗，一家中之產業，在其父母死後，諸子皆得平均分受，故每戶之田不數代即減塵至不能維持生活。自耕農所耕之田畝過少，反不如為耕有較多田畝之佃農或不能佃田之雇農，蓋其所獲與工資尚較持有不足之耕地之自耕農為多也。

在今日中國農民尚有一極大痛苦，即稅額之不均。自省而言，江南之田賦「甲於天下」而四川之田賦特輕，一省之中，稅又不均。過遠不論，在北宋諫官王素即言天下田賦輕重不等請均定。大理寺丞郭諮亦曾將蔡州一縣之田均其賦於民。王安石之方田法即求「驗田色肥瘠，定其色號分為五等，均定稅數」。其稅額所以不均之故；

一由於田之種類不同，有產田、官田、職田、學田、常平租課田，名色不一，其所納之租亦輕重不同。而最大之弊則在「田不出稅，稅非在田」，「勢家有田連阡陌而無稅者」。元代亦感於「民之強者田多而稅少，弱者產出而稅存」而有經理之法。其法與呂惠卿之手實法今日之土地陳報相同，然利未盡見，弊且隨之。在明初，太祖曾以極大力量造成魚鱗冊以正田之經界。然「日久漫患，買賣推收，虛偽日滋，有實鬻田而留虛米者」。其弊有飛詭、隱射、養號、掛虛、過都、受獻、種種方法，於是豪民有田無糧，「由洪武迄弘治，百四十年耳，天下額田，已減強半」。額田減少之弊，固有以使國家租稅收入減少。「然田不出稅，稅非在田」之結果，乃以使貧民負有額外之負擔。此種情形，亙宋、元、明、清、以迄今日，一千餘年猶未能除去。此所以經界乃土地政策之第一要務也。

農民之另一痛苦，則在佃租之過重。在漸東一帶佃戶一年之總收入須以半數還租，其餘半數除農場資本及其他開銷外，尚須供全家全年之生活費。尚有田主收租至六七成者，農民則尤無法擔任此重負矣。通常田主與佃農之分配穀產有佃六業四者，有佃業對分者，而大熟之年，甚至有佃四業六者，每年由佃戶邀請業主看禾議租。亦有不問豐歉包繳定額租量者。有納現金者，有納穀者，有重頂輕租者（即佃戶於承種之前預納押租銀若干），有先付預租者。甚至除繳租外，尚須為田主服勞役者，有除正租外，尚須付管事人以百分之二十之小押租者，有除正租外，尚須付業主以租雞、租鵝、人事、腳米、斛面等等額外需索者。又有地主用大斛大秤多取予佃戶者。而中國小地主之剝削佃戶，尤勝於外國之大地主。蓋如孫總理所云：「我們這些小地主，終是孳孳為利，收起租來，一升一合，一文一毫，都是要計算，都是要刻薄的。」而地主同時又是高利貸者，對於貧苦的佃農，又多一層的剝削。故中國佃農之苦，殆尤甚於外國之農奴。

總觀中國農民之生活狀況，所見中國之土地政策包有四項要政：即限田，均稅，規定農田分割之極限與減租是也。授田之制，窒礙難行，自古已然，不必再論。即土地公有而用集體耕作之法，在蘇俄雖能實行，在中國則不能推行。蓋因蘇俄土地平曠，農奴制改革

未久,人民習於在大地主之農場上集體耕作,故能安之。而在中國除東三省與華北平原外,大半為水田,而在山區,則為梯田,不宜大規模集體耕作。尤以中國農民習於獨立之小面積耕作,集體耕作,非其所願,特難實行。故今日談土地改革,以限田與勵行耕者有其田為第一義。斟酌國內外之情形,我國每人所佔用之農田,應以一百華畝為限。即使再寬,限田亦不可過於二百華畝。以中國生活情形,二頃之家,可稱小康;如在江浙廣東,甚則可稱為殷富矣。至於限田以外之田如欲收為公有,有兩種方法。一為較激烈者,即政府可發行土地公債,以購回逾限之田。一為較緩和者,即政府不強迫收買逾限之田,而以累進遺產稅之方式,徵收逾限之田畝,至僅逾一或二頃而後已。政府所徵收或以公債徵購逾限之田畝,可以分期還款之法,價賣與農民或退伍軍人,惟必以自行耕種為限,而分給之田畝至少不得在五十畝以下,如是則耕者有其田之目的達矣。若取更急進之辦法,則凡不自耕種之田(自家經營雇人耕種亦可稱為自耕農),政府盡行徵購以分給農民。如此始能完全做到耕者有其田也。

均稅之重與限田相等。欲達到均稅之目的,首須經界,經界以測量為唯一之方法。土地呈報,殊不可靠。航空測量曾經試驗最為有效,可全國舉行之,再徐徐以三角測量,為最後之參考。此項工作,固極繁重,但不可免。同時則須普查人口。土地與人口既經詳細調查,則大戶飛糧隱稅等等弊端,皆可杜絕。此外則仍有兩項極繁重之工作,即如何根據各省之經濟狀況,修定各省之稅額,使各省畸輕畸重之稅額,可以調整而劃一之;與如何察勘土壤之肥瘠,水旱之情形,將土田之美惡分為五等而定稅額之多寡,此必動員多數之土壤學家與農學家精心勘究,非尋常研究地政者所能貿然從事者。

耕地面積過小,則不能維持一適當之生活水準,此習農業經濟者皆能言之。中國以諸子平分家產之習俗,遂使耕地之分割漫無限制,此為中國土地政策上一嚴重問題。故須以法律規定土地分割之最小極限,過此則不能再分割,而由長子繼承之土地面積之最小極限不能少過三十畝。此制施行必遭逢極大之阻力,甚或引起社會上

嚴重問題。但必以大無畏之精神克服此種困難。如能將此極限提高至五十畝則尤佳。如是則農村有田之家，必至每每有一部分子女，不能承襲父母之遺產，此種無產之人，政府應為代謀生活。然苟在國家經濟繁榮之時，此亦非甚難之事。甚至農民不願耕作三十或五十畝小面積之農田，亦未可知。同時政府應以種種方法使小農得以增購農田至限田法最大之限額，必如是方能養成多數小康之農民。

　　減租之必要，久為談農政者所知。今政府重申實行二五減租之決心，此乃今日之要政。但普遍之二五減租，尚嫌不足，必也規定田租之普遍最高額，再減去其十分之二五，方為平允。而一切附帶之逾額徵收如小租、租雞、租鵝、力役等，概須禁絕。又收租須以實物為根據，庶能視年成而得公平之分配，徵銀包租等陋習，皆須嚴禁。必如是則佃農方有來蘇之望。然減租不過為過渡時代之辦法。若最後能完全做到耕者有其田。則無租可減矣。

二、農業增產

　　我國數千年來以農立國，對於農業確有驚人之成績。如利用糞肥而能保持地力至數千年而不竭，久為國外農學家所讚美。我國農田每畝之收穫量恰等於印度農田每畝產量之二倍，即其明證。又我國利用植物富源，遠勝任何其他之民族。據美國農部之研究，歐美人食用植物約一千餘種，中國之食用植物則有二千餘種。此亦中華民族足以自豪者。然以科學不發達，農業全憑經驗，故農產品質與量皆非歐美甚或日本之比；而我國動植物資源尚未能完全應用；輸入栽培之外國農作物與畜產，亦未能儘量輸入；農產品工業化之工作，亦未能積極以科學方法促成之。每年病蟲害對於農產品之損失亦極浩大。故欲儘量增加農業生產，則尚須利用科學方法，自多方面努力，方能奏效，約略言之有下列諸端：

　　（一）發展農田水利中國古代農業最重溝洫制度，故水利工程，殆為周秦兩代物質文明之最高表現，鄭國渠都江堰皆為秦代最偉大之水利工程。民國以來最重要之涇惠渠水利工程，即所以恢復鄭國渠，而都江堰工程迄今二千餘年尚完好如故，此中華民族值得引以自豪者也。然近代之水利事業，除陝西開渠及導淮兩項工程外，尚少其他之大規模計劃，黃河與揚子江水利多年失修，浙江海塘且有

崩潰之憂。而在西北備省，地下水尚日趨於下降，沙漠日漸南侵，隱憂之大莫此為甚。而在若干地區如吉林，其池沼地尚待疏泄。至於內地各小河川之待疏濬與築蓄水池以利灌溉，其待修水利工程之多則尤不可勝述。又如揚子江口外，暗沙之面積極大，如興建大規模之海塘排水工程，則不但崇明島可與大陸相連，且可增加數縣面積之膏腴之地；其經濟價值，難以億計。故以後改造中國之經濟，必須積極興修水利。水利若修，則黃河揚子江之水災可免。耕地之面積可以大增，西北行將變為沙漠之區，可供農耕之用。若干接近水源之地區，可將旱田改為水田，而倍增單位面積之農產量。在揚子江流域因蓄水池之興建，每年一熟之稻田，可改為二熟。若遇旱年，旱災可免。凡此種種，百廢待興，治河導淮與興建宜昌水閘，不過其犖犖數大端而已。此等工程之重要，不在興建重工業之下也。

（二）保土與增加肥料保土研究起於美國十餘年前大旱災之後。利用森林以保持土壤，固屬農林科學之常識，利用地形耕作及分條耕作種種方法，則為近年之發明。在中國西北各省有大規模推行之需要。又國人雖知利帛糞肥以保存地利，但以處理糞便不得其法，氮肥之損失不可億計。是宜以土壤學家最近發明處理糞便之方法推廣於農村，方足彌補一部分肥料之不足。而大規模製造化學肥料，尤為農業政策之急務而有待於工業建設者也。

（三）改良及改種作物之品種中國農學家所用之作物品種固有頗佳者，現已由國內之育種專家搜求試驗而推廣於農家，已收得若干之成績。但以中國土地之廣袤，搜採尚未周密，且非每種作物之品種均曾加以周密之搜採。如蘇俄曾成立一大豆研究所，所搜集中國產之大豆品種不下五千餘，而在中國，對於大豆則尚未曾為此種大規模之搜集研究。積極改良各種作物之品種而推廣之，乃今日談農業建設之最要工作。然改良品種之方法，除正規之育種法外，如用各種植物膺域與用放射線原子能以引起新突變之發生，亦為植物學家與育種學家所宜從事者，不可過於墨守故常。而完全改種不同之品種，有時尤能產生農藝上之大革命。如宋代之引種占城旱稻即其已往之著例。今我國各省十九種植秈稻，但如改種粳稻，則不但產量可以大增，而稻之品質與價值亦將大增。又如貴族全省多山，

糧食不足，但英國之春麥在貴州可以大量種植，而足供全省糧食之需要。又如四川松潘理番及西康等高寒之處，糧食不足，即尋常之馬鈴薯亦不能種植，但可輸入南美洲安得斯高山區之野生耐寒馬鈴薯種以雜交法改良馬鈴薯之品種，使能生長高寒之區，而供給此區人民之糧食。諸如此類之研究，皆宜以卓越之眼光與方法以從事，不可故步自封，但知為刻板之工作。至於果品蔬菜，則各省每有特異之嘉種如甘肅之醉梨，新疆之哈密瓜，山東之肥城桃等，以及可以栽植之野生品種，皆宜廣為搜羅繁殖改良推廣，使佳種隨地皆有，則為農人造福多矣。此外則外國之優良作物果品蔬菜之品種，亦宜儘量移植，於此亦可增加農家之財富，此種工作，今日農業機關，尚未積極進行，以視歐美各邦，大有愧色。是宜添設經濟植物研究所一類研究機關，專司其事，以補救農業實驗所之不及。

　　（四）農產工業化　農產工業化為農業增產一種最重要之工作。是宜分兩層論之。一為食品之工業化，使之增加其貯藏性，或改變其形式而增加其價值，前者如以著名之果品、蔬菜、水產，肉類、乳品、糧食，製成罐頭醃臘乾菜早餐品冰凍鮮品等；後者如製果酒果汁，製醬油，製假奶油，假豬油，代咖啡，咖喱粉，人造蛋，人造肉等。近來美國在戰時對此有驚人之進步。我國宜急起直追，以求後來居上。如我國東九省素以產大豆著名，而除榨油磨豆腐外，剩餘之豆餅，僅用以肥田與飼牲畜，殊屬可惜。此種豆餅含蛋白質極富，若加以精製，可成為最佳之食品。即桐油餅，若以化學方法，除去其所含之剩餘桐油，其中所含無毒之蛋白質，至少亦可用以飼牲畜。茶油餅，花生油餅，棉油餅，莫不皆然。又如熱帶產之參茨，在中國雲南、廣東、廣西等省皆有種植，而可製成珍珠粉（Tapioca），其他可製珍珠粉之植物澱粉如何首烏粉天花粉等尚夥。如能加工製造，即可行銷於海外市場。又如最近有人以桃金娘之果釀成代葡萄酒，尤為出色，是能在華南創一新實業。此種研究與加工，可以增加農產價值不少。一為加工精製工業用於農產品。如利用脫脂苧麻以織成麻紗，可行銷歐洲以爭取亞麻麻紗之市場。如以桐油製油漆，以豆餅制可型物人造羊毛，以魔芋粉製雨衣布，以柏油製肥皂，及利用竹木草杆等等以製造紙張玻璃紙人造絲可型物等等，皆所以使

廉價之工業用植物，一變而為高價之工業品。此種工業可以增加國富不少。是在工業家之努力焉。

（五）林產之利用森林之重要盡人皆知。林政之犖犖大端不外保護原有之森林，及在無森林之山地造林，以及森林保護等。惟中國森林富源之調查，尚未普遍。如在雲南南部即曾發現面積數百萬方里之偉大櫧櫟及錐栗林，又如貴州梵淨山脈閩贛交界之武夷山脈等等未經探討之區域尚夥，如詳為採集研究，必能發現偉大之森林寶藏。又中國森林中富有經濟植物，為其他溫帶國家所望塵莫及。油桐油茶烏桕竹類，即其著者。而其他未經廣為利用者尤夥。如竹柏白檀（Simpletons sap.）之出產食用油，即其一例。是宜廣為調查研究利用之。他種森林利用之研究在中國亦僅在萌芽時期，若銳意研求，大量工業化，必能裨益國民經濟不少。

（六）畜牧業與漁業中國西北及內蒙康藏一帶，雨量不足，實為理想之畜牧地帶。將此區之牧地墾作農田，適足以促成沙漠之增加與牧地之減縮，乃最不智之農業措施。在西北廣大區域，如何歸還牧地，乃今日農政之要圖，是有賴於政府之賢明之畜牧政策。此項政策，包括繁殖並改良肉用牲畜。發達乳牛業，改良乳牛種及以科學方法製造罐頭煉乳乳粉及乳油乳餅等，如處置得宜，大可增加入民用乳類食物之數量，於國民經濟國民健康皆有莫大之裨益。而毛革工業之改良，尤有裨於國民經濟。我國海岸北起渤海，南迄南海，綿亙數千里。水產極富，我國漁民，至為堅苦耐勞，以其漁撈法之粗放，每年水產之出產，尚有大量，若能以現代之漁撈工具以改良其漁撈之方法，則產量必可大增。若能大量製成罐頭，改良醃製及冷藏之法，則可大增海產之銷路。又人工養魚，尤其是稻田養魚之方法，若能推廣，亦可增加人民食肉之量數。是賴有專家與經費主持此項研究事業耳。以上六項為農林畜牧增產之卓卓要務。至於改良倉庫之建築，防治倉穀害蟲及其他病蟲害，以減少農產之損失，其功用與增產相若，亦農業政策中之要目也。

三、農業合作與農業金融

今日農業政策之要圖，合作事業實居首位。農民最大之痛苦約有二端，即（一）需款時無法借到薄利之貸款，必以重利息借於土

豪劣紳，或預賣青苗，橫遭剝削；（二）收穫之時不能存儲以待善價而不得不賤賣。故農政當務之急為積極推進合作組織，同時擴充農業貸款；使農民得以合作社社員之資格向農業銀行以低利貸款以應急需，以及改良農業之用；又須大量組織合作倉庫，使農民所收穫之農產品可由合作倉庫代為存儲，並得善價出賣，而不至為牙行市儈所剝削，則嘉惠農民者大矣。復次農民占全國人口百分之八十五，是為全國最大之消費階級。故欲為消費者謀福利，首須為農民謀消費之福利，則農民消費合作社，必須儘量擴廣，使之遍布於全國。務使農民在消費方面，能得到最多之利益，而受到最少之剝削。終期進一步由消費合作社組織生產機關，使為消費而生產，則農民受惠愈大，此尤為農民政策中之要政也。

四、工業建設

計劃工業建設，首須擬定國家工業建設之基本政策，此項政策以民生主義為出發點，是工業建設之目的即為供給民生之需要，故必須盡速建立輕工業，以求人民得以充分享受日用之物質。

但重工業如鋼鐵銅鋁等金屬之冶金，煤礦石油礦之開採，水電廠、日光動力廠、機械工廠、酸城工廠、水泥工廠之籌設以及一切公用事業如鐵路、輪船、航空、公路之經營，電燈、電話、無線電、飛機、造船、製汽車等廠之建立，或直接與民生日用有關，或為輕工業之基礎，自須與輕工業同時建設，不可畏難苟安，依賴舶來品以解決目前之需要。好在利用外資，久成國策，而重工業國營、輕工業民營，本為民生主義所許。故可公私並進，期收速效，不必效法蘇俄一切工業均須國營，以至私人不能發揮其企業才能，而國家財力不能兼籌並顧，反生叢脞之病。至於節制資本，可藉政府立法以建立統制監察之機構與法規，使資本主義之流弊得以避免，則中國將能步英國與瑞士之後塵，收效反在蘇俄之上矣。

建立工業中心為今後中國工業建設之要政。程孝剛先生曾主張建立四個重工業中心區，即東北西北東南西南四區。東北區以瀋陽為中心，西北區以迪化為中心，東南區以株州為中心，西南區以樂山為中心。此蓋就中國之地理及資源而有此項主張。但以今日國防政策與社會政策之需要，似不宜將重工業集中於四個中心，宜盡可

能分散於多區，庶可免轟炸毀摧之危險。而尤要者厥在儘量避免建立一百萬以上人口之都市。蓋為中華民族之精神福利起見，小工業都市之建立，遠在大工業都市之上。此言經濟建設工業建設所倍宜提撕警覺者。以中國幅員之廣資源之富，尤以將來動力資源，可以今日不能思議之方法增加，則在中國，重工業中心之建立應以百計，輕工業都市則應以千計，謀國者其念之！

今日為大量生產之時代。機器愈形複雜而巧妙，則工人之動作愈形簡單，愈形單調，愈不須工人用腦力。工人遂變為一種機器所不能代替之活機器。工人既變為機器，其動作既全變為機械化，則年深月久其人格亦逐漸喪失，而真變為機器矣。此種弊病在社會改造中，當更詳論之。但此處所須指明者，即工業之機械化，並不須至於此極。即在各國，工業分化之程度與工廠組織之情形，亦非盡同。

在歐洲各國，機械之複雜性與自動性即較在美國為少，在日本亦然，換言之，即工人動作之機械化亦較少。又，大工業家如亨利福特亦盡力使各工廠改組為甚小之單位，而使此項工廠單位家庭化，以求保存工人之人格。故我國今後建立工業——至少在輕工業——必須儘量使機械簡化，使工人能多作有意義之工作，則工人受惠多矣。復次在使用機械外，尚宜儘量提倡手工業。務使二者同時發展，提倡手工業之宗旨，與其謂經濟的，無寧謂為社會的與教育的，蓋手工製品之佳處，即在其具有個性與美術性。固有多數工業產品不必用手工製造，但亦有不少輕工業產品以手工製造；但亦有不少輕工業產品以手工製者為特佳。如美術瓷器、刺繡品、花辮、早帽、皮件、女衣等等，即其著例。此種手工製品，不但可使工人有精神上之寄託，亦可成為經濟建設中之要素。

五、積極獎勵利用科學新發明以改造經濟

近年來科學新發明，日新月異。每每一種新發明即足使日常生活感受異常巨大之影響。但以政治家之無遠識，與資本家不欲輕於改革以至動搖其私人經濟基礎，故每每漠視甚至抑制新發明使之不得應用。大公司購得發明人之專利權，而不製造應用，乃習見之事。平常新發明自完成至於大規模應用，平均須歷時二十五年之久，如

此則人民受損失多矣。重要新發明影響人生最巨者,莫如原子能之利用。苟原子能可應用為一般機動力,則人類之整個生活將發生空前劇烈之變化;國民經濟亦須徹底調整。屆時煤與汽油或將不復可作燃料,而異常價廉之動力將使交通製造一切事業突飛猛進。不但原子能之利用,有如此大影響,即日光熱能之利用亦然。利用日光之研究,亦有相當之成功,一具小型聚日光熱能之器具,在美國加利福尼亞洲已足使一家庭終年可得免費之電燈熱水與廚間所需之熱能。若在不遠之將來大規模之日光動能機械研究製造完成,其功用將不在水力發電廠之下。則我國蒙古與新疆之大沙漠區域,以及非洲之撒哈拉大沙漠,及美國西部之沙漠區域,皆將變為動力資源區,其價值且將遠在油田之上。又如農作物水養栽培法(Hydroponics),在或種地區或能引起農業之革命。鋸屑製糖,糖漿制人造肉方法之大規模應用,亦將引起農林畜牧業之革命。紅外線燈泡之應用可使家庭中取暖方法獲得劃時代之革命,火箭式飛機或能使吾人往月球旅行。凡此日新月異之發明,政府宜盡力獎勵,而爭先引用,以謀國民經濟之增進,不可事事落人之後,必待他人已大規模應用方始追隨其後,此亦工業政策之要項也。

六、積極提倡合作事業與組織消費名

在論經濟改造之基本原則中,予已指明資本勞工與消費為經濟活動之三要素,在論農民政策中,又復闡明合作事業為要圖。蓋資本與勞工之利益雖不免有時對立,而盡人皆為消費者,故言經濟改造而欲為全民謀福利者,則必以為消費者謀福利為第一義。消費合作社即為謀消費者福利之組織,今日在各機關中組織消費合作社者尚有之,而一般市民所組織之消費合作社,則殊未之見。是宜廣為宣傳與提倡,此可以數種方式以組成之。一為各行會之消費合作社。一般市民類皆有職業,有職業斯有行會。以同行而組織消費合作社,必易於號召。又國人素重鄉誼,故又可組織同鄉會之消費合作社,又或可組織一都市中之各區消費合作社以及自動組合之消費合作社,進而聯合各種各地之消費合作社而成為全國性之消費者組合,如全國之總商會然。消費合作社之單位既多,會員自眾,若組織得法而有傑出之人士主持之,即可形成一種偉大之政治與經濟力量,

而足以左右資本與勞工兩階級，使之皆不能壟斷而犧牲消費者之利益。如近日美國消費者罷購運動之足以抑平物價，即其著例也。美國之消費者組合曾有大規模之組織並附有試驗室以調查檢驗全國之商品，而與以公平正確之估價。凡一會員皆可自組合獲得每月之報告列舉各種貨品之評價，俾消費者不致受欺。此種報告不但可以取締劣貨，亦可為貨真價實之商品作宣傳，苟此組合之勢力遍及全國，則社會普遍受其益，工商業作偽之風氣可以矯正，各業之廣告費亦可以節省，因而減低其成本，亦所以減少消費者之負擔也。再進則由消費者組合集合消費者之資金而從事生產事業，使為消費而生產之經濟最終目的，可以達到，則資本家與商人壟斷之弊害可減至最小程度，而不流血之經濟革命亦可達成。英國在戰前消費者所組成之生產事業資金達數千萬鎊，此種事業苟經營得法，自可無限發展，國人其勉之！

七、積極參加國際經濟合作

在今後之世界，九州萬國，等於一體，世界聯邦，乃吾人政治最終之目的。世界經濟合作，亦為吾人經濟最終之目的。此次戰後世界經濟合作之需要，已由學理上之認識而見諸實施。如美國之租借與同盟國之物資，國際善後總署與國際銀行之建立，世界糧食會議之決定儘量增加糧食之生產，皆為劃時代之建樹而非戰前所能夢見者。然尚未完全達成國際經濟合作最高之目的。蓋因主權國家之存在，民族經濟之觀念尚未能完全消除也。以言經濟之改造，對於世界之經濟，必須抱車同軌書同文之大一統精神，必須有世界銀行，世界幣制，世界經濟局，以統一世界之金融與幣制，與統一世界之經濟計劃與行政。世界之資源與技術，皆須共有共享，務使全世界人民之生活水準，趨於相等，皆能享受富強康樂之生活，斯方可謂已完成經濟改造之目的也。〔註1943〕

9月14日，與蕭宗訓合譯《未了知之人類》，譯者序文章在《觀察》雜誌（第2卷第3期，第21～23頁）發表。摘錄如下：

〔註1943〕梁洪生主編《杏嶺春秋——〈江西民國日報〉有關國立中正大學的報導全匯（1938～1949）》，2010年12月內部印刷。中華民國三十五年九月十二日第一版至九月十八日第一版。

人類之歷史與命運，常受少數偉大人物或重要著作之絕大影響。在中國若無周公、孔子、墨子、孟子、荀子、老子、莊子、韓非子、朱子、王陽明、玄奘、慧能以及佛教諸經論，中華民族的歷史及其文化發展之情形何若，殊難懸想，而其間接之影響或將及於世界其他之民族之歷史及其文化之發展。在歐洲若無梭格拉底、柏拉圖、亞里士多德與其他希臘諸哲，耶穌基督、摩西、聖保羅、聖阿古斯丁、馬丁路德，以及大小倍根、格里遼、牛頓、歌白尼、達芬奇、達爾文、巴斯脫諸大科學家，則歐洲各民族之歷史及其文化之發展之情形何若，亦難臆測，然可斷言，決有異於今日也。《論語》、《聖經》、《可蘭經》，法蘭西士倍根所著之《新大西洋洲》，牛頓所著之《算學原理》、達爾文所著之《物種原始》，其範型人類之思想與命運者，殆非言語所能形容。今日第二次世界大戰之慘禍與近代工藝文明，皆為歐洲文藝復興以來科學活動之結果。懷特赫德教授在其《科學與近代世界》書中嘗謂：若十六七兩世紀諸大科學家非研究數理科學而為研究生物科學者，則近代文明決不呈今日之狀貌。此則人類文化史中最可慨歎之事也。

懷氏以為人類之心靈，偏於抽象簡單數量與規律，而不宜於研究實體。因此之故，數理等抽象簡單與數量之學科，乃有長足之進步。當此等科學研究應用於人生之結果，遂造成近代之工藝文明，而同時因生物與心理科學之幼稚，遂使人類違反自然律而濫用數理科學所發明之結果，至自食自報。姑無論今日戰爭之慘酷，足以摧毀人類與其所創造之文明而有餘，即無戰禍，今日之工藝文明亦足領導全人類於衰弱退化之途而不知紀極。苟不及時求挽救之道，則人類恐終有滅亡之日焉。

數理科學發達之結果，使人類控制自然之術，日益精進，因而造成今日之工藝文明。人類之物質享受乃迴非前世紀所能夢見，然人類之人生觀亦因而蒙受絕大之影響。重以生物科學發達甚緩，人類對於生物學之法則知之極淺，僅知競求控制物質以增加日新月異之物質享受而不知止，其政治經濟社會思想之生活，皆受工藝文明與唯物主義之影響，於是發生資本主義、帝國主義、弱肉強食之人生觀與今日之慘酷戰爭，而人類最可寶貴之宗教感與道德感乃漸就澌滅。其發達較

晚之生物學亦未能引導人類以重返於正軌，故不但人類之心靈日趨於墮落，即人類之身體亦日趨於退化，長此不已，人類之前途大可憂也。

自第一次歐戰發生繼以一九二八年以還全世界之不景氣，歐美之工藝文明，漸為有識者所懷疑。持悲觀論之哲學家如德國之斯賓格勒在其《文明之傾圮》書中，遂認為每種民族所創造之文化，其命運不過一千年，今則歐西之文明亦已將屆末劫而終須傾圮。其他思想家對於西方文明之傾危亦多懷杞人之憂。然能言其故者殊鮮，蓋一般人對於生物學造詣甚淺，不足以語此也。

亞勒西士·加勒爾博士（A. Carrele）為當代最傑出之生理學家，乃夫納克士納博士首創洛克菲勒研究院所邀聘之諸大生物學家之一，以研究組織培養法為世界所欽服，而獲得諾貝爾獎金。氏為一廣博而湛深之生物學家，其所研究之學問，如彼在本書自序中所稱，包括自外科至細胞生理學以及變態心理學。以彼數十年研究之心得，加以綜貫洛克菲勒研究院諸大科學家之研究，故彼對於人類之天性，乃有極精深之瞭解。彼鑒於一般人對於人類之天性之知識過於膚淺，因而不能領導人類以控制其命運，乃作《未了知之人類》（Man. The Unkown）一書，以供世人之借鑒。蓋一空前偉大之著作，非徒為一通俗科學之書也。此書之內容極為精湛，每一字一句皆有大量科學為根據，殆可謂為人類科學不祧之金科玉律。若有識者人手一編，精讀之而深悟近世文明之癥結，進而奮起以徹底改造之，則人類之前途將日進於光明之域矣。竊謂近代有三大著作，一為南非洲聯邦內閣總理斯末資將軍所著之《全體主義》，一為懷特赫德教授所著之《科學與近代文明》，一即此書，此三書者，其影響於人類之前途，殆將不下予倍根之《新大西洋洲》、牛頓之《算學原理》與達爾文之《物種原始》焉。

此書體大思深，迻譯至為不易。由譯者先後數次翻譯潤色，始告成功。我國在抗戰之後，工業建國即將開始。將全盤接受歐美之工藝文明乎？抑有鑒於歐美文明之覆轍，而有條件的接受，或力謀改造我之政治經濟教育與社會制度，俾我國能接受歐美之工藝文明而不蒙其害乎？此則我國有識者所宜深思熟慮者，而亦譯者所以欲以此書介紹於我國讀者之前之意也。（全文原載《觀察》二卷三期，

《未了知之人類》譯稿未出版）〔註1944〕

【箋注】

《觀察》雜誌1946年1月16日，第一次發起人會議在重慶召開。9月1日在上海創刊，16開本，每期6萬字，主編儲安平。1948年12月24日被國民黨當局查禁。上海解放後，1949年11月1日復刊，改為半月刊。1950年5月16日停刊，共出6卷。

9月22日上午，蔣介石前往南昌市青雲譜祭弔先烈。下午三點四十分鐘蒞臨望城崗中正大學，蕭蘧校長因公去南京辦理遷校有關事宜，教導長、訓導長均赴廬山勘察校址，蔣介石在正大總務長王修采陪同下巡視。蔣介石檢閱了學生隊伍，隨後在會議室與全體教授座談。9月23日，出席江西各界在南昌舉辦的歡迎大會。蔣介石在歡迎大會做了主題為《實行新生活、建設新江西》的演講。當天下午，蔣介石會見了前國立中正大學校長胡先驌。胡先驌自1944年離任正大校長一職後，擔任北京靜生生物調查所所長，但繼續在中正大學任教。蔣介石與胡先驌又談及國立中正大學遷址問題。胡先驌面陳蔣介石，正大校址在各項條件下，應設在廬山現有牯嶺之傳習學舍，即可作為一校舍用，蔣介石也甚為同意。〔註1945〕

蔣中正視察中正大學

〔註1944〕 張大為、胡德熙、胡德焜合編《胡先驌文存》（下卷），中正大學校友會出版發行，1996年5月，第336～338頁。

〔註1945〕 劉洪哲《白鹿洞之夢：蔣介石與國立中正大學》，2011年4月，江西師範大學學報（哲學社會科學版），第44卷第2期，第139～144頁。

9月28日，《中美英蘇之間關係與世界和平》文章在《觀察》（第1卷第5期，第6～8頁）發表。摘錄如下：

《中美英蘇之間關係與世界和平》文章

此次反侵略戰爭，因中美英蘇四強之合作，獲得最後之勝利，在人類近代史中，乃一最為慶幸之事，亦一僥倖成功之事。在此次世界大戰未揭幕之先，英美兩國完全未作全面戰爭之準備。蘇聯雖積極準備作戰，而其科學與工業之建設，皆不足以應付此艱巨之工作。中國以一積弱與無重工業之國家，雖有反抗暴日之心，而實無從事近代戰爭之力。尤以反侵略諸國家在初期並無共同作戰之意志。在歐洲方面，英法兩國之軍事專家一致認定蘇聯無抵抗德國之力量，故不欲與之訂立軍事同盟，甚至希望德國攻擊蘇聯，因以解除其對於西歐之威脅。結果遂釀成《德蘇互不侵犯條約》之訂立，與德軍之擊敗英法，佔領西歐。在東亞，則中國之從事抗日戰爭，本等於孤注之一擲。英美雖對中國表同情，並無積極之軍事援助。蘇聯在中日戰爭之初期，雖曾援助中國，而自新疆事變發生以後，中蘇兩國邦交頗形惡化。直至德軍東進，日本襲擊珍珠港，中美英蘇四國

始真正並肩作戰。然為開闢第二戰場，蘇聯與英美間尚多爭執。波蘭問題，尤使英蘇關係緊張。而北歐戰事結束以後，美國欲以波斯灣方面之軍火與物資假道蘇聯運至中國，而為蘇聯所拒絕，尤足證明中蘇關係之欠友好。此種欠友好之程度，以在雅爾達會議蘇聯要求外蒙獨立及蘇聯在東北恢復帝俄時代之權利而達到最高點。故自事後觀之，假如德日兩國當日確能和衷共濟，日本一方面攻擊西伯利亞，以期與德軍會師西伯利亞，一方面乘隆美爾在北非大勝之際，積極攻擊印度，以期與德軍會師於印度，則蘇聯能否不覆敗，印度能否不遭佔領，即整個反侵略戰能否成功，當不可知。故曰此次反侵略戰乃僥倖成功者。

由於中美英蘇四強在抗戰期中之摩擦，戰後之世界和平乃不能順利獲得。自今日之形勢觀之，蘇聯對於中國所加之劫持與在東歐之爭霸權，實足以妨害世界和平之建立，與種下第三次世界大戰之種子。在戰事初期英法之背棄蘇聯，與在雅爾達會議英美之犧牲中國，皆為盟邦最不智之舉動。而蘇聯則在整個大戰過程中，由於對英美之不信賴與疑懼，於是在東歐與東亞不惜用任何手段以獲取霸權，因此與英美摩擦，而侵害中國，致使世界和平在戰事結束後將及一年尚不能奠定，此實人類歷史過程中最可惡與最可憂之事。然所以釀成此種局勢，則蘇聯實須負最大之責任。蘇聯素抱世界革命之存心，同時復創大斯拉夫主義，欲藉以席卷東歐，承襲拜占庭帝國之遺產。而在東亞則一秉彼得大帝之國策，欲在東亞獲得不凍港，不惜侵略中國，以求稱霸於太平洋西岸。蘇聯此種存心，昔日在歐洲則見扼於德國，在東亞則見扼於日本。今英美既與蘇聯並肩作戰，敗德於西歐，英美復欲蘇聯出兵於滿洲，以協同擊敗日本，蘇聯自欲乘機伸張其努力於東歐與東亞，至於東歐東亞諸國之權益，固在所不顧。不但此也，蘇聯且將肆志於中東，故積極煽動伊朗之內亂，以期獲得伊國之石油礦開採權；復欲迫土耳其割地，直至土耳其宣言不惜出於一戰，始不敢過分需索。跡其最近數年之行為，與希特勒所領導之德國，幾無二致。如此而欲領導世界，奠定永久和平，寧非緣木求魚？蘇聯既以雅爾達會議與《中蘇友好條約》得志於東亞，又復背信將東北九省之工廠設備劫奪罄盡。在蘇聯之意，以為

彼國之工業方遭德軍殘酷之毀滅，烏拉山以東之工業微末不足道，若日本在東北所建立之重輕工業一旦轉移入中國之手，則西伯利亞所受潛在之威脅，與日本未擊敗以前相若。故趁此而將東北之工廠掠奪一空，一方面可以充實西伯利亞，一方面復可削弱中國之力量。驟視之似極得計，殊不知因此種下惡因，其得不償失，殆將非其初意所料及。

英美與蘇聯在歐洲之關係，近來漸有和緩之傾向。第一因英國對於東歐，感於鞭長莫及之勢，故不欲與蘇聯多有爭執；第二英國自工黨柄政，在東歐有顯著之讓步。英國現已放棄其昔日視地中海為英國湖之政策，認定馬爾他島之軍略重要性已成過去；甚至放棄中東，而將國防線向西南後撤至非洲；且聲明英國決不為支持巴爾幹各小國之反動政府而與蘇聯作戰，是不啻已承認蘇聯在東歐自波羅的海至亞德利亞海之廣大區域之霸權。故若蘇聯能不侵入西歐，則英美蘇三強在歐洲之基本衝突可免。今日外長會議所遭逢之困難問題，不過枝節而已。惟在東亞，則美蘇之衝突，已有短兵相接之勢。蓋自美西戰後英國之國策，已非門羅主義所能範圍。五十年來美國國策即為在東亞維持門戶開放政策。日本之國策與美國國策之基本衝突，即在兩國關於此點之不能妥協，終至引起太平洋戰爭。今日本已戰敗，而美國亦以龐大之代價始取得最後之勝利，自不能坐視另一強國因襲日本之國策再來破壞美國在東亞之基本國策。威爾基在《天下一家》書中曾表示：若美國人被迫與日本控制的中國面對面生活，則美國人民之生活方式恐不能較一軍營為優，而將生活於連續之驚慌與不斷之戰爭中。在如此為爭取生存之鬥爭中，將無和平、無繁榮、無自由、亦無正義，太平洋之寬窄皆無關係。威氏此言，可代表一般美國人之見解。美國不能容忍日本控制東亞，自亦不能容忍蘇俄控制東亞。日本欲控制東亞，美國不惜出於一戰。則當蘇聯欲控制東亞時，美國自亦不惜出於一戰。

就中國之立場而言，中國之國策為擺脫自鴉片戰爭百年來所受不平等條約之束縛，而獲得自由與平等，以謀國家之近代化與工業化。協助我國策者為友，妨害我國策者為仇。捨此而外，中國固無所偏向。日本之國策既在控制東亞，妨害我國獲得國際間之自由與

平等，故我國不惜冒莫大之犧牲，而與日本作戰。今已獲得最後之勝利，自不能再忍受任何其他國家之控制。中國為求獲得戰後之和平，不惜犧牲外蒙廣大之領土與東北九省若干重大之權利，對於蘇聯可謂恪盡「友好」之義務。但蘇聯苟背信棄義，進迫不已，則中國既制梃以撻日本之堅甲利兵於前，又何以不能制梃以撻蘇聯之堅甲利兵於後？而中蘇之戰，勢必引起美蘇之戰，則世界和平一時又不能奠定，而蘇聯恐亦將為日本之續。若蘇聯柄政者明瞭此種必然之情勢，明瞭中國不能忍受蘇聯之控制，以誠意履行《中蘇友好條約》，則長春鐵路與旅順港三十年之共管，不但能使蘇聯在東亞獲得安全之保障，且足利用此交通動脈以增進中蘇兩國之商務與西伯利亞之繁榮。三十年長期之友好關係，足使中蘇兩國猜忌盡泯，則兩國之邦交不難媲美於美國之與加拿大。斯東亞之和平可以永奠，而中美英蘇之關係，亦可變為圓滿，而世界和平亦可獲得保障矣。蘇聯柄致者其三思之！〔註1946〕

秋，鄭萬鈞將「兩個花枝和一個葉枝」裸子植物標本寄往北平靜生生物調查所所長胡先驌教授，委託他鑒定。〔註1947〕

秋，胡先驌反覆研究，生長在我國四川萬縣而狀若水松的樹種和三木所發現的化石植物同隸一屬。原來僅知為化石植物的 Met asequoia 的族類，今天依然存活，生長在中國四川的萬縣。胡先驌確定與日本大阪大學古植物學家三木茂（1901～1974 S. Miki）教授，1939 年發現的一種和紅杉（Sequoia）相近而又不盡一樣的植物化石，於 1941 年根據日本的 2 種植物化石，發表的時候命名為 Metasequoia，Meta 為變化、改變之意，以示和紅杉姐妹關係。〔註1948〕三木茂首次將水杉化石從紅杉化石中分別出來，稱為「亞紅杉」。水杉毬果化石類似紅杉，水杉葉部化石又類似落羽杉。水杉與紅杉毬果化石的區別，是水杉毬果化石上的鱗片是呈交叉狀排列的，毬果鱗片的數目，紅杉為 20～25 個，

〔註1946〕《胡先驌全集》（初稿）第十五卷人文科學文章，第 483～485 頁。
〔註1947〕汪國權著《水杉的發現與研究》，江西高校出版社，1999 年 9 月版，第 154 頁。
〔註1948〕汪國權著《水杉的發現與研究》，江西高校出版社，1999 年 9 月版，第 154 頁。

而水杉約為 10 個。水杉毬果化石有異常細弱的果梗，果梗底部並且有「鱗葉」。水杉化石的葉是對生的，而紅杉、落葉杉的葉都不是對生的。水杉化石葉上的小氣孔排列是比較成平行狀的。〔註 1949〕在日本《植物學雜誌》11 卷 261 頁，所發表的水杉屬形態相同，同為一屬植物，確定這種植物屬於 Metasequoia 屬（即水杉屬）。經由胡先驌、鄭萬鈞共同近兩年的深入研究後，反覆考察、鑒定，這一特產松柏類活化石植物，對此新的種名，學名定為水杉（即：Metasequoia glyptostroboides Hu et cheng）。此樹大多生長溪流近旁和潮濕的土地上，葉又似杉，中文名則採用當地居民習慣稱呼，故稱「水杉」。由於水杉在分類系統上，介於杉科和柏科之間，為兩科聯繫之橋樑，故另立水杉科（Metasequoiaceae Hu et cheng）予以區別。

秋，北平靜生生物調查所所長胡先驌與農林部中央林業試驗所韓安所長共同出版《森林樹木圖志》，雙方計劃準備用十年出版十卷《森林樹木圖志》，這一宏大計劃，費用各自分擔。1941 年 7 月，重慶國民政府成立農林部中央林業試驗所（簡稱「中林所」），位於重慶市沙坪壩區中部歌樂山，佔地 33.3 公頃，原實業部中央農業實驗所森林系併入，負責全國的林業試驗研究。

【箋注】

韓安（1883～1961），字竹坪，安徽省巢縣人。林學家，中國近現代林業事業的奠基人之一。1909 年獲美國康奈爾大學文理學院理學士學位。1911 年獲美國密歇根大學林學碩士學位。1912 年任北洋政府農林部僉事、東三省林務局主任。1918 年任交通部京漢鐵路局造林事務所所長。1934 年任全國經濟委員會西北辦事處主任，1936 年起兼任陝西省林務局副局長。1949 年任農林部顧問。著《調查皖省林況報告》《造林防水意見書》《中國森林事業經過之概況》《造林與生產教育》《林業之重要性》等。

10 月 12 日，《思想之改造》（上）在《觀察》（第 1 卷第 7 期，第 9～12 頁）發表。摘錄如下：

　　思想為行動之泉源，同時亦為過去之歷史與現在環境之產物。欲改造中華民族，使之不但能振衰起弊，革故鼎新，以適應生存於現今之世界，且能領導世界以創造更偉大之文化，則必自改造中華民族之思想入手。改造思想不但須使一般人能辨別何種思想為正當，

〔註 1949〕劉永傳、周心鐵、蘇丕林編著《水杉》，湖北人民出版社，1978 年 10 月版，第 3～4 頁。

為能使民族適應於生存，何種思想為不正當，為能使民族退化，且須使一般人篤信此思想而變成自然見諸行動之習慣，由智慧的變為本能的，由意識的變為下意識的；此則殊非易易，必須藉教育與社會之力量以養成之。故思想改造、教育改造與社會改造，必須同時並進，方能發生互相影響之力量而不致徒託於空言。

中華民族固有之美德如忠孝仁愛信義和平，皆基於民族固有之思想。此種思想有其歷史與社會之背景，而尤受歷代聖哲思想之影響。中華民族之惡德亦由歷代社會環境所造成，如欲發揚我民族之美德而袪除其惡德，則必須條分縷析之而窮究其所以養成之之道，方能對症下藥，以求由社會改造而達到思想之改造。

今列舉中華民族之惡德，約有以下諸端：即貪婪、殘酷、缺乏同情心、舞弊、不忠實、縱慾、保守、缺乏生活力、缺乏正義感、缺乏智慧活動、缺乏求知欲、缺乏美感、缺乏宗教感、缺乏合作互助精神、不守法、不守秩序是也。其所以如此者，則由於數千年來民族屢遭空前之災難，生活極其艱困，無良好之合作互助生活，有以致之。概括言之，則饑荒心理與個人主義乃其主因。今請更約申論之。

中華民族之美德為節儉與勤苦耐勞，與之相對之惡德則為貪婪。貪婪之主因則為饑荒心理。中國本為農業國家，百分之八十以上之人口為農民，而以人口過剩，耕地不足，水旱頻仍，工業不發達，地主與富人之壓迫，政府之漠視，故農民之生活極為艱困。其地主與富人階級，亦多本為有能力之貧農，幾經艱苦之奮鬥，始得積聚其財富。以經常為生活所困之故，一般人只有雞鳴而起，孜孜為利之心。即在士大夫階級，自明清以來，俸給即極微薄，不足以養廉。工人僕役亦然，故至少有百分之九十五以上之人口，皆痛感生活之壓迫。此種情形所釀成之心理，乃亨丁敦教授所稱饑荒心理；貪婪即由此種心理所釀成者也。因多數人之生活無保障，故饑荒心理極為普遍，貪婪亦因之而普遍。其上者刻苦吝嗇，一錢如命。其下者則不擇手段，惟利是圖。一切惡德皆由貪婪而出。且中華民族之貪婪，與歐美民族之拜金主義，尚有一異點：即歐美人之拜金，每視金錢為權力之代表。一般人求財為謀得優裕之生活；而大資本家之

積聚巨量之財富，則每因財富多則支配之權力大，故多視經營大規模之工商業為一種偉大事業。甚至積聚大量財富之後，又慷慨捐輸之，千萬金元，輕於一擲，如美國之鋼鐵大王卡匿基，煤油大王洛克菲勒，其尤著者。中國之富翁則頗少有此種事業精神，故多數皆為守財奴；此則由於普遍之饑荒心理有以致之。

饑荒心理之其他結果則為殘酷，缺乏同情心與舞弊。以生活艱困，自身飽受種種之痛苦，故缺乏同情心，漠視他人之痛苦；且不惜以痛苦加之於人。此種惡德見於社會，亦見於家庭。在家庭中最習見者為繼母之虐待前兒，翁姑之虐待兒媳，姑嫂之互相虐待，兄弟妯娌之互相仇視，主婦之虐待婢女，嫡妻之虐待侍妾，夫之虐待其妻。在社會中則廠主之虐待工人，上級之虐待下級；最堪髮指者則為在此次戰役中，接收壯丁之軍官之虐待壯丁，其他軍官之虐待兵士，甚至護送傷病兵之兵士虐待其僚友。在家庭中之殘酷與缺乏同情心，除貪婪吝嗇外，或尚有嫉妒仇視與虐人狂等心理因素屬雜其間。在社會中殘酷與缺乏同情心，十九皆由於貪婪所致；此皆饑荒心理之為祟。

饑荒心理之另一產物為舞弊與不忠實。此二者有時相關聯，有時或否。舞弊之主因，由於生活過於困苦，薪金與工資不足贍養其家口，故官吏與僕役莫不舞弊，官吏之舞弊，由於政府不知視物價之高漲而增加官吏之薪俸。如在清代，養廉俸額定自清初，直至清末，始有增加。以政府不明治理，官俸不足養廉，官吏自不能不取償於陋規與賄賂，浸而朝野上下亦視陋規為當然。如是，貪風安有不熾者乎？至於僕役，則以工資微薄不足以自活，乃惟藉舞弊或外快為生，久之遂亦蔚為風氣。主人亦視舞弊與外快為不可避免之事，但求僕役舞弊勿過甚耳。然舞弊之官吏與僕役，亦有適可而止而仍忠於職守者。可見舞弊之主因由於薪給與工資不能維持生活，然既蔚為風氣，則一般人之人生觀乃至不健全，而民德日益澆薄，此又饑荒心理之為害也。

中國商人素以信譽著稱，蓋由於中國社會不重法律但重信譽，信譽低者經商即蒙不利之故。然舞弊之奸商大有人在，尤以逃租與賄賂為然。此則為社會風氣之罪。

　　縱慾為中華民族之另一惡德。此惡德亦可溯源於饑荒心理。由於通常生活之艱困，故一般人皆缺乏物質之享受。由於物質享受的經常缺乏，故一旦積聚有財富，乃不惜揮霍於享受之一途。或父兄積聚而子弟縱慾，此皆由於不易獲得適當享受之故。於此乃有反常之現象發生：如一般農民之耕種，以夏季之車水為極艱苦之一種工作，然在江蘇省南部，十年前因應用電機車水，農民大感閑暇，乃相聚而賭博，一時賭風大熾。又如抗戰期中農工之收入遠較昔日為多，然彼輩除飲食稍為豐裕外，對於衣服居住並不知改善，但相聚而狂賭，此亦一種縱慾之心理，而又間接導源於饑荒心理者。

　　保守為中華民族之一特性，古訓有云：「利不十不變法」。此種保守性質固可以減少輕躁之妄動，但亦為阻礙進步之主因。中華民族長於順應環境而不求改進環境。且以飽經憂患，故但求苟全性命，而視災害罪惡為人生不可避免之實際，因而容忍之，而無袪除之勇氣。此所以政治不能改革，而文化因而停滯衰落。相當之保守固為美德，逾分之保守則為惡德。無限制之追求進步或為一種心理病態，過分保守而不求進步則無以自存於今世。

　　與保守緊相聯繫之一種惡德厥為缺乏生活力。中華民族以飽經憂患但求苟活之故，故缺乏生活力，對於生活無積極之創造衝動，但有消極之忍受，故民族心理永為一種悲觀主義所籠罩，一若人人皆有「我躬不恤，遑恤我後」之感覺者然。不但少年老成為吾人所豔稱，亦即多數青年人之性格，中國青年人之深於世故，有非美國中年人老年人所能企及者。一若人人皆為憂患困苦所壓迫而不能呼吸者然。故盡人皆無享受生活之情緒，無創造生活之勇氣。在中國盛世則不然。夏、商、周三朝之能創造中華民族初期之燦爛文化，即由於其人富有生活力。秦人之能統一中國開亙古未有之局，尤為富有生活力之表現。漢武帝唐太宗之武功，張騫之通西域，班超之定西域，唐玄奘之求學印度，西漢之遊俠，東漢之節義，皆為生活力之表現。成吉思汗皇太極之武功，亦即由於此新興民族之富有生活力。然自明清六百年來，中華民族之生活力日見衰落。鄭和以後遂少見具有生活力之偉人。以視歐人之有哥侖布、麥哲倫、柯德茲、克萊武、羅茲、拿破崙、華盛頓、林肯、加里波的，則大有遜色矣。

昔日之中國人，其武功文治皆足以震動世界如高仙芝之率師遠渡蔥嶺，至今尚為軍事家所驚歎。今日之中國人則好騎馬試劍，競技比武，登山涉水者亦不多見，而玩麻將牌乃為國人普遍之娛樂，其生活力之衰退何至於此極？詩人俞明震有句云：「沉憂鬥靡麗，厭作東南人」，蓋於此深有感慨。然今日即在北方亦無燕趙悲歌白衣送別之氣概，惟有忍受苦難為消極抵抗之能力。到處死氣沉沉，令人有世紀末之感。即其孜孜為利，及極度縱慾之人，亦非有生活力，或富有享受生活之衝動，不過為其下意識中之悲觀心理所驅使，競求電光石火剎那頃之物質享受而已。一般人類無大無畏之精神，創業之勇氣，卓越之幻想，驚人之舉動；不能愛，亦不能恨；趑趄囁嚅，一進三退；不能瞭解生命，亦不能創造生命；但知俯首貼耳為生命之奴隸，此皆缺乏生活力之所致。中華民族多種惡德皆可溯源於生活力之缺乏，而生活力之缺乏，則又出於饑荒之心理。

缺乏正義感亦為中華民族之一顯著惡德。因生活困難，憂患飽經，故存苟活之心，而視社會罪惡為不可免；因順應社會罪惡，乃缺乏正義感。中華民族固為最重道德之民族；其歷代聖哲之思想與精力皆集中於人倫道德之研討，因而在一般人之心理中，是是非非之觀念，亦較其他民族為強。然以困於憂患之故，其行為乃與其道德觀念相違背，知行不能合一之內心衝突，在中華民族之心理中遠較其他民族為甚。故乃順應罪惡，視道德觀念為高不可企之理想。又以缺乏生活力與同情心，故亦缺乏正義感。因飽經世故，乃視偽善為處世最佳之方法。因忍受罪惡，無改革之勇氣，乃視正義為無益。因之乃無清議，無輿論，此為今日中華民族之主要病態。乃視民族昌盛時期如兩漢，則知民族退化已甚矣。此種惡德不能祛除，則社會必無由改革，政治無由清明。

缺乏智慧活動，缺乏求知欲，缺乏美感，為今日中華民族三種主要病徵。中華民族素以崇尚知識與學問著稱，以與其他民族較，與希臘印度兩民族頗有近似之處。而視羅馬民族，則其智慧活動殆遠過之。在其盛時，賢哲輩出，亦不亞於文藝復興時代之歐洲民族。

如春秋時代的哲學，漢代之史學，魏晉六朝之玄學佛學與建築，唐代之佛學詩歌與藝術，宋代之文學史學理學考古學與藝術，元代

之戲劇，明代之理學史學小說與戲曲，清代之文學考證學與小說，皆有莫大之成就，名家輩出，個人之成就每每驚人。周秦諸子無論矣，後世如司馬遷、班固、司馬光、鄭樵、馬端臨、萬斯同之著史，玄奘之翻譯佛經，李白杜甫之於詩歌，韓愈歐陽修之於文，朱熹王守仁之於理學，清儒之創造考證學，陳夢雷之編纂圖書集成，施耐庵、羅貫中、曹雪芹、蒲松齡之於小說，魏良輔之創造崑曲，王維吳道子與二李將軍范寬荊浩之創造繪畫，其創造力與魄力之偉大，百世之下猶令人景仰不已。近數十年來則甚少類此之智慧活動。除康有為、梁啟超、章炳麟、王國維、柯劭忞、陳寅恪六人外，甚少具偉大魄力之作家與學者。可以稱為偉大哲學家而能開風氣者殊少其人。自胡適提倡白話文運動，小說戲劇乃為社會所重視，然絕少名著問世。一般學者類無皓首窮經之熱情與勇氣，其從事文學藝術者，亦無藏之名山傳之百世之志願。要而言之，缺乏智慧活動而已。因缺乏智慧活動，故亦缺乏求知欲。今日學術界之貧乏，至為可驚，雖大學林立，而一般大學生僅以大學教育為謀生之階梯，故對於學問皆僅淺嘗，一出校門便無進步。理學院學生人數遠較他院為少，文哲學系尤然。即從事科學研究者，亦僅知治其狹隘之專科學術。此種情形，皆一般人缺乏求知欲之所致。至於美感之缺乏尤為顯著。一般民眾之生活，污穢凌亂，不知求整潔，固無論矣，即曾受相當教育之人亦然。雖競求物質之享受，而不知愛好音樂與藝術。園藝之不發達，亦為一般人缺乏美感之徵候。缺乏美感之結果，遂使生活無趣味；生活無趣味，則所以減低生活力與智慧活動，此皆互相影喻者。

缺乏宗教感本為中華民族之特性。然自魏晉六朝至於隋唐，中國之宗教活動曾盛極一時。其時名僧如道安、慧遠、道生、僧肇、玄奘、窺基、智口，皆為極偉大之宗教領袖。故六百年來佛教之盛，為世界所未有。善男信女，摩肩接踵，寺觀林立，摩崖刻石，至今猶令人景仰與驚歎。然自宋以後，則宗教消沉。近數十年來佛教雖有復興運動，然已不能影響群眾。海通以來，基督教盛行，亦無一偉大領袖，可以領導群倫。故其教義對於中華民族不發生重大之影響。在今日之科學時代，宗教本日趨於衰落，而在中國則以缺乏領

袖之故，佛教固難復舉，耶教尤難建立。此亦中華民族之最大缺點也。

缺乏互助合作精神為中華民族最著之惡德。然中國人非絕無互助精神者。中國之社會為宗法社會，故家庭骨肉與戚黨間親誼極篤，休戚與共。在古代每一人得志，全族受福；一人被禍，全族罹殃。在春秋時，其稱兵叛變者，每為某某氏之全族，故族誅之刑視為故常。通常誅夷每及三族。明成祖之誅方孝孺且罪及十族。故族黨間互助之精神極強，推而至於鄉誼同門，莫不互相提攜，互相援助；與歐西各國之同黨同業之互助相似。鄉村間之自治，即以此為基礎。然既認族黨為互助合作之範圍，則對於族黨以外之人，遂視同秦越而不願互相合作。蓋平日既不能自族黨以外之人獲得助力，自亦不願幫助之。故在一般廣大之社會間，不易有互助合作之精神，而每易引起不必需之爭鬥仇視與不合作。世人每詬病中國人之個人主義，實則此種個人主義僅發現於族黨範圍之外，而非對任何人皆抱個人主義。然因宗法社會之積習不易祛除之故，一般社會中乃缺乏互助合作之精神，而自治事業難於建立，此種惡德，亟待矯正。

不守法不守秩序之兩種惡德，即由此種個人主義孳乳而生。自古以來，階級宗法之觀念既極堅強，故有「為尊者諱，為親者諱」，與「刑不上大夫，正禮不下庶人」之古訓。因之不能守法而極重人情。加以政治不良，法治難於建立，法令每成具文，故一般人皆不重視與遵守法令。又以日常生活中無可遵可守而絕對不能違背之法令，乃不肯亦犯不著遵守秩序。故一般人皆有不守法不守秩序之習氣。

以上種種惡德，多為社會環境所造成。如社會環境能改善，此類惡德自可逐漸祛除。如產業發達，生活容易，饑荒既不存在，則饑荒心理自可祛除。與之聯帶而生之惡德亦可盡去。若政治上軌道，教育發達，法令嚴明，則個人主義亦可逐漸祛除，而建立健全之社會。然思想為行動之母，故必藉教育與社會之力，養成下列之思想，方能自動見諸行動。〔註 1950〕

〔註 1950〕張大為、胡德熙、胡德焜合編《胡先驌文存》上卷，江西高校出版社，1995年 8 月版，第 429～448 頁。

10月13日，馮國楣致陳封懷信函。

　　弟戰時困居麗江，植物園未數年即告經費無著，改任農林部金沙江國有林區管理處工作，抗戰勝利，臨管處結束，又任國立麗江師範生物教員，直至今年夏，始來昆工作。數年來皆因生活不安定，致一無所就，實愧憾無已；而來昆後，本可努力工作，惜參考書籍過少，對滇省植物仍無多大辦法。且弟對於分類工作興趣亦少，故甚願返山作園藝工作也。《麗江種子目錄》亦已二月前弄好，惟尚未整理，未稔封懷先生對麗江種子採集（明年度）有無計劃，請轉示封懷先生為感。〔註1951〕

10月15日，中央研究院評議會召開預備會議。

　　中央研究院評議會第2屆第3次年會到京評議員談話會於本日下午6時在中央研究院會議室舉行。與朱家驊、翁文灝、吳有訓、凌鴻勳、周仁、謝家榮、汪敬熙、羅宗洛、吳學周、李濟、唐鉞、傅斯年、薩本棟出席會議。主席朱家驊，秘書翁文灝。會議討論事項包括：修正評議會組織法條例及評議員選舉方法，評議會與教育部學術審議會的關係與分割，孔子誕辰2500週年，邀請聯合國教科文組織會議在中國舉行，籌備中央研究院建院20週年紀念以及組織全國科學會議。〔註1952〕

10月17日，據南昌《知行報》，金戈記者載，胡先驌再度赴平。

　　前國立中正大學校長、靜生生物研究所（筆者注：靜生生物調查所）所長胡先驌博士自辭去正大校長後，一心以恢復靜生生物研究所為念，北平接收完竣後，胡博士即曾赴平一行，冀圖恢復，唯抵平後，該所標本、儀器已被敵寇擄掠一空，僅餘三層高樓之空屋一所，胡氏十年慘淡經營聲譽遠揚之心血結晶，受此摧殘，胡氏目擊心傷，然亦無可奈何，只得再行南旋，另謀恢復之計。

〔註1951〕　胡宗剛著《抗戰勝利後之馮國楣——讀馮國楣佚箚一通》，公眾號註冊名稱「近世植物學史」，2021年09月02日。

〔註1952〕　《中央研究院評議會第二屆第三次年會到京評議員談話會記錄》，南京，中國第二歷史檔案館，全宗號三九三，案卷號587，第10～12頁。張立生編著《謝家榮年譜長編》（上下冊），上海交通大學出版社，2022年12月版，第540頁。

中華民國五十年十月十七日

知

胡先驌再度赴平　金戈

博士自難去正大校長後，一心以恢復靜生生物研究所為念，北平接收完竣後胡博士卽曾赴平一行，驚聞恢復。惟抵平後，該所標本儀器已被敵寇搬掠一空，胡氏十年慘淡經營搜羅遠揚之心血結晶，受此摧殘，胡氏目擊心傷，然亦無可奈何，只得再行南旋，另謀恢復之計。

胡氏執教一生，了無精蓄，友好之輩，類皆書生學者，不事聚歛，對胡氏恢復靜生研究所之舉，亦皆有心無力，愛莫能助，胡氏雖曾與多方蹉商，亦僅能供技術上之協助也。

此次，元首蒞省，胡氏以一蜚聲國際學術界之學者，而得受元首單獨召見之殊榮，元首除探詢胡氏生活及寫作研究情形之外，復探詢其靜生生物研究所之情形，元首日理萬機之餘，猶記憶胡氏及其生物研究所之成就及靜生生物研究所之成績，亦由此可見矣。元首召見胡氏時，胡氏卽以靜生生物研究所恢復困難情形為呈於元首。得蒙允予資助，胡氏因又於日前飛平，胡氏此次北平之行，蓋欲考察恢復之全部費用而謀早日恢復也。

元首科學建國之昭示，自當藉重於此輩科學家，胡氏亦必有以報元首報國家也。

胡氏再度赴平消息

胡氏執教一生，了無積蓄，好友之輩，類皆書生學者，不事聚歛。對胡氏恢復靜生研究所之舉，亦皆有心無力，愛莫能助，胡氏雖曾與多方蹉商，亦僅能供技術上的協助也。

此次，元首（筆者注：蔣中正）蒞省（江西省），胡氏以一蜚聲國際學術界之學者，而得受元首單獨召見之殊榮，元首除探詢胡氏生活及寫作研究情形之外，復探詢其靜生生物研究所之情形，元首日理萬機之餘，猶記憶胡氏及其生物研究所，胡氏之成就及靜生生物研究所之成績，亦由此可見矣。元首召見胡氏時，胡氏卽以靜生生物研究所恢復困難情形為呈於元首得蒙允予資助，胡氏因又於日前飛平，胡氏此次北平之行，蓋欲考察恢復之全部費用而謀早日恢復也。

元首科學建國之昭示，自當藉重於此輩科學家，胡氏亦必有以報元首報國家也。

中華民國三十五年十月十七日，知行報，金戈記者。

（陳露先生提供）

10月19日，《思想之改造》（中）在《觀察》（第1卷第8期，第11～13頁）發表。摘錄如下：

欲改造中華民族之思想，第一、必使之尋求精神與物質之進步，

認進步為可能而且必需。此種進步主義,必須副之以卓越之眼光,豐富之學識,而非盲目的但求物質之進步。今日物質科學之進步,一日千里,工藝之發明,日新月異。吾人控制與利用自然之能力,已非昔日所能夢見。故在將來教育昌明之後,人人心中必有尋求進步之思想。然必須知人類之求進步,非僅求物質進步而已。控制自然,利用自然,以增加吾人物質之享受,使生活有保障,固屬切要;然今日物質科學之進步,在物理化學高度發達之狀況下,已為掌握中事。今日之經濟,一俟世界經濟復員完成,即為有餘而非不足之經濟。苟人類不過於愚蠢,則大可以安居樂業,盡情享受。但吾人同時必須了知盲目之求物質進步,有時且可以予人類以不可救藥之災害。故同時必須尋求精神上之進步。二十世紀之生物科學尚屬幼稚,心理科學則僅在萌芽時期。吾人對於吾人之身心,瞭解甚少,故必須求人類生理學心理學日有卓越之進步;人類生理學之研究日有進步,方能改造吾人之身體;人類心理學之研究日有進步,方能改造吾人之政治經濟教育社會與吾人一切生活方法。於是方能確實掌握吾人自身之命運;使吾人身體增強,壽命增長,健康進步,精神活動日新月異,臻於盡善盡美之域。吾人必須對於人類未來之進步有堅定之信念,尋求之決心,明切之認識,正確之方法,則中華民族方能逐漸改造而為最前進之人群。

第二、改造思想必須瞭解自由與自治之重要。自大體言之,中華民族最崇尚自由。自周代封建制度推翻及暴秦覆滅之後,人民之生活已極端自由。政府對於人民之生活,除徵稅徵兵役外,毫不干涉。西漢文景時代之黃老政治,即所以養成此種絕對自由之風氣。而自封建廢除,平民皆可以選舉或考試參加政治,政治自由,尤非古代多數國家所能企及。故中國之政治形式,頗類似英國之虛君民主政治,惟政治操之於士大夫階級,而非人民皆能直接與聞政治,故韋爾斯稱之為變形之民主政治。人民之生活既不受政府之干涉,故自治甚為發達。在古代鄉治制度未破壞以前,地方自治之內容,至為完善。魏晉六朝大亂之後,鄉治制度雖已破壞,然人民尚能賴宗法社會之組織以執行地方自治。在極少數地區,甚至人民可完全脫離政府統治而維持一美好之自治制度至數百年之久,不得不令人

驚歎。此種自由自治之精神固屬可佩,然在今日之社會中,則有甚多之缺點。一則人民雖有消極拒絕政府干涉其生活,而不知積極參加政治。又在鄉里中,惟智識階級得與聞少量政治,而不識字無智識之農工階級則無與聞政治之可能,亦無與聞政治之願望。且因政治之腐敗使人民認政治罪惡為人生必然之現象,如病老死者然,而不求作自動之反抗與改革,惟希冀有一賢長官莅臨以施行善政;人民此種消極態度,乃所以使貪官污吏,土豪劣紳得以魚肉人民橫行鄉里之主因。二則自治僅能施行於宗族小範圍之內,施之於一鄉一邑則百弊橫生,至大都市則尤甚。蓋人民對於大規模之自治,既無經驗,亦無興趣,故憲政不易施行,自治難於建立。三則統治階級喜濫用職權以遂其私,不知尊重人民自由,亦不喜人民之自治。而自歐洲集權主義發生之後,談政治者亦思效尤而剝奪人民之自由。今日之政府官吏雖名為篤信民權主義,且奉命推行新縣制,而摧殘漠視人民之自由,反較昔日之官吏為甚。故欲改造中華民族之思想,必須加倍灌輸自由與自治思想於一般民眾,根絕一切集權主義之思想與行為,方能養成真正之民主政治。

第三、改造思想必須真確瞭解平等之意義,養成平等之信仰。在中國自封建制度推翻之後,階級制度消滅已久,各朝代之貴族每每因其子弟之不肖而式微,或因朝代變更而夷為平民。魏晉六朝時代雖極尚門閥,然此種貴族至唐宋以科舉取士,白屋公卿已成為一般民眾之最高理想。故平等思想以二千年之陶冶,已成為民族之第二天性。惟中國之平等尚不徹底。因政權向來操之士大夫之手,故二千年來國人皆重視士大夫階級,固然任何人(娼優隸卒除外)能讀書作文應試便得為士大夫,然士大夫終賤視農工階級,而農工階級亦有自卑之心理。此種心理至今日仍未消除。由於重視士大夫,故重視官吏;重視官吏,故人競為官。為官之後,便可享受社會中種種無形之特權,即不為官而為紳,亦可以魚肉鄉里。此所以官僚政治乃成為牢不可破之政治形式。

故改造中華民族之思想,必須徹底養成歐美式之平等思想。一方面須養成智識階級中之真正平等思想,一方面尤須養成一般民眾中之真正平等思想,勿稍存對於智識階級與統治者之自卑心理,庶

可自變相之民主進而為真正之民主。再則必須養成真正男女平等之思想。此事大非容易。中華民族中男女間社會地位之差別不及日本印度與回教民族之甚，而過於歐美民族與國內苗瑤猓藏諸宗族。家庭之內，母與妻固能執掌家政大權，然社會則顯然岐視婦女之地位。性道德之二重標準尤為可議，而絕不易矯正。尤以在廣大之鄉村中，宗法社會尚難改革，女子繼承權雖經法定無由執行。故女子極難獲得平等之地位。而女子教育與社會環境不良，亦以使女子在學識與服務能力上，不能與男子並駕齊驅，故亦不能養成男女真正平等之思想。然此種思想不能養成，則一半之人口不能獲得公平之待遇，與盡性之發展，其為害之大可以想見。此所以欲改造中華民族，必須使人人皆了知與篤信男女之智慧與其在種族上所負之責任雖有不同，然其地位本為平等；甚或須認女子在種族上之地位較男子反為優越，故在人格上須視為平等。惟以心理生理有基本之差異，故須求分工合作，而不必一切從同。復次，改造中華民族必須養成一切種族平等之思想。天下一家，用夏變夷，固為中華民族最高之理想。中華民族屢為外族所征服，亦即所以袪除其種族優越感。然以國內尚多文化低下之各宗族，無知之國人對之尚不免欺凌輕視之惡習。而在南洋與中南半島方面，亦因國人之經營事業之能力遠勝於土人，故不免欺凌輕視土人而招致其反感。故若不及時養成真正之種族平等觀念，則對內可以使各宗族離心，對外可以引起種族間之惡感。吾人必須警覺一事，即暴君悍將在我國固史不絕書，而歷代國內弱小民族之暴動，十九為漢人所激成。苟非養成真正民族平等之思想，一旦國力強盛，在中國未嘗不可發生帝國主義。必也使人人皆瞭解與篤信世間所有人類各種皆同一源，僅因環境之影響而有體格與文化之殊異。文化落後之民族除極少數外，智力並與吾人無殊，自應一體視為平等。且人類開化不及萬年，來日方長，一切人類獲得平等自由，並非艱難可望而不可及之事，蘇俄之開化與教育其國內文化落後之民族，乃至堪效法之事。

　　復次言平等不僅在法律與政治上一切人不論階級不論性別皆須平等；在經濟上亦須平等。所謂經濟平等，非謂人人須享受絕對劃一之經濟待遇；但各盡所能，各取所需，終為最高之經濟理想。即

此等理想不能一蹴而幾，然節制資本，使財富不能集中於少數人之手，而大眾不致變為經濟奴隸與所謂無產階級，終須為人人所篤信之信條。必如此中華民族方能逐漸向理想的大同郅治邁進。

博愛與自由平等同為法國大革命三大口號之一，然以人類之習於自私，其不易瞭解與篤信博愛，較不能瞭解與篤信自由平等為尤甚。孔子云：「博施濟眾，堯舜其猶病諸」。此乃孔子深切了知不易博愛之現實語。然禮運之首章「大道之行也」云云，即表示孔子博愛之最高理想。不過儒家之言博愛，總有以親疏為先後之主張，故云「愛無差等，施由親始」也。墨子之言兼愛則為更進一步而無差等之博愛，其精神與佛陀耶穌相同，雖非常人所易幾，然視儒家主張有先後之博愛，理想上似較高一籌。蓋取法乎上，僅得乎中，若以墨子耶佛無先後無分別之博愛為理想，而或只能做到孔子有先後有分別之博愛。若以後者為理想，則或並此而不能矣。中華民族以過重宗族之關係，又兼困於饑荒心理，故缺少博愛之美德；而以缺乏同情心為西人所詬病。此種缺點乃必須盡力矯正之者。第一必須使盡人皆知人類同出一源，以最高之哲學眼光觀之，凡載髮含齒之倫，皆我父母兄弟。即至後世人類已逐漸分化，然以中華民族之屢與其他種族混雜，則我華族之與黃髮碧眼之阿利安族，鉤鼻厚唇之塞姆族，卷髮黑膚之崑崙人，或小黑人等等，何在而無血統關係。吾人平常之認宗族僅認父黨，然按遺傳原則，則父母、祖父母、外祖父母以上，溯至無窮世代，皆為我之祖先。故吾人三十世以上之祖先，其數即達億萬。果爾，則尋常一路人，若細究之皆可與吾人有血統之關係。故吾人苟須愛吾宗族吾鄉黨，則在倫理學原理上亦須愛吾每一國人，每一人類，甚而愛及熱帶叢林內吾人之古遠宗族猩猩，與池塘內吾人之更遠之宗族青蛙。張橫渠「民吾胞也，物吾與也」之語，最能發揮儒家博愛之精神。是宜廣為家喻戶曉使人人皆能了知與篤信此最高尚之思想。

既了知與篤信博愛之真理，則同時必須了知與篤信互助合作之重要。中華民族與其他文明民族較，乃最不能互助合作者，然亦數千年來艱困之生活有以養成之。在封建時代土地公有，人民受公田，其耕作皆取集體方式，且鄉治周密，守望相助，為鄉村社會之基本精神，故互助合作之精神至為普及。及至秦人廢阡陌，闢草萊，廢

封建，獎勵農耕，以土地為基礎之原始社會之互助合作制度遂完全崩潰，而個人主義與資本主義乃為二千年來國人生活之基本原則。土地既為私有，則人人皆欲為獨佔之地主。農夫手胼足胝，積銖累寸，博得少許血汗錢，即欲購賣三五畝地而為自由自在之小地主。工人終歲辛勤，稍有積蓄，亦必開一小鋪，招一二藝徒或幫夥而為老闆。商人亦然。人人皆欲獨立經營而不欲互助與合作。可謂中國人盡人皆欲為小資本家而不能為合作農場或合作社之一份子，此皆個人主義之為祟，而間接為饑荒心理之結果。殊不知盡人皆為社會一份子，個人之得有今日之一切享受，皆過去與現在全體人類互助合作之結果。吾人無一日不在利用人類之互助合作以增進吾人之生活。故人人必須瞭解與篤信互助合作之重要，且須養成互助合作之習慣。又私人之生活固須互助合作，國家社會之事業亦須互助合作，而在國際與民族間尤須互助合作。庶不至猜忌橫生，竟求侵奪，嚴立關稅壁壘，各求自足自給，因而引起經濟之不景氣，而植戰爭之禍根。否則決無建立富強康樂大同郅治之希望。

守法與守秩序實為改造中華民族最重要之思想。中國人講情面而不守法律最為世人所詬病。在文化落後之簡單社會，不守法或尚可敷衍苟安；在複雜之現代，則不守法即不能建立良好進步之社會。蓋法者乃人人所必須遵守以節制其行動之規條，不容個人輕易違背者。在春秋時代之宗法社會，社會組織甚為簡單，故雖情重於法，尚不至招致大亂。然即彼時之大政治家亦以法治而收卓效。如管仲之治齊，子產之治鄭是也。至戰國時，則社會之進步一日千里，其時各國之政治經濟狀況之進步，皆非百餘年前之春秋時代可比。

故非法治決不足以範型齊一此龐大複雜之社會。故雖儒家如孟子仍秉承孔子「道之以禮，齊之以德」之故訓，而有「有治人無治法」與「徒法不足以自行」之名言。然較富有現實眼光之荀子，則已偏向法治，而其門徒韓非李斯皆變為法家。法家申不害慎到之出於道家，為吾人所周知。墨翟之尚同，亦即法家齊一之意。儒墨道三家均合流而成為法家，可見時代之需要有如此者。後世之大政治家如諸葛亮、王安石、張居正，莫不兼用儒法以治國，即確認法之重要。惜自漢武表章六經之後，儒家學說深入人心，而宗法社會數

千年保存原狀至今而不變，故法治之精神始終不能建立。此大足為中華民族將來發展之障礙。尚情不尚法，則客觀的大公無私的社會準則不能範型人，而社會不免陷入無政府狀態。夫守法並不須學法家之苛酷，而創製法律盡可使之益盡人情，執法時亦可寬大仁恕不求苛刻。然立法為一事，守法又為一事。無論任何種法律與規則，大而至於為國家基本大法之憲法，小而至於運動比賽之規則，莫不須忠實遵守。法律不良或窒礙難行，盡可改作，然個人與團體皆不得故違之。英國政治之清明，即繫於其人民守法之精神，而吾人則不然，一般人皆以能不守法為榮。自古以來言法即有議親議貴之說。此說數千年來深入人心，故人人皆不欲守法。議親則人人皆有庇護其親族違法之道德義務，議貴則「刑不上大夫，禮不下庶人」，遂養成統治階級「禮法非為我輩而設」之謬妄心理。如此政治焉得清明乎？且因有此不守法之精神，遂使團體生活難於維持。中國股份企業公司每每失敗，而個人之事業則每有偉大之成功者，即不守法之惡德所致。此與中國將來產業建設大有妨害。大企業之能否成立，即以此惡德能否矯正為依歸。至於國際和平尤賴守法觀念之能否養成。戰爭起於國際之無政府狀態，而此無政府狀態則由於在主權國家之國際間無強制之法可以遵循。過去雖有所謂國際公私法，然苟任何主權國家故意違背之，他國亦無可如何。過去之國際聯盟，今之聯合國，皆未能樹立國際間之法治，蓋由於人尚不能瞭解與篤信國際間法治之重要。故中華民族如不能了知與篤信國際間之法治之重要，則他日國家富強國力充溢之後，若遇一有大力之野心家當國，未嘗不可為戎首而引起國際之侵略。

守秩序與守法同屬於一種服從公共規則之行為。中華民族習於無羈勒之個人主義，又缺乏近代社會中有秩序之生活訓練，故無守秩序之習慣與思想。魚貫守候乃所不耐，遂至行路購物發言，一切一切皆無秩序，亦不認為有秩序之必要。將來多受此種守秩序之訓練，自可逐漸矯正不守秩序之思想。然亦必須瞭解與篤信守秩序之思想，方能有守秩序之行為也。〔註1953〕

〔註1953〕張大為、胡德熙、胡德焜合編《胡先驌文存》上卷，江西高校出版社，1995年8月版，第429～448頁。

10月21日，中央研究院評議會第二屆第三次年會召開。

　　在南京參加中央研究院評議會第二屆第三次會議，就全院組織及前途，與中國學術界整個情況加以檢討，內為學術進步，外為國際合作，應完成國家學院體制，以院士為本院構成主體。籌劃選舉首屆院士事宜，擬定第一屆院士產生辦法及名額。院士滿足下列兩個條件之一：「一、對所專習的專業有特殊著作、發明或貢獻；二、專業學術機關領導或主持在五年以上，成績卓著。」第一次由中央研究院評議會選舉八十至一百人，以後每年由院士選舉，至多十五人。院士為終身制。評議員由院士選舉產生。呈奉國民政府修正公布「本院組織法」及「評議會條例」。成立工作報告委員會，職責是審查並討論本院的方針、預算分配及地點等事項。推舉汪敬熙、胡先驌、吳有訓、傅斯年、竺可楨、李書華、茅以升等七評議員為審查委員，由傅斯年召集。胡先驌在會議上，提議由中央研究院植物研究所、北平研究院植物研究所和靜生生物調查所聯合組織《中國植物誌》編輯委員會，推中央研究院植物所為召集人，與美國多方面詳細計議編纂辦法。在會議期間，晤中央林業試驗所副所長傅煥光，談靜生所與中林所合作編撰、出版《中國森林圖誌》事宜。〔註1954〕

1946 年 10 月 20 日中央研究院第三屆評議會第三次會議合影，左起，前排：6. 于右任、7. 白崇禧、8. 胡適；二排：2. 王家楫、秉志（右1）胡先驌（右3）

〔註1954〕陳勇開、吉雷、鄒偉選編《國立中央研究院評議會第二屆歷次年會記錄》，楊斌主編《民國檔案》總第 133 期，2018 年第 3 期，第 15～23 頁。

10 月 21 日，討論院士選舉條件。

出席在南京雞鳴寺路 1 號中央研究院禮堂舉行的中央研究院評議會第 2 屆第 3 次年會。出席的評議員有（以席次為序）：朱家驊、翁文灝、薩本棟、王世杰、王家楫、何廉、吳有訓、吳定良、吳學周、呂炯、周仁、周鯁生、林可勝、竺可楨、茅以升、胡適、胡先驌、唐鉞、陳垣、凌鴻勳、傅斯年、張雲、錢崇澍、謝家榮、羅宗洛。此次評議會討論中央研究院院士選舉、中央研究院評議會組織與任務修正等。在 23 日下午的全體大會上，討論並修正通過了中央研究院評議會組織法，即在原組織法第 4 條後加入 6 條，其大意為：中央研究院設置院士，院士分為數理組、生物科學組和人文社會科學組，評議員須由院士選舉，再經國府聘任。在討論評議會與教部學術審議齊事權之劃分及其他關係獎金等 4 案時，推定周仁、凌鴻勳、林可勝、張雲、唐鉞、謝家榮、呂炯、吳定良等 8 人組成小組審查委員會。〔註 1955〕

10 月 23 日，中研院設立院士評議員由此產生，評議會二次大會決定。

（中央社南京二十二日電）中研院評議會二屆三次年會於廿二日在該院大禮堂舉行二次全體大會，至評議員朱家驊、王世杰、翁文灝、傅斯年、胡先驌等廿八人，由議長朱家驊主席，討論一般工作方針，與經費之分配，吳有訓胡適傅斯年認為中研院在人材集中方面，當未臻理想，茅以升謂中研院本身為研究機構，一方面應充實研究工作，另一方面應該負責輔導全國各學術機構之研究工作，胡適並建議將性質相近之研究並取予以合併，減少單位，集中人力，易有工作表現，休息後，繼續開會，開始於討各研究所工作報告，為節省時間起見，選出傅斯年、吳有訓、汪敬熙、胡先驌、茅以升、李書華、竺可楨為委員，傅斯年為召集人，十二時散會，下午三時開會，討論「請規定設置選舉及有關事項案」，對於各種問題，各評議員紛紛發表意見，計有「院士」「院儒」「院侶」「院正」「院員」「會員」等種種不一，結果「院士」一名獲得通過，蓋當時在場評

〔註 1955〕《中央研究院評議會第二屆第三次年會記錄》，南京，中國第二歷史檔案館，全宗號三九三，案卷號 1557，第 3～19 頁。張立生編著《謝家榮年譜長編》（上下冊），上海交通大學出版社，2022 年 12 月版，第 540 頁。

議員廿二人之中有十三人表示贊成提用（院士）名義另一重要者為
提「請設立中央研究院院士及修正評議會組織與任務案」，決議院士
之名額，第一期定八十人至一百人，以後每年至多選出十人，將來
評議會之產生，即由院士中提選出評議員而組織之，一此決議，已
由聶可、傅斯年、李書華、吳有訓、薩本棟、吳敬恒等組織審查委
員會，並推胡適為召集人。〔註1956〕

1946年10月，從南昌經上海邊回北平，在上海升平街，左起，前排胡德燿、胡德焜、
胡德輝；後排胡先驌、胡德裕（先騪三子）

10月，胡校長幫助宋家模介紹工作。

　　10月，我正遭受著「畢業即失業」的痛苦，流落在南京。一天，
讀報得悉胡校長正在南京中央研究院開會，我前去拜望他。在路上，
我想，已經拜別胡校長兩年多了，不知他老人家是否還認識我。哪
知胡校長有著驚人的記憶力，一見面立即叫出了我的名字（原來胡
校長1945年春在永豐避難時住在我的一位中學老師、名畫家徐警凡
先生府上，我曾去拜望他兩次，所以他熟悉我）。當他得知我尚在失
業時，便主動說：「你願否去天津工作？你是學經濟的，幹財稅工作
好嗎？我有一個早年的學生在天津，我替你去問問看。」我喜出望外，
立即把我在南京的住址抄給他。數日後果然收到胡校長發自北平靜生
生物調查所的來信。原信是用毛筆書寫的，字跡秀麗，宏偉有力，較

〔註1956〕 梁洪生主編《杏嶺春秋——〈江西民國日報〉有關國立中正大學的報導全匯
　　　　　（1938～1949）》，2010年12月內部印刷。中華民國三十五年十月二十三日
　　　　　週三第三版。

之柳公權字帖上的字似乎還要鏗鏘有聲。我小心地珍藏著到「文革」時被抄沒為止。至今想來，仍覺心痛不已。來信內容大意是：「家模賢弟：我日前抵達北平，路過天津時即直接去找稅局羅局長，據說該局目前人浮於事，不添人，務須另作他圖。」云云。〔註1957〕

10月26日，《思想之改造》（下）在《觀察》（第1卷第9期，第9～11頁）發表。摘錄如下：

　　欲求獲得美滿之人生，必須有真美善並重之最高理想。中華民族以重視倫理著稱於世，一般人對於善惡之判別，皆有相當之正確觀念，故可謂中華民族知求善。但一般人尋求真理之熱情，則遠不如歐西人士。當春秋時代，雖思潮雲起，然當時之聖哲皆以解決人生問題為其探討之目標。老莊之玄學雖追論及於宇宙之本體，然亦不過為其人生哲學之基礎；且專尚直覺，不重智慧，與希臘諸哲顯有不同。惟別墨與名家稍有科學家尋求真理之精神耳。自茲以降，尋求客觀真理之精神，尤為不振。張衡與諸曆學家可稱例外。六朝與隋唐諸大哲之研究佛學熱忱，與其謂出於求知之動機，無寧謂出於宗教之信仰。惟至宋代諸大儒，如沈括朱熹等，對於自然科學始有片斷之精到認識。至明清兩代之科學家，如方密之、梅定九、宋應星等之研究科學與數學，則已受西洋科學之影響，而非全為自動的精神活動。故可謂中華民族求客觀真理之熱情，遠遜於歐西民族。至於求美一層，中華民族自周代以來，思想即有二大潮流。一為儒家之思想。孔子最重樂教，以為樂乃治國平天下不可缺之要素。故六藝之教，禮樂並重。其所謂樂，非僅包括狹義之音樂，而為一切求美之精神活動。故曰：「禮云禮云，玉帛云乎哉？樂云樂云，鐘鼓云乎哉？」樂記有云：「禮節民心，樂和民聲。」「大樂與天地同和，大禮與天地同節」。其對樂讚頌，可謂得未曾有。其在實際行動所表現者，如孔子之在齊聞韶之三月不知肉味，及贊許子游之以絃歌治武城，皆可見其對於美之重視。故歷代帝王每知重視音樂。與之相反之思想則為墨子之非樂。墨家起自賤人，故疾視音樂美術，以為

〔註1957〕 宋家模著《使我感受甚深的一件事》。胡啟鵬主編《撫今追昔話春秋——胡先驌學術人生》，北京燕山出版社，2011年4月版，第318～319頁。

此乃統治階級之額外享受，而有害於國計民生者。墨子學說在周秦之際，人民處於水深火熱之生活中時，久已深入人心。秦漢以降，禍亂侵尋，不遑喘息。饑荒心理日深，非樂之觀念亦日甚。蓋我躬勿恤，更何暇而及於身外樂教乎？惟至唐代鼎盛之時，中國受西域文化之影響，音樂繪畫詩歌，一時突有非常之發展。其流風餘韻，下逮兩宋。然宋儒程朱一派，雖貌宗儒學，兼納佛老，而其克己持身之道，則有同於墨家。故至元代大亂之後，樂教大衰。蒙古人乃半開化民族，只知恣情於通俗之雜劇，至是雅樂已盡。此後戲劇與通俗文學之發達，與崑曲之產生，在中國民族史上固為重要之精神活動，然其品質究不能與歐西相比；尤以音樂為然。而舞蹈絕跡，尤為在文明民族中所僅有之現象。此皆受墨家與宋儒之影響也。此種情形，在民間尤甚。居處之污穢凌亂，無絲毫整潔優美之觀。民間音樂之下劣，欣賞繪畫能力之薄弱，日常生活中歡愉心情之缺乏，皆非樂思想之表徵，而為饑荒心理所養成。總而言之，中華民族之思想，知善之重要而不知真美之重要。故欲改造中華民族，必須養成求知求美與真美善三者並重之思想，則方能創造美滿之人生，與嶄新之現代文化。

創造與享受新生命，為一種使人類前進所不可缺之思想。中華民族為一飽經世故與憂患之民族，其創造文化之活動，已成陳跡。

在人人心理中咸感有歷史與生活之重荷，使創造精神備受壓制，且以習予忍受苦難與順應環境，其苟安之心理適足以壓制奮鬥之精神。中華民族雖不同於印度民族視生命為可厭而亟求解脫其桎梏，但亦不同於歐西民族之認生命為有價值，有意義。其重視生命，不過為一種動物求生之本能，而無新興民族創造與享受生命之興趣。故其人生觀乃為一種消極的宿命論的灰色氛圍所籠罩。一方面固不能如歐美民族之以樂觀之精神與希望以操持範型生命，僅知為斯多噶學派之忍受。其溺於聲色貨利之人，亦非真能享受人生，不過感於人生之無意義，故以醇酒婦人聲色狗馬以遣其有涯之生；其可悲與忍飢寒營升斗之貧民初無二致。此種心理之養成，一方面由於飽經憂患，一方面由於物質科學之不發達，無以解除人生物質方面之痛苦。今後工業發達，生產水準提高，一般人對於生命之觀念自當

稍有改變。然必須使之認識生命並非全無意義；而自哲學眼光觀之，在大自然之演進中，由單純變為複雜，由無機變為有機，由無知變為有知，由被動變為自動，生命正在不斷演進之中，實含有至高無上之意義。而吾人在今日既能操持生命，創造生命，亦應享受日新月異真善美之生命。若人人有此思想，有此信念，有此興趣，有此勇氣，則真能創造新生命與新文化。詩云「周雖舊邦，其命惟新」，其斯之謂歟？

宗教為人生精神活動最高無上之表現，偉大之民族必有偉大之宗教。偉大之宗教必兼含偉大之倫理與偉大之哲學思想。通常皆謂中華民族之宗教為多神教，以為較基督教之為一神教者為劣。實則中國古昔已有上帝為至尊無上之主宰之信仰，不過上帝之外，尚有其他神祇與死去祖先之靈，而稱之為鬼。至於上帝則為宇宙之主宰，非希臘與條頓民族多神教之人狀神可比。故中國無荷馬史詩一類之神話，而孔子卻有鬼神具有「體物而不可遺」之至德之讚歎。

孔老二家之玄學，皆以此種偉大宗教為其基礎。此種宗教與哲學思想至魏晉佛教輸入後，以格義相融通而益光大，玄學與佛學遂聯鑣並進，而呈一代思想之奇觀。不但中華民族因以獲得偉大之信仰，流風所被遠達四夷。下逮宋明，猶能形成理學之玄學，可謂偉矣。

時至今日，科學昌明，哲學亦有特殊之進步。人類控制自然之能力，遠非前人所能夢見。然宗教信仰則日趨於衰弱。佛教以無偉大領袖，除為一般少思慮之佛教國人民習慣信仰外，已無活氣。基督教亦以失去其固有精神而失其感召力。在中國尤不能喚起教徒之宗教熱忱。教會愈重視其社會事業，愈失其原始之意義。故今日之中華民族，除低級之迷信外，幾盡失其宗教信仰。昔日聖哲之宗教經驗，幾非任何人所能獲得。此為今日中華民族最可悲亦最可危之事。蓋人若失去宗教信仰，則亦失去其人生之意義，即使將來物質生活水準提高，亦不過加重其耽逐物慾之沉迷，而不能使精神向上。然今日科學之進步，適足以詔示人類以真宰之偉大，與人類智慧之渺小。今日科學之探求，已日漸證明超自然之現象如他心通、宿命通等現象之存在，與現象世界基礎之空虛，科學萬能理智萬能之現

象，早已不能成立；而可知宇宙本體與絕對之真理只能憑直覺以自證，而不能藉理智以探求；復可知任何偉大之宗教，其根本觀念皆同，其所異者，不過其神學上之末節，與其修持方法之殊異耳。在進步之思想中，舊有各宗教之神學與教義上之爭論，甚少意義。即修持方法之殊異，亦可以融會貫通，互相裨益。方法之殊異，莫大於佛教之自證與耶教之依他。然在意志不甚強固之人，自修自證，遠較依他起信為難。故佛教淨土宗，亦以念佛為不二法門，與基督之祈禱同出一轍。今日之急務在喚起中華民族對於宗教之新信仰，使之可知近代科學哲學之研究，益足以證明世法之無常，真理之足貴，人生之有重大之意義。尤須使之了知宗教之統一性即在無我與利他；無我則不至陷溺於物慾與貪嗔癡之惡德，利他則以濟世為人生之目的。復須使之了知現象既由本體發生，本體既含有無盡之潛能，則現象世界與人生自能有無盡之創造與進步。苟人人有此信仰與修持，則極樂世界與天國，不難湧現於地上。欲使人類盡人皆有此信仰，則必須創造一新宗教，此宗教或仍沿用佛教或基督教之名而為其一宗派，如佛教之華嚴宗三論宗，或基督教之貴格會浸禮會，或不沿用任何固有宗教之名而另創一新宗教，以格義融會各大教之教理與修持方法而革新之，而擺落其神學上陳舊之因襲。甚望將來中國能產生一偉大之教主如玄奘、智顗、惠能、宗喀巴、馬丁路德者，革新宗教以領導世界而開一新紀元。

中華民族創造其文化於廣漠無垠之華北平原上，西極蔥嶺，東至東海。視界既闊，思想自偉。五千年來，與異族雜處，夙尚外婚，不嚴種族之辨，以德服人，以文化澤被四裔。數千年之努力，即在如何同化四周之異族，卒能搏成四萬五千萬人之偉大中華民族。此項事業至今尚在進行之中。以今日交通之便利，國力之增強，五百年後，其成就或將較前此五千年為更大，亦未可知。故大同郅治，民胞物與之思想，古昔聖哲所標舉者，與吾族之民族性甚為契合；而狹隘之民族主義，反與吾人之思想背馳。所以孫中山先生之創民族主義，必以扶助弱小民族，建立大同郅治為最終之目的。吾人素有天下一家之信仰，故從未重視國家主權之觀念。而狹隘之國家主權觀，在今世適為達成大同郅治最重大之障礙物。縱觀人類歷史，

在過去之萬年中，民族之統一運動，在歐亞大陸上，曾有兩次偉大之成就，一為秦始皇之統一中國，一為羅馬帝國之統一歐洲與西亞。查理曼大帝之日爾曼帝國與蒙古帝國為時過暫，非甚匹焉。然中國統一之局歷二千年而猶存，而羅馬帝國崩潰之後，歐洲至今不能再收統一之效，此則中華民族可以自豪者也。然歐人亦有足以自豪者，則為北美合眾國與大英帝國之建立。北美合眾國足為民主國家之模範，大英帝國尤具世界聯邦之雛形，兩次世界大戰，皆多數主權國家之野心，與其狹隘之民族主義有以致之。今日人類若再不覺悟，不拋棄其狹隘之民族主義，則必致同歸於盡。然強權政治在今日並未消除；法西斯主義並未隨法西斯主義之覆敗而消滅；第三次大戰之種子，已到處潛伏。人類可悲之命運，莫過於此。今日之聯合國之組織與其憲章並不能勝過昔日之國際聯盟。蓋主權國家一日存在，有強大之武力之世界聯合政府一日不建立，則世界和平終不能保，而第三次毀滅性之大戰終不能免。第一次世界大戰後，威爾遜總統提倡民族自決，因而造成甚多之新興有主權之小國，各求經濟自給自足，因而釀成一九二八年以後世界空前不景氣，亦即為此次世界大戰之主要因素。然須知武力之吞併，固為禍亂之源，自動之聯合，則為世界和平之所繫。故必須人人皆了知與篤信建立世界聯合政府與放棄一部分國家主權以服從世界法律之必要。一方面固須籌國家民族之安全，一方面尤須盡力促進有武力之世界聯合政府之成立，庶幾能根絕侵略主義與戰爭，而使大同郅治早日實現。中華民族在過去五千年中摶合人類已有莫大之成就，今更須繼續發揚光大此盛業，以領導此多災多難之世界，使同登大同之域。此種思想足以改造中華民族，亦即以改造世界。我炎黃子孫其勉之哉！〔註1958〕

10月26日，王士志作「白」話胡適之、「文」言胡先驌文章。

　　胡適之剛自美國回到北平時，許多記者包圍他，聞到他對時局的意見，他的回答是在國外的時聞太久，對國內情形非常隔膜，只說到見其老友胡先驌在大公報寫了一篇星期論文，用了許多白話，

〔註1958〕張大為、胡德熙、胡德焜合編《胡先驌文存》上卷，江西高校出版社，1995年8月版，第429～448頁。

殊為一件快事。

好事者又去訪胡先驌，問他有何意見？回答是：「無聊，不理他。」就此數語，倒也痛快，據說此數語乃說明此胡並未向彼胡舉降旗，因為胡適之曾拍給毛澤東一個電話，也用了文言文。

白話與文言之爭，誰勝誰負，大家心裏都有數。只是文學之不同於政治之爭。因為文學之爭不能使失敗方面的主將一個一個來寫悔過書。

我們承認，雖然白話文之日漸普遍，還無法使官場上的各項行文改用白話。使用稱呼來說，我就從來未見過「親愛的蔣主席」——外國卻是稱親愛的總統——但「親愛的同胞們」這類的長官告民眾書，以及文字也用白話是常見的了。

我們再看，隨便翻開一張報紙，或者一本雜誌，碰到文言文的機會便少得多了，這也是一件快事。

事實給胡先驌以最刻薄的嘲笑。

關於為什麼要用白話，以前都說過可翻舊案，多說無趣。〔註1959〕

10月，靜生生物調查所因經費奇缺，社會動盪，很難開展工作。

胡先驌終於回到了北平，親臨主持靜生所，並重新開始自己的植物分類學研究。自此至1948年底北平解放，短短2年時間裏時局極為動盪，國家經濟迅速崩潰，靜生所生存陷人艱難的境地，胡先驌等為此可謂煞費苦心、竭盡所能地尋求社會各界人士的支持。然成效甚微，靜生所復員進展緩慢。1946年僅使所務趨於正常，到了1947年經費仍少，研究工作極難開展。〔註1960〕

11月15日，在南京舉行國民大會，與會代表1381人。之前，沒有參加選舉，更沒有參加國民大會。

後來他們籌辦國民代表大會，陳立夫的親信李中襄勸我參加競選新建縣的國大代表，我也謝絕了。但是我卻請託吳鼎昌幫忙，為

〔註1959〕梁洪生主編《杏嶺春秋——〈江西民國日報〉有關國立中正大學的報導全匯（1938～1949）》，2010年12月內部印刷。中華民國三十五年十月二十六日週六第六版。
〔註1960〕胡宗剛著《靜生生物調查所史稿》，山東教育出版社，2005年10月版，第191頁。

靜生所請到五億法幣作基金，得以維持到解放的時候。〔註1961〕我
到南京，有一次二陳曾請我與胡適之吃飯，他們的黨徒我認識的不
少，他們要我參加國大的選舉，我拒絕了。國民黨重新登記黨員，
我也沒有登記。〔註1962〕對折疊歷史，自傳載：回到北京後，我仍重
理科學舊業，不再參加政治，陳立夫的黨徒曾勸我參加國大代表競
選，我也謝絕了。但因為意識上仍站在資產階級的立場，懼怕革命，
反對革命，故雖明知國民黨已不可救藥，而且作文嚴厲批評他，但
所持的是恨鐵不成鋼的態度，不肯公開反對蔣氏政權，而且妄想結
合胡適（雖然他背後是與朱家驊、傅斯年、汪敬熙、羅宗洛合謀打
到我與秉志的）等政客走中間路線，曾被崔書琴、張佛泉、王聿修、
胡適諸人所邀，組織獨立時論社，我寫了多篇……的文章，並且在
解放前夕跟他們試圖組織所謂「社會黨」，這是多麼荒謬的事情！這
是我平生對人民革命所犯的最嚴重的過錯。〔註1963〕

胡先驌希望胡適當選總統。

我那時是希望有一種第三種力量，能獲得政權來澄清政治。我
勸胡適之組黨，便由於這種思想，在那時似乎有這種可能性，因為
國內對於國民黨反動派不滿，而又怕共產黨革命成功的人都希望有
進步思想的人士組織第三種力量，來獲得政權。美國人也是如此希
望的，胡適之便是美國所寄以希望的一個人物。蔣介石要擁護胡適
之做總統，後來還是他的黨徒恐怕萬一選出來不是胡適之，則結果
更壞，蔣介石才自己競選的。我願意胡適之當選總統，我並不是佩
服胡適之。我認為他太保守了，而且我也知道胡適之雖當總統仍是
一個傀儡。但是他是一個名流，他當選總統，可以一新社會的耳目，
一些進步人士可以獲得一部分政權，政治實施總可會有些進步。這
實在是糊塗思想，那時我一方面不知道人民的政權已經如此的壯大，
革命的洪流是不能抵擋的；另一方面也不知道反動政權是垂死也要

〔註1961〕 胡先驌著《對於我的舊思想的檢討》，1952年8月13日。《胡先驌全集》（初
　　　　　稿）第十五卷人文科學文章，第629～640頁。
〔註1962〕 胡先驌著《對於我的舊思想的再檢討》，1952年8月18日。《胡先驌全集》
　　　　　（初稿）第十五卷人文科學文章，第641～646頁。
〔註1963〕 胡先驌著《自傳》，1958年。《胡先驌全集》（初稿）第十五卷人文科學文章，
　　　　　第656～659頁。

掙扎的，絕不肯讓位於中間路線的政客的。我最大錯誤，尤其是沒有認識到中間路線是沒有社會基礎的，想走中間路線便是幫助反動派，便是反革命、反人民。〔註1964〕

11月17日，《憲法中基本國策章宜增加積極發展科學研究條文》文章在上海《大公報》，發表。1947年，轉載於《國民大會特輯》（第228～229頁）。摘錄如下：

此次國民大會所討論而待表決之憲法修正草案第十三章為基本國策，共有十條，第一三三條至一三六條闡明我國國防之目的及軍隊軍官服務之範圍，第一三七條闡明我國外交政策，第一三八至一四　條闡明國民經濟原則及綱領，第一四一至一四二條闡明文化教育之目的及方針，第一四五條說明國家應保障教育、科學、藝術、文化工作者之生活及其工作條件，似對於立國之基本政策均已顧到。而一四四條既曾指明國家應致力於科學與藝術之發展，一四五條又指明國家應保障教育、科學、藝術、文化工作者之生活及其工作條件，似無庸另立積極發展科學研究條文。實則不然，請申論之，以為國民大會代表制憲之參考。

近代文明所以異於古代文明者，厥為科學之發達。古代各國雖亦有科學，然不過少數愛智人士，為獨特之探討。大規模有系統之研究科學，不過近三百年間事。其始也僅為純粹學理上研究，及其應用極廣，則國家社會漸知重視而積極支持之，工業革命於焉發生。文化落後之國家如德國與日本，以國家積極提倡科學，乃得於最短期間躋於強國之林。故自十九世紀以還，歐美各國莫不重視科學之研究，而戰爭之勝負常取決於應用科學之發展。以戰爭促進應用科學之故，每每在戰爭期內所以應付軍事需要的科學發明，戰後乃得應用於利用厚生之途，使人類咸受其賜。航空事業中發達，即受第一次世界大戰之賜。在此次世界大戰，科學發明日新月異，原子能之利用，乃使人類文明進入一新時代。科學之應用固有無限之光明前途，而戰爭之威脅，亦百倍於曩日。故在今日物質科學極度發達

〔註1964〕 胡先驌著《對於我的舊思想的再檢討》，1952年8月18日。《胡先驌全集》
（初稿）第十五卷人文科學文章，第641～646頁。

之時，科學研究實為國家興亡之所繫。蔣主席屢次聲明「無科學即無國防，無國防即無國家」，蓋深知此理，故耳提面命，亟望國人警覺也。

自原子彈發明以後，戰爭之破壞性益大，而美國又宣告其新發明之毒氣與毒菌可以殺死一二萬萬人，因之國際間之猜疑益甚。英美蘇三國在戰爭勝利結束之後，國防科學之研究日益加緊，尤勵以獎科學研究為蘇聯一貫之國策。戰前三次五年計劃之成功，使一落後之國家能於短期內完成其工業化，即其政府獎勵科學研究之成效。此次戰後蘇聯益感於原子彈之威脅，故斯大林宣布其新五年計劃，必使其本國之科學超過任何國家，故以龐大之經費從事科學研究，其國內大學已有七百八十餘所，今又議建一較原有科學研究院大至五至十倍之新研究院。前報載蘇聯以德國科學家之助，將在裏海沿岸建一龐大之原子彈工廠矣，其政府正以全力從事科學研究與優待科學家，無怪美國某原子彈專家認為在原子彈方面，三年後之蘇聯即可超過美國。

科學研究不但為國防命脈之所繫，其影響於國計民生者，亦無止境。試舉例言之：今日之動力資源為煤與石油，自內燃機發明，石油之用尤大，故石油礦乃為各國所重視。然去年十二月美國發明煤粉內燃機可以煙煤代替柴油，在缺少石油而富於煤礦之國如中國者，此一發明即可解決重要之動力資源問題之一部。又美國為我設計建築之宜昌水閘工程，可使華中數千里內之區域獲得廣大之水電動力資源。若雲南境內金沙江、怒江、瀾滄江三大水流之水力獲得充分利用，則西南廣大區域可以極度工業化。而尤以新疆戈壁之日光能力被利用為電能之後，整個新疆、內蒙古沙漠不毛之地可以變為沃野與工業區，原子能之利用尚不計焉。

復次，以今日農業科學之進步，農產之增加，可以倍蓰。用秋水仙素、原子能、宇宙線以育種，可使新奇之農產品種層出不窮；用無土栽培法，沙漠區域亦可以從事農耕，都市屋頂亦可變為菜園；而用酵母菌製造人造肉，可使人人皆得極賤之肉食；用鋸屑製糖，可使人與白蟻競爭食品。在衣一方面，煤氣與水可以合成絲襪，豆餅可以製成羊毛。衣食之外，他日甚至可飛往月球作蜜月旅行，而

不婚而孕在今日已為既成事實。醫藥進步一日千里，多年盲目，可以復明，鐵肺鐵心，可延生命。此皆科學驚人之成績，驟聞之有若神話者也。

我國素來不講科學，故自海通以後，處處居於劣勢。鴉片戰後一百年來，備受強鄰之欺凌，國幾不國。此次八年抗戰，僥倖成功，而隱憂未已。今幸得一喘息之機會，若欲完成建國之大業與建立鞏固自衛之國防，則非朝野上下以極大之決心，用全力以從事科學研究不可。吾人每喜言迎頭趕上，實即迎頭趕上必須有具體之表現，不可徒託之空言也。吾人必須有蘇聯篤信科學之熱忱，雖不敢謂在若干年後必使我國在科學超越世界任何國家，亦必盡力之可能，在最短期內建立國內科學研究廣大之基礎。而欲達成此任務，則必自寬籌經費、廣育人才著手。

今幸政府當局有見於此，首由國防部規定以每年國防經費百分之三為國防科學研究經費，繼由國防最高委員會梁寒操及其他委員提案，自三十六年度起以國家總預算百分之三為科學研究經費，設立科學最高會議以支配此項經費與制定全國科學研究方針，最後通過以國家總預算百分之一作為此項經費。加以國防科學經費亦幾達國家總預算百分之二·七，在初期亦不為少。政府對於科學研究既知重視，竊謂為表示全國國民重視科學起見，應在憲法基本國策中加「政府應籌巨額專款並用種種方法推進科學研究」一條，庶幾使積極提倡科學研究成為建國之大經大法，斯能收穫預期之效果，我國民大會諸代表，幸深切注意焉。〔註1965〕

11月17日，胡先驌致韓安信函。並附上草擬十年合作計劃書。

竹坪所長吾兄惠鑒：

在京匆匆，不及走謁，兩蒙枉顧，均值外出，有失迎迓，至歉至悵。弟於十月卅日離京赴滬，日前抵平，一路尚稱安適。在京時得晤傅志章兄，藉悉貴所明年計劃，至為佩仰，承欲與敝所合作編撰《中國森林樹木圖志》，自當竭盡棉（著者注：綿）薄，成此巨業。以敝所圖書標本之富，編撰此書自非在北平不可也。哈佛大學阿諾

〔註1965〕《胡先驌全集》（初稿）第十四卷科學主題文章，第245～246頁。

德森林植物院麥雷爾博士函請中央研究院，擬由中美兩國植物學家合編《中國植物誌》，中研院評議會已通過，由敝所及中研院、北平研究院之兩植物研究所合組《中國植物誌》編纂委員會，主持此事，擬詳細辦法。此項工作明年即須開始，其有裨於《中國森林樹木圖志》之編纂，自不待言。至於合作辦法，弟已與志章兄面談，吾兄意如何？亟望開示。雙方同意後，成立契約，明春即可開始工作也。

萬縣水杉之發現，實植物學上一大事，加州大學古植物教授 Chaney 稱為本世紀內植物學上最大之發現，望加意採集種子培養為要。閱報知鄂省省府與貴所合作將勘測鄂西房縣神農架原始森林，敝所願擔任鑒定工作，希以一全份標本見寄。又採集時，宜囑採集員特別注意多多採集早春開花之櫻桃標本，以此屬種類繁多，鑒別至為困難，中國各大標本室均缺乏此類標本，而鄂西則盛產之，有多種且為百尺高大樹，有花之標本不易採得也。櫻桃木為中國森林中最佳之木材，以後造林尤宜加意栽植之。

專此

勳安

弟 胡先驌 拜啟

十一月十七日（1946 年）〔註 1966〕

志章兄同此致候。

11 月 21 日，胡先驌致朱家驊信函。

驊公部長勳鑒：

別後於十二日抵平，一切安順。在京曾懇轉呈蔣主席一呈文，未審已代呈否？尚乞鼎力玉成為禱。國民大會開幕，想極賢勞。驌頗主張在憲法內規定科學研究經費在國家總預算中之百分比額，即將以言論發起此運動，盼公促其實現，則有俾於建國之大業者，將不可計億也。

專此，祗候德音，並頌

勳綏

〔註 1966〕胡先驌致韓安，1946.1.7，南京：中國第二歷史檔案館，425（598）。胡宗剛著《靜生生物調查所史稿》，山東教育出版社，2005 年 10 月版，第 198 頁。

弟 胡先驌 拜啟

十一月廿一日（1946 年）〔註 1967〕

11 月 28 日，朱家驊復胡先驌信函。

步曾先生大鑒：

　　頃獲本月廿一日手札，得審文駕安抵北平，深慰懷仰。前託之件，於上月廿六日轉呈主席，當再相機晉言。至憲法內規定科學研究經費百分比一節，尊擬以言論促其實現，甚善甚佩。

　　特復希臆，順頌

臺祺

弟 朱家驊 拜

卅五、十一、廿八〔註 1968〕

11 月，羅良俶向胡校長求墨寶。

　　第四次見到校長是在 1945 年抗日勝利之後，江西省會遷回南昌，我在民政廳工作。昔日同窗常邂逅於街頭。晚飯後信步閒逛，不期而遇數位硯友，正寒暄間，又來了幾位，難得巧遇，都不忍分手。有人建議同往拜謁胡校長，就邊走邊談，不覺到了一條僻靜的小巷深處，在一幢古老而寬敞的住宅中，校長在書房裏接見了我們。他身穿一套黑呢雙排扣西裝（當時是老式，現在又風行），瀟灑不減當年。大家問候過後，一位校友先問，所求墨寶寫好未？校長回說昨日剛寫好。並立即取出來。校長筆力蒼勁而灑脫，一首七言詩是即興之作，詩亦超逸，不同凡俗。在閒談中校長說：我一生不寫奉承文字，如壽屏、墓誌銘等，不寫招牌，不赴應酬宴會，也不賣文賣字收潤例……我一邊聽校長講話，一邊瀏覽校長的住宅，由於古老，自然陳舊，心想南昌高級花園洋房有現代化設備的很多空著，以當時他的社會地位，又是國際聞名的學者，連省主席熊式輝在省府宴請蔣委員長時，他也是唯一請來作陪的，從各方面講，都應該安排他住在高級別墅。可能由於他的學者風格，愛恬靜，過慣淡泊

〔註 1967〕　《胡先驌全集》（初稿）第十七卷下中文書信卷，第 423 頁。

〔註 1968〕　《胡先驌全集》（初稿）第十七卷下中文書信卷，第 423 頁。

生活，寧願遠離鬧市塵囂之故吧！〔註1969〕

12月3日，秦仁昌致雲南大學信函。

逕復者：

接奉本校卅五年十一月廿九日公函，略開：「案奉教育部本年十一月九日學字第三〇四六二號指令，節開『查該校教員秦仁昌前填報之服務起訖年月與其補繳之證件兩不相符，因飭申復。又農林部金沙江流域國有林區管理處服務證件及國外研究證件仍應補繳，以憑核實』等因，附發還證件三件，奉此相應通知，即希查照辦理」等等。準此，茲將教育部指令各點分別函復如此，並希轉報為荷：

一、查教育人員服務證明書，係政府於抗戰發動之新辦法，本人過去服務學術研究機關，對此項法令未之前聞，前填報之服務履歷表起訖年月係由記憶而得，與實情稍有出入自所難免，今已遵令向服務機關取得正式服務證明書。則過去純由記憶填報之年月錯誤自應改正。如恐證明書有不真實之情形，可逕向各該機關調查。

二、本人前在服務農林部任內，既未送銓，卸職時亦未經請發服務證件。因：一則本人既以學術研究為職志，無意於仕途；一則服務農林部內，由該部主管人藉重本人在雲南西北部研究之便，囑為主持林區事宜。予以名義，並非本人請求而得，或將來希望晉升之意。服務證件之有無，對於本人學術研究工作不發生任何關係。

三、本人出國研究，係考取中華教育文化基金會（美國庚子賠款管理會）甲等資助，送到歐洲（英國及丹麥居留最久，法、德、奧、捷克等國亦各作一、二月之停留）專攻中國植物，作成專篇，並無讀書博取較高學位之意，在當時亦未想及有獲取各學術研究機關之證件之必要，茲為證明本人在留學國外之成就起見，略舉三事如次：（A）曾代表國立中央研究院出席一九三〇年在英國召開之第五次世界植物學會，並宣讀論文一篇。（B）受中華教育文化基金會之指撥專款，攝取自一七五三年起以來之藏於歐洲各國學術機關之中國模式植物標本一萬八千餘幅，連同目錄三巨冊，攜回中國，藏

〔註1969〕羅良倣著《與胡故校長四次晤談記》。胡啟鵬主編《撫今追昔話春秋——胡先驌學術人生》，北京燕山出版社，2011年4月版，第277頁。

於北平靜生生物調查所（迄今無恙），嗣後清華、武漢、嶺南、中山四大學及中國科學社均得全套印片同目錄一份，以為研究之藍本。

（C）為表示本人對於科學研究之區區貢獻起見，隨補報本人自一九二七年起迄今之已刊印研究論文（中文）目錄一份，證明本人昔日留學國外非為「鍍金」，而為實學也！

　　此致
國立雲南大學

　　　　　　　　　　　秦仁昌 謹復 卅五年十二月三日〔註1970〕

12月8日，吳有訓公開演講，青年館聽眾踊躍。

【本報特訊】中央大學校長吳有訓博士，昨日下午七時在二中講演，下午三時應支團部之請，假青年館作公開講演。講題均為「科學與青年」，到各中等以上學校員生千年餘人。中正大學特備卡車二輛載運學生前往聽講，由詹幹事長致介紹詞畢，吳氏即在掌聲中開始演講，大意謂：科學的目的在發現宇宙秘密，利用厚生，為人造福，有十九世紀末頁之發現原子電子，然後才有二十世紀之科學文明。發明與發現又有區別，發明係偏於應用方面，發現係偏於原理方面，如科學上之定律是。青年人因為有勇氣，不受成見的限制，所以二十歲到三十歲是研究科學最好的時間。

吳氏繼將中國科學工作分為五個時期，第一個時期為空談時期——光有課本，而無實驗，第二個時期為介紹時期——把西洋科學知識介紹到中國來，中國科學重複做一些工作，人人談相對論進化論，結果文學家徐志摩也高談相對論的文章，第三個時期為萌芽時期——從一九二六年國府奠都南京起，到抗戰初期有地質學會翁文灝丁文江等對地質學之貢獻，胡先驌採取標本對生物學之貢獻等。第四個時期為摧殘時期，亦即抗戰時期，將萌芽的植物被戰爭摧殘的一乾二淨，現在為第五個時期復員時期，恐怕要五年到十年的工夫，才能恢復戰前的規模，最後並勉勵青年要多多鍛練使手、眼、耳並用，注意國英教基本學科，不要讀死書云。

〔註1970〕胡宗剛著《非為晉升非為鍍金──秦仁昌致雲南大學函》，公眾號註冊名稱「近世植物學史」，2021年04月07日。

【又訊】記者昨日曾以蔣主席來電，挽留吳氏任中大校長一事想叩詢，承答稱，當於十日晉京謁蔣主席請示，對繼任校長事項解除困難後，始可決定云。〔註1971〕

12月10日，吳有訓今日赴京，昨在正大演講。

【本報特訊】中正大學於昨日上午十一時半，敦請中央大學校長吳有訓博士演講，吳夫人王□芬女士，教育部參事劉英士與記者偕同前往。該校總務長王修案，教務長羅容梓，訓導長吳士棟及蕭校長夫人等親自招待，講題為「科學在第二次世界大戰當中的進步」，吳氏首先略述與正大的關係，謂胡校長與蕭校長均係氏所介紹與政府，自喻為「媒婆」，繼而轉到本題，以為二次世界大戰當中原理上之發現，並無若何大的成就，不過技術上之發明，至可重視。其一為磁性水電，其二為雷達，其三為原子彈，吳氏口若懸河，引證甚詳，達半小時之久，始告結束。

【又訊】教育部參事劉英士，為敦促吳氏返京來贛。吳氏因劉氏殷殷勸駕，聞定今晨即啟程返京云。〔註1972〕

12月10日，胡先驌致林伯遵信函。

伯遵先生惠鑒：

接奉手書，知借款事將與杭立武商談，至慰。驌處有一哈佛大學匯票一紙，在平只能照官價出賣，吃虧太甚。茲特寄上，如能在上海照黑市賣出（稍少亦可），即請賣出；否則請以航空快函寄任叔永先生代取美鈔，帶回上海出賣，至以為要。目下公私均窘極，若無解決辦法，真不得了也。

此頌

冬綏

〔註1971〕梁洪生主編《杏嶺春秋——〈江西民國日報〉有關國立中正大學的報導全匯（1938～1949）》，2010年12月內部印刷。中華民國三十五年十二月八日週日第三版。

〔註1972〕梁洪生主編《杏嶺春秋——〈江西民國日報〉有關國立中正大學的報導全匯（1938～1949）》，2010年12月內部印刷。中華民國三十五年十二月十日週二第三版。

先驌

十二月十日（1946 年）〔註 1973〕

12 月 13 日，胡先驌致林伯遵信函。

伯遵先生惠鑒：

昨奉十二月九日手教，敬悉一是。已遵囑作一呈文並預算寄與杭立武次長，並重託之。另作一函與教部賀師俊司長，託其代懇朱部長幫忙，一俟有結果，即當來京滬面洽一切。徐柏園素不相識，此次不知與之接洽否？惟所中無經費，驌赴京旅費尚須現籌，寄上之美金支票，能在滬得善價賣出否？否則尚乞設法寄款以供作旅費之用也。請補助事，國府已批令教育部擬補助辦法，曾作一函與教部周司長催詢，此函囑鄭萬鈞教授轉交，尚未得其覆信也。

專此敬頌

冬綏

先驌

十二月十三日（1946 年）〔註 1974〕

12 月 14 日，韓安致胡先驌信函。原則上同意胡先驌寫的草案，只是對合作時間偏長，分兩個五年，把主要的先編，後編次要的，對經費的分擔及印數多少確定。

步曾吾兄惠鑒：

拜讀十一月十七日大教，只悉一一。承示萬縣水杉及野櫻桃等，均為中國森林中最佳之木材，囑為惠寄標本等語，此項標本及種子本所正在搜集中。至擬合刊《中國森林樹木圖志》事，已由唐進先生初擬草案，茲連同鄙意，一併送上，請予審核見示。茲將意見列後：

一、十年可算是長時間，以國事人事之變動，有無縮短可能；

二、如將年限決定後，能否將年限平分兩節，並將森林樹種分作兩類，即主要與次要者。然後提高將主要者在第一段年限內出版，

〔註 1973〕 胡宗剛撰《胡先驌先生年譜長編》，江西教育出版社，2008 年 2 月版，第 397 頁。

〔註 1974〕 胡宗剛撰《胡先驌先生年譜長編》，江西教育出版社，2008 年 2 月版，第 397 ～398 頁。

次要者在第二段年限內出版。如十年長期，分作一個五年專編主要樹類，第二個五年專編次要樹類。

三、自卅六年起，每年應印出樹類量數，印書本數，約需經費若干，各方應如何分認，統請早日列出，以便呈部備案，列入預算。示復。

四、其餘草案八條內各項細則，應如何修正及上列各項如何酌擇？統祈卓裁示復。

冬祺

弟　韓安　拜復

卅五年十二月十四日〔註 1975〕

12 月 16 日，胡先驌致林伯遵信函。

伯遵先生惠鑒：

手教及匯款均收到，驌決於日間飛滬面洽一切。寄杭立武預算，遵囑開一億元，未多開，恐與尊語不符。是否仍須由臺從去函重託，請斟酌。徐柏園處不知臺從能去函相託否，至念。餘容面詳。

即頌

日祉

先驌

十二月十六日（1946 年）〔註 1976〕

12 月 27 日，胡先驌致林伯遵信函。

伯遵先生惠鑒：

來電敬悉。驌到京後，翌日下午晤見杭立武次長，據云四行借款事，司里不贊成，但需中基會來一公函，代為呈請，彼即可助成此事。故請即由會中來一公函，由臺從帶來面交，同時與徐柏園接洽當可成功也。至請補助基金事，國府批令到部後，高教司誤會以為此款須由教部撥付，故呈復只補助一萬元。此事未經杭次長經手，

〔註 1975〕 韓安復胡先驌，1946.12.14，南京：中國第二歷史檔案館，425（598）。胡宗剛著《靜生生物調查所史稿》，山東教育出版社，2005 年 10 月版，第 199頁。

〔註 1976〕 胡宗剛撰《胡先驌先生年譜長編》，江西教育出版社，2008 年 2 月版，第 399頁。

呈即發出，杭次長囑請吳文官來一私函，將覆文退還，說明本意非此。囑再擬辦法，彼即可擬從優補助。故此事雖有成功之希望，而不免周折與拖延時日矣。

　　專此敬頌

冬綏

胡先驌

十二月二十七日（1946 年）〔註 1977〕

12 月 30 日，胡先驌致林伯遵信函。

伯遵先生惠鑒：

　　前日寄上一函。想已入覽，尊恙已痊癒否？念念。臺從現既不能乘二十九日飛機赴渝，又聞兩航空公司因送國大代表返鄉，直至一月十五日後始登記買票，而叔永先生一月十四日又將啟程回國，則臺從最近能否來京，極為繫念。

　　前函已奉告杭立武次長云，敝所借款須中基會以公函申請教（育）部，彼方能幫忙，望從速辦理，如臺從日內來京，即請帶來。否則請寄杭次長，並請同時作一介紹函，以便往見徐柏園接洽（如能得他幫忙尤盼）。南來旬日尚未得結果，殊為焦急也。植物園大約可得農民銀行補助，數額尚未悉。中林所合編《中國森林樹木圖誌》事，已有協議，不久即可簽訂合同也。

　　專此候復，即頌

年禧

胡先驌

十二月卅日（1946 年）〔註 1978〕

　　12 月，Notes on a Palaeogene Species of Metasequoia in China（記古新期之一種新水杉）刊於 Bull. Geol. Soc. China《地質學會會報》（第 26 期，第 105～107 頁）。

〔註 1977〕 胡宗剛撰《胡先驌先生年譜長編》，江西教育出版社，2008 年 2 月版，第 399～400 頁。
〔註 1978〕 胡宗剛撰《胡先驌先生年譜長編》，江西教育出版社，2008 年 2 月版，第 400 頁。

是年，《選舉制度與考試制度對中華民族之影響》為《中華民族之改造》之七《選舉制度對中華民族之影響》；之八《考試制度對中華民族之影響》兩部分在《新自由》（第1卷第3期）發表。收錄徐自豪策劃《胡先驌手稿擷珍》之《中華民族之改造，六選舉制度與考試制度對於中華民族之影響》，影印本2019年8月內部印刷。摘錄如下：

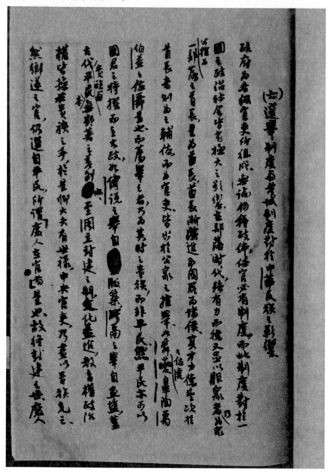

選舉制度與考試制度對中華民族之影響

政府為各級官吏所組成，無論何種政體，任官必有制度，而此制度對於一國之政治社會皆有極大之影響。在部落時代，強有力而德又足以服眾者，乃為眾公推為一部落之首長，是為酋長。酋長漸演進為國君、為諸侯。其才力德望次於首長者則為輔佐，而為官吏，皆出於公眾之推舉。如舜之佐堯，夔、臯陶、禹、伯益之佐舜是也。而薦舉之者，乃為其時之貴族，而非平民。然平民亦可以國君之特

擢而主大政，如傅說之舉自版築，膠鬲之舉自魚鹽，蓋古代貴族與平民本無顯著之差別。至周立封建之制，文化益進，教育權、政治權皆操於貴族之手，於是卿大夫有世祿，中央官吏乃盡以貴族充之。然鄉遂之官，仍選自平民，所謂「庶人在官者」是也。故封建之世，庶人中皆有一部分參加政治，其人則由選舉而得官。中央主要官吏，或由天子諸侯就貴族中任之，或由貴族自相推舉，或由貴族世襲。其佐治之官，則由卿士辟舉，或以專業世其家。迨至春秋戰國之世，平民之有才德者，國君亦可特擢之以柄大政，此大約為周代任官之制度也。其時官吏各有專職，無論為中央或地方官吏，必才德兼備而克勝任之人，始能被選。故欲入任之人，亦必以此自勉。且古代文武不分，卿大夫有事，皆荷戈出戰，故在官者，亦必有文武兼賅之才能。下逮戰國，戰術益精，統兵多數至十萬眾，則戰事非一般之卿士所能勝任，乃有以武職為專業之將領焉。此種制度，必須在官者克盡厥職，與後任官之法有殊矣。而其對於政治之影響，亦相當良好，可以臆測也。

秦代任官之法不詳。高級中央官吏，當為皇帝所擢拔。秦代重吏治，故為吏者，必有專才，第其進身之制不詳耳。然亦有掌通古今之博士專官，秩六百石，額七十人。博士之門，且有諸生甚眾，此則以學術入仕者，卿官則出於選舉。漢初，官因秦制，舉官分文學與吏道，「並開二途以取人，未嘗自為抑揚，偏有輕重，故下之人亦遂遇以進身。」至文帝，詔執政與諸侯王公卿郡守舉賢良方正能直言極諫者，親策之，傅納以言；又詔內郡國舉賢良方正可親民者；又詔舉孝悌力田廉吏。高祖曾下詔，令舉明法者。又有徵起之制，四皓即不應公車之徵起，而為張良所禮致，以佐惠帝者也。武帝納董仲舒之言，興太學以養士。初文帝頗登用博士諸弟子，景帝不任儒學，竇太后又好黃老，故諸博士具官而已。武帝始因舊博士弟子五十人，復其身，「設科射策，勸以官祿」。「一歲皆輒課，能通一藝以上，補文學掌故缺；其高第可以為郎中，太常籍奏，即有秀才異等，輒以名聞。……以治禮掌故，以文學禮義為官，遷留滯。請選擇其秩比二百石以上，及吏百石通一藝以上，補左右內史、大行卒史，比百石以下，補郡太守史各二人，邊郡一人。先用誦多者，不

足，擇掌故以補中二千石屬，文學掌故補郡屬，備員。」此由學校任官之制。此外凡國家需用何種人才，即令卿郡國舉之，謂之特科。有徵起，茂才異等，孝悌力田，試學童，明法，明經等科。選舉而外，兼加考試，於是有射策對策得官之制，而上書言事，亦可得官焉。至東漢益大興學校，太學生多至三萬人，其選舉制與西漢相若。初時「所謂孝廉必取其實行，稽諸鄉評，譽望著者入選，而聲稱損者遭擯棄，故所舉大概皆得其人。中葉以來，此意不存，往往多庸妄之流，以干請而得之，於是只得假試文之事，以為革繆之法矣。」

魏時任官皆極汙濫，「延康元年，吏部尚書陳群以天朝選用，不盡人才，乃立九品官人之法。州郡皆置中正，以定其選，擇州郡之賢，有識鑒者為之區別人物，第其高下。」「州郡俱置大小中正，各以本處人任諸府公卿，及臺省郎吏，有德充才盛者，為之區別所管人物，定為九等。其有言行修著則陞進之，或以五升四，以六升五；倘或道義虧缺，則降下之，或自五退六，自六退七矣。是以史部不能審定覈天下人才士庶。故委中正銓第等級，憑之授受，謂免乖戻及法弊也。唯能知其閥閱，非復辨其賢愚。」此種選舉制度之弊，不但不能披取真才，且造成一種階級制度。故晉劉毅認為此制，「未見得人，而有八損」，其言曰「臣聞立政者以官才為本，官才有三難，皆興替之所由也。人物難知，一也；愛憎難防，二也；情偽難明，三也。今之中正，定九品，高下任意，榮辱在手。……公無考校之負，私無告訐之忌，……今之中正，不精才實，務依黨利。不均稱尺，務隨愛憎。所欲與者，獲虛以成譽。所欲下者，吹毛以求疵。高下逐強弱，是非由愛憎。……或以貨賂自通，或以計協登進，……是以上品無寒門，下品無世族。」《宋書·恩倖傳》云：「歲月遷譌，斯風漸篤。凡厥衣冠，莫非二品，自茲以還，遂成卑庶。周漢之道，以智役愚，臺隸參差，用成等級，魏晉以來，以貴役賤，士庶之科，較然有辨」，故「晉世名家，身有國封者，起家多拜員外散騎侍郎」，「秘書郎與著作郎，江左以來，多為貴遊起家之選，故諺曰：上車不落為著作，體中何如則秘書」。於是官不論真才，但論門閥矣。此種人為之貴族制度，遂在社會中造成特殊之風氣，一則重譜學，「有司選舉，必稽譜籍而考其真偽，故官有世冑，譜有世宮。……魏太

和時，詔諸郡中正，各列本土姓族，次第為舉選格，名曰方司格。」
於是又有同姓通婚之風，為庶務通依附高門者闢一途徑，可謂弊中
之弊矣。二則限通婚，門戶不相稱者，不得聯姻，雖以帝王之尊，
猶不能強之故。如梁侯景請「娶於王謝，帝曰：王謝門第非偶，可
於宋張以下訪之。」偶有不顧門閥之限而聯姻者，往往為清議所不
許，甚且見之彈章。其後高門與卑族為婚，則必多索財貨，以至賣
女買婦譏，則尤見風俗之敝。凡此種惡習，皆中正九品官人一種選
舉法以釀成之，其影響之大可以想見矣。

　　唐興乃盡革門閥之九品中正制度，而行科舉制度，凡舉士任官，
皆重考試。且科舉盛行，白衣及第，得通婚於世宦，門第之風以衰，
此不可謂非社會中一種革命也。「取士之科……有三，有學館者曰生
徒，由州縣者曰鄉貢，皆隸於有司而進退之。……某天子自詔者曰
制舉，所以待非常之才焉。」其時學校皆為科舉而設，「國子監……
丞……每歲學生業成，與司業祭酒涖試，登第者上於禮部」。「自京
師郡縣皆有學焉。每歲仲冬，郡縣館皆試其成者……而與計偕。其
不在館學而舉者，謂為鄉貢。舊令諸郡，雖一二三人之限，而實無
常數。到尚書省始由戶部集閱，而關於考功課試，可者為策。」所
設科目有八，曰秀才、明經、進士、明法、明字、明算、道舉、童
子。「後舉人益多，故其法益難，務欲落之。至有貼孤章絕句，疑似
參互者以惑之。甚者或上抵其注，下餘一二字，使尋之難知，謂之
倒拔」，則大失明經之美矣。至玄宗乃加試詩賦，遂成唐代承襲不變
之制。唐代科雖多，而士人所趨惟明經、進士兩科，後因尚文，明
經所試之藝不為世重，而專重進士。「其進士大抵前人得第者百一二，
明經者倍之，得第者十一二……開元以後……士無賢不肖，恥不以
文章達，其應詔而舉者，多則二千人，少猶不減千人，所收百才有
一。」「縉紳雖位稱人臣，不由進士者，終不為美。」「武德舊制，以
考功郎中監試貢舉，貞觀以後，則考功員外郎專掌之。」「開元二十
四年，制移貢舉於禮部，以侍郎掌之。」遂為科舉時代之定制。武
后策貢士於洛陽殿，是為殿試之始。當時社會注重科舉，而進士登
第，尤為光榮。「進士杏園初會，謂之探花宴。」「神龍以來，杏園
宴後，皆於慈恩塔下題名……他時有將相，則朱書之。」「進士曲江

大宴，先牒教坊請奏，上御紫雲樓垂簾觀焉。公卿家以是擇婿，車
馬填塞。」世所以重視進士者，以其升遷最速。「當代以進士登科為
登龍門，釋褐多拜清緊，十數年間，擬跡廟堂」也。士人登科後，
尚須經過吏部之「釋褐試，方授以官」，此種制度，備極公平，盡革
選舉不公，與專尚門閥之弊，是為其優點。而以尚文之故，遂使唐
代文學大盛，尤以詩稱。然其弊則無選舉時代之尚品德與清議。且
專尚文章，不但明法算等科，為人所輕視，即明經亦不為世人所重。
而考試之法如貼經，則尤為可議，此種風尚一開，士遂不必尚氣節，
而亦不重致用之學。始作俑者，則唐時科舉之制也。

宋承唐制，學校亦盛，除國子、大學、四門學外，尚有武學、
律學、算學、書學、畫學、醫學，然皆不為世所重，即國子學亦然。
世人所重者科舉而已。王安石變法，欲以學校養士以代科舉取士，
曾增廣太學生員名額，創設三舍升試之法。初為外舍生，歲一公試，
補內舍生，間歲一舍試，補上舍生。「歲賜緡錢至二萬五千，又取州
縣田租屋課息錢之類，增為學費。」徽宗時曾一罷科舉，專以學校
取士，於是學生人數激增。南渡之後，太學仍用三舍之法。凡升上
舍者皆直赴廷對，然受政治與科舉之影響，風氣日壞矣。其科舉制
度，士人經州考中格謂之發解。其赴京應試之來往路費，皆由公家
給予，經禮部考試中格，方為及第。在太祖開寶六年，帝乃御講武
殿複試，以後明清兩代皆循此制焉。宋代雖設諸科取士，而以進士
為世所重，政府尊崇進士之典，亦極優隆。殿試及第，即行除官，
亦為明清兩代相襲不變之制也。此外則設特科。太祖始置賢良方正
能直言極諫、經學優深可為師法、詳閒吏理達於教化，凡三科。仁
宗則增為六科。名曰：賢良方正能直言極諫科、博通墳典明於教化
科、才識兼茂明於備用科、詳明吏理可使從政科、識洞韜略運籌帷
幄科、軍謀宏遠材任邊寄科，又有書判拔萃科、高蹈丘園科、沉淪
草澤科、茂才異等科。又先後有宏詞科、詞學兼茂科、博學宏詞科，
然主要者仍為進士科也。

元代有國子學與地方學，又有蒙古與回回國子學。此外尚設有
醫學與陰陽學，亦有科舉，雖不常舉行。仕進多歧途，而銓衡無定
制。出身有學校、薦舉、宿衛勳臣、宣徽中政，諏敎、趄擢、直省侍

儀、倉庾、賦稅、捕盜、入粟等，名目繁多，甚或輿隸、投下，亦入流品，雜冗甚矣。元代政制之紊亂，固不止選官一端也。明清兩代之學校教育，全為科舉之初基，雖有府州縣學與學官，等於虛設，國子監雖體制尊嚴，而監生多由捐納，浸失學校之本意。考試則專尚進士科，而以制藝試貼詩取士，已失考試之本意，而題尚僻隱，甚且截搭，則尤為弊中之弊矣。清初殿試對策尚重學識，以後則專重楷法，且吹求筆法之訛誤，則等於書學博士矣。貢舉有拔貢、優貢、恩貢、歲貢者等，皆不為世重，考試之法亦同進士科。此外尚有博學宏詞科，則間一舉行，及第者以為殊榮。清季則曾舉經濟特科，然非常制也。庚子以後改制藝為策論，仍為狙公之賦芧。直至廢科舉，興學校，仍以科名誘人，至有留學生之殿試。此種科舉之遺毒，直至今日，尚未全泯焉。

科舉之弊，使學問與人生脫節。李剛主云：「高者談性天、撰語錄，卑者疲精死神於舉業，不惟聖道之禮、樂、兵、農不務，即當世之刑名、錢穀亦懵然罔識，而搦筆呻吟，自矜有學……中國嚼筆吮毫之一日，即外夷秣馬礪兵之一日。卒之盜賊蜂起，大命遂傾，而天乃以二帝三王相傳之天下，授之塞外。」朱舜水云：「明朝以時文取士，此物既為塵羹土飯，而講道學者又迂腐不近人情。講正心誠意，大資非笑，於是分門標榜，遂成水火，而國家被其禍。」科舉尤大之弊，則為在官者既皆以時文出身，遂皆不習吏事。刑名錢穀，上則操之於幕客，下則委之於吏胥。黃宗羲《明夷待訪錄》云：「凡今之所設施之科條，皆出於吏，是以天下有吏之法，無朝廷之法。……京師權要之吏，頂首皆數千金。父傳之子，兄傳之弟，其一麗於法，而後繼一人焉，則其子若弟也。不然，則其傳衣缽者也。是以今天下無封建之國，有封建之吏。」中國自宋以來約有千年，政治皆操之吏胥之手，惡望其有清明之日哉？此種自唐至今千數百年選官之法，遺害於中國人心學術社會政治者，至深且切，遂使外國史家如韋爾士者，發生中國文化自唐以後何以無進步之疑問。觀諸越南亡國後，其告朔之朝廷，尚保留其科舉制度而不廢，則科舉對於中華民族之惡影響之大，可知矣。〔註1979〕

〔註1979〕《胡先驌全集》（初稿）第十五卷人文科學文章，第476～480頁。

是年，靜生生物調查所職員名單。

姓　名	職　務	戰前職務
胡先驌	所長兼植物部主任、中基會研究講座	所長、植物部主任
秉志動	物部主任、中基會研究講座	動物部主任
張肇騫	秘書主任兼植物部技師	廣西大學農學院教授
楊惟義	動物部技師（休假）	動物部技師
唐進	植物標本室主任兼植物部技師	植物標本室副主任兼技師
夏緯琨	植物標本室副主任	標本室管理員
陳封懷	廬山森林植物園主任	廬山森林植物園園藝技師
俞德濬	植物部副技師（得中基會獎金，休假赴英研究）	植物部研究員
蔡希陶	植物部技師，兼雲南農林植物研究所副所長	雲南農林植物研究所植物標本室管理員
傅書遐	植物部助理	
黃福瑧	書記	植物部助理員〔註1980〕

是年，廬山森林植物園多方籌集資金，開展工作。

　　廬山森林植物園之復員初始情況，先錄一段《靜生生物調查所三十五年度工作報告書》：二十八年廬山淪陷於日軍之手，廬園乃遷往雲南麗江，本園則由留山英人 Horbert 盡義務照料，原有之辦公大廈為日機所炸毀，庚款會補助金所建之大廈則未竣工，太平洋戰事發生後，原存於美國學校之圖書標本，被日人運回北平本所，後英人病沒，房屋無人照料，多被拆毀，曾商請江西善後救濟分署補助五百萬元，將小房一棟修繕作為辦公之用，以經濟困難只能將道路略為平治修理，苗圃工作尚未能積極進行，然苗木數十萬株，皆已長成，極有價值。今又受中正大學委託，栽培海會寺永久校址所需之各項苗木，又兼管廬山管理局夙負盛名之廬山林場與擔負美化廬山之設計與實施之任務。又擬開闢經濟農場及茶場，以備廣植最著名之廬山雲霧茶，正恢復原有之種苗事業，已得甚多歐美各公私機關來函洽談種子，今後此事業不難超越戰前狀況。惟目前經費極為窘迫，蓋本所今年經費過少，

〔註1980〕　《靜生生物調查所三十七年上半年工作報告》，1948，南京：中國第二歷史檔案館，609（37）。胡宗剛著《靜生生物調查所史稿》，山東教育出版社，2005年10月版，第191頁。

不能兼顧本園，而江西省農業院亦以經費支絀，不能供給本園開支，故全賴多方設法籌措經費，曾呈請蔣主席補助經費，經農林部在林業經費項下撥付三百萬元，明年仍當繼續陳請補助，一方面則將籌募基金，舉辦生產事業，以維持並發展本園事業。〔註1981〕

是年，盧山森林植物園要求省政府給予經費支持。

　　陳封懷在主持復員時，首先致函江西省農業院，聲明盧山森林植物園仍屬靜生生物調查所與江西省合組之事業，要求省農業院按戰前所簽訂的《合組辦法》，下撥所擔半數之經常費，其函云：抗戰勝利後，復員返盧承蒙蔣主席暨農林部之資助，得以進行修建房屋、整理園景、開掘苗圃，並繼續各項研究試驗工作。邇來世界著名之農林植物研究機關，如美國農部、英國皇家植物園、愛丁堡植物園等均來函要求本園在研究上合作，足證本園事業為國內外學術界所重視。惟以經費拮据。查本園所需經常費為貴院與靜生所各擔一半。寄三十五年自八月一日起至十二月底經常費支付預算書，函送貴院查照，惠予照撥。12月15日，陳封懷又致函農業院，要求下撥第二年的經常費。時任江西省農業院長蕭純錦為此呈請省主席王陵基，經省政府 1874 次會議議定，繼續合辦得以通過，補撥植物園 1946 年下年度經費 200 萬元，1947 年預算 1200 萬元也照列。〔註1982〕

　　是年，三位先生卻「悉數捐贈」中國科學社生物研究所，並寫了一份致謝信函。

　　摯友、同學鈞鑒：

　　　　多年闊別，想念為勞。加以國難猝臨，飄零蕩析，益深離索之歎。頃蒙垂念舊遊，不遺在遠，以澍等年齒日增，為呴槁蘇枯之慰籍，慨致豐賮，惠賜鴻文，不宜有所過而故過之，高誼雲天，曷勝感激。茲為尊重雅意，百拜領受。即由澍等妥商，將尊款捐入中國科學社生物研究所基金，以為獎勵研究之助。庶幾善人利普，嘉惠

〔註1981〕《靜生生物調查所三十五年度工作報告書》，南京：中國第二歷史檔案館，484（1026）。胡宗剛著《靜生生物調查所史稿》，山東教育出版社，2005 年 10 月版，第 206～207 頁。

〔註1982〕陳封懷致江西省農業院，南昌：江西省檔案館。胡宗剛著《靜生生物調查所史稿》，山東教育出版社，2005 年 10 月版，第 207～208 頁。

後學。紀念盛情，可資永久。如此奉報，當蒙哂允乎。唯是澍等光陰虛耗，倏逾半生，沒世無稱，君子所疾，此後唯有努力於學術，以求有所貢獻，為國家效力於萬一，亦即報答故友愛護之至意。以此自策，並以仰慰於左右。左右服務之暇，尚希有以救之。

遄此鳴謝，恭頌近祺

愚弟 錢崇澍 胡先驌 秉志 頓首〔註1983〕

是年，胡先驌被中華教育文化基金董事會聘為植物學研究教授。

是年，回到北京，對靜生生物調查所復員職工到處奔波，求人、為落實資金。

一九四六年我回到北京，恢復靜生生物調查所，以後有時到南京出席中央研究院各種會議，我對於國民黨接收大員貪污的罪行，深惡痛絕，故不肯參加政治活動。〔註1984〕

是年，我國植物學家胡先驌在中國地質學會會志上發表論文，闡明出自中國東北等地，而由日本遠藤命名為 S. chinensis 的化石植物，毬果具有長柄，鱗片的排列，也呈上下交互對生狀，亦應隸屬 Met asequoia。圍繞水杉化石的探討與研究，經過近一百二十年漫長的歲月，至此認識才漸趨統一。〔註1985〕

是年，在舊京的南社詩人題詠《鬧紅秋圖》，胡先驌曾為之賦詩《稷園茗坐》。

是年，胡秀英與多位科學家有交往。

美國哈佛大學阿諾德植物園華裔植物學家胡秀英，在其1946年出國之前即與錢崇澍、胡先驌、陳煥鏞、汪發纘等多有學術交往。新中國成立後，依舊主動與中科院植物所保持聯繫，寄送或代購文獻，溝通中美兩國植物學家的聯繫。〔註1986〕

〔註1983〕《科學》1947年29卷1期。冒榮著《科學的播火者——中國科學社述評》，南京大學出版社，2002年1月版，第180頁。
〔註1984〕胡先驌著《對於我的舊思想的檢討》，1952年8月13日。《胡先驌全集》（初稿）第十五卷人文科學文章，第629～640頁。
〔註1985〕汪國權編著《廬山草木隨筆》，中國林業出版社，1990年2月版，第98～99頁。
〔註1986〕胡宗剛、夏振岱著《中國植物誌編撰史》，上海交通大學出版社，2016年9月版，第119～120頁。

是年，陳封懷致江西省農業院信函。

　　廬山森林植物園僅得到農林部補助和靜生所下撥之經費，數額至少，故於工作進行甚微。是年夏，胡先驌借來廬山參加國民政府主辦講習會之機，又為植物園向社會各界發起募集基金，但所得甚微。由於江西省農業院應承擔的半數常年經費未能恢復，1946 年底，陳封懷多次致函江西省農業院，聲明植物園仍屬靜生生物調查所與江西省合組之事業，要求農業院按戰前簽訂的《合組辦法》，下撥半數經費。為此，時任江西省農業院長之蕭純錦呈請省主席王陵基，經有政府 1874 次會議決定，繼續合辦並補發植物園 1946 年下半年度經費 200 萬元，1947 年預算 1200 萬元也照例。〔註 1987〕

是年，雲南農林植物研究所對烤煙品種提前播種。

　　1946 年，播種日期提前到 3 月 19 號開始。播種記錄載有：大金元、特 401、特 400、美煙二號、美三號、美四號、美六號、美七號、美八號、美九號、美十號、白花煙、黃花煙的種子來源分別為「本所卅四年（1945 年）收」、「Cokirs」、「長坡種子」、「褚（守莊）送」等來源。〔註 1988〕

是年，雲南農林植物研究所對烤煙品種進行選育，選出優良品種。

　　1946 年，農林植物研究所煙草試驗研究工作「除繼續三十四年度（1945 年）之美煙馴化栽培，品種鑒定等未竟工作之外，並開始土煙之調查與栽培，及著手優良之美煙品種種籽之保育」。肥料試驗的結果：「氮素肥料仍以菜籽油餅最佳，蓖麻油餅次之，醬油渣最次」；「開花遲早之試驗」，布置「磷肥有無」的對照，觀察認為「磷肥之有無對花期之早晚似無影響」；「蟲害防除之試驗」報導小土蠶、兩種金龜子、黑土蠶、黑毛蟲、鑽心蟲等的防除方法，「用大蔥和火蔥與煙苗同時下地，對防除白土蠶甚為有效」；本省土煙之調查研究和栽培試驗，「作了玉溪黃煙、布沼土煙、武定枇杷煙、晉寧老闆煙、

〔註 1987〕　胡宗剛編《廬山植物園八十春秋紀念集》，上海交通大學出版社，2014 年 8月版。第 029〜030 頁。
〔註 1988〕　中國科學院昆明植物研究所編委會編《中國科學院昆明植物研究所簡史（1938〜2008）》，2008 年 10 月版，第 100 頁。

昆明土煙的收集和栽培比較試驗」。「優良品種的種子保育繁殖」，選定大金元種、特四〇〇號、特四〇一號3種，「分區種植，選擇優良植株，在第一花開放之初即行套袋，以防雜交。其生長不良或發生病害者，則劓除之，或折去花芽封頂，僅採煙葉而不收籽。在保留之植株中，其生長優良，開花較遲者作為甲等，其開花較早體較矮小者列為乙等，均曾分別採取種子」。

……

煙草品種比較的結論是：「產量中以美煙三號、四號、長坡一號、特四零一號為最高，每畝約可產乾葉七十公斤，最少者為黃花煙葉，每畝約產二十餘公斤。品質中以美煙二號、五號（即大金元）、特四〇〇號、特四〇一號，不論色澤香味以及厚薄度均臻上乘」。1946年，生產烤煙種子187市斤，副產品煙葉2184市斤。〔註1989〕

是年，繼續進行煙草栽培試驗研究，馮國楣參與煙草培育試驗工作，增闢煙草試驗地30畝，給煙草改進所提供煙籽187市斤，並建成烤煙房一座。由於經費急劇，各項研究工作進展艱難。〔註1990〕

是年，秦仁昌、俞德濬作雲南農林植物研究所工作計劃綱領。

從秦仁昌、俞德濬所作「植物研究所工作計劃綱領」，由於有十幾年積累，擬開展工作甚多，只是學院支持力度實在有限，無從付諸實現。但此「計劃綱領」仍不失文獻價值，藉之可知農林植物所在秦仁昌加入之後，其研究視野更加寬廣。「計劃綱領」文字稍長，此還是照錄如下：

植物研究所工作計劃綱領

雲南在中國西南極邊，亦為氣候之邊沿。地跨寒熱溫三帶，以故植物出產種類繁富，為世界植物學者所諗知。靜生生物調查所於戰前來滇設工作站，德濬等來滇工作，後與滇省人士組成雲南農林植物研究所；仁昌等參加研究工作，於茲九年矣！今當抗戰結束，

〔註1989〕 中國科學院昆明植物研究所編委會編《中國科學院昆明植物研究所簡史（1938～2008）》，2008年10月版，第100～101頁。

〔註1990〕 中國科學院昆明植物研究所編委會編《中國科學院昆明植物研究所簡史（1938～2008）》，2008年10月版，第4頁。

建國開始，復與五華學院會同組成植物研究所，愛就事實可能，擬定研究計劃如次：

（一）雲南省植物全誌之編纂查雲南植物標本經本所歷年探集及交換所得，現已達 4 萬 5 千餘號，計 10 萬餘份。惟本省區域廣袤、品種繁富，尚須派員分赴各地繼續採集，以求詳盡。茲擬就此項材料，分門別類鑒定科學名稱，詳作形態結構、產地習性、分布功用等之記述，每種之下並各附以繪圖或照片。計現已擬定者有下列 8 部，每部之中視植物種類繁簡再分為若干集，每集記載植物圖說各 50 種。為編輯與印刷之便利，按年分集出版。預定每年至少須完成 100 種之記述與製圖，期以 5 年全部完成。

第一部　雲南中部重要樹木誌
第二部　雲南西北部重要樹木誌
第三部　雲南南部重要樹木誌
第四部　雲南經濟植物誌
第五部　雲南藥用植物誌
第六部　雲南高山植物誌
第七部　雲南蕨類植物誌
第八部　雲南菌藻植物誌

（二）雲南經濟植物之調查研究前此本所派員分赴各地調查採集，多注意於植物種類之鑒別，得知本省農林產物分布概況。今後擬擇若干種可供企業經營或足為國防物資之特用作物，繼續派員前赴各重要產區詳作產量估計及生產製造運銷等方法之調查，編具報告，以供經營開發者之參考。擬定調查研究之產物有下 12 項，當視經濟情形分別先後開始工作。各項調查詳細計劃另定之。

1. 雲南重要木材產區及木材市場之調查（昆明商用木材調查之部已脫稿）。

2. 雲南松林分布及松脂工業之調查研究（一部分已完成）。

3. 雲南造紙用材及製紙工業之調查研究。

4. 雲南產茶區域及製茶業之調查研究。

5. 雲南藥材產區及藥用植物種類之調查研究。

6. 雲南植物油種類及產區產量之調查研究（東南部桐油、八角

油已作過一部分調查）。

　　7. 雲南煙葉產區及產量之調查研究（在進行中）。

　　8. 雲南樟腦產區及樟樹品種之調查研究。

　　9. 雲南甘蔗產區及製糖工業之調查研究。

　　10. 雲南紫膠產區及育膠植物之調查研究。

　　11. 雲南白蠟產區及育蠟植物之調查研究。

　　12. 雲南產植物性染料之調查研究（滇東南部綠皮出產已有調查）。

　　（三）雲南經濟植物之試驗栽培多種特用作物須經人工培植，方可大量增產。本所擬在各地調查時採集種苗設場栽培，以供觀察試驗之資料。或向國內外徵集優（良）品種，馴化栽培，以為改善之依據。計現擬定先行試作者有煙葉、茶葉、蔬菜、果品等數種。如為經費所許，擬在南部設置熱帶作物試驗場，因多種可作企業經營之作物皆為熱帶產品也。

　　（四）雲南園藝植物種苗之採集雲南植物種類繁庶甲於全國，其中富有園藝價值者尤夥。昔年歐美植物學者遠渡重洋，窮幽探險，搜奇索異者踵相接。今日歐美庭園殆無不培植雲南產之卉木，其重要可知。本所擬定派遣工作人員前赴大理、麗江、維西等地續作高山植物種子苗根之搜集。特別注意之種類為杜鵑、龍膽、百合、報春花、綠絨蒿、高山松杉及珍異之灌木等類。如積年收穫規模擴充，不特可供研究交換之用，且可作為國際貿易品輸出國外也。

　　（五）各項植物標本之製作本所擬在所採各項植物標本中取其特有經濟價值或特具科學興趣者，選擇若干種製成蠟葉標本或剖面標本，各附簡要說明，或附以圖解，以供一般閱覽參考之用。現已擬定者有重要樹木標本、木材標本、藥用植物附藥材標本，特用作物附製成品標本，農作物附糧食標本，園藝植物標本等類。如經費充足即可大量製作分送本省各級學校或社教機關，期於中小學之自然科或農林學校教材能有所裨助也。〔註1991〕

〔註1991〕 秦仁昌、俞德濬：五華學院植物研究所工作計劃，1946 年，雲南省檔案館編：《私立五華文理學院檔案資料彙編》，雲南大學出版社，2009 年，第 52～55 頁。胡宗剛著《雲南植物研究史略》，上海交通大學出版社 2018 年 7 月版，第 191～192 頁。

是年，《中國的森林》一書作雲南森林概覽。

　　林學家傅煥光撰寫《中國的森林》一書，其中關於雲南熱帶森林情況，即根據靜生所在雲南調查結果，且云其時對雲南熱帶森林之調查僅靜生所為之進行。其云：「雲南之暖帶闊葉樹林，西南部夷區尚多，但未經正確調查，僅由靜生生物調查所植物採集組，實地正當觀察。自順寧以至鎮康，長凡六十餘公里，一路均有片段之闊葉樹林，生長間有巨大者，鎮康西部之卡房，林相殊為茂聚，主要樹種為櫧、櫟、榆、欅、山毛欅、錐栗、樟樹等屬，樟樹頗為普遍，鎮康東門附近一株，胸徑幾達三公尺，蓋千年古物也。由此南至耿馬，均有大林，四方井一帶尤大，成材發育，已達終點。低窪之區，竹林亦多修偉。耿馬至雙江縣為荒山，雙江以南至下猛（猛）允一帶，則為山毛欅之大林，更下至瀾滄縣以南，榕樹漸茂，已入熱帶境地。瀾滄東南，向僅元江縣東北角之陽武壩，尚有相當林木，西向中緬未定界區域，聞尚有巨林」。〔註1992〕

編年詩：《稷園茗坐》。

民國三十六年丁亥（1947）　五十四歲

1月9日，李日光致朱家驊信函。

　　驊先校長大人函丈：

　　敬稟者，宜章、栗源拜別，倏忽三秋，翹企慈雲，彌殷神往。起居泰吉，威望風馳，定符下頌。

　　生仍服務於母校農學院，任藥用植物、花卉園藝與觀賞樹木等科，惟對於藥用植物一科之研究，屢蒙校長協助與面諭，實深銘感，十餘年來，未敢稍懈，差堪告慰耳。茲讀報章，欣悉貴部對卅四年著作發明獎勵項內，有朱鼎氏著《中藥之科學原理》一文，生甚願得讀，未知能否告以如何購得之法。又美國醫藥援華會擬於今年援助我國醫藥教育（該會我國負責人劉瑞恒氏），未知母校藥用植物苗圃（該園生負責），能得援助復員否？希能示知，並賜予指南，俾有所遵從。茲奉上拙作《鴉膽樹》乙份，伏望教正，如校長認為合於

〔註1992〕傅煥光著：《傅煥光文集》，中國林業出版社，2008年，第143頁。胡宗剛著《雲南植物研究史略》，上海交通大學出版社2018年7月版，第67頁。

專門著作者，敢請就近交貴部教員審查資格委員會一評，至所切禱。
校長素愛學生，想不棄卻也。簡浩然學兄在美平安，知注特聞。

　　專此敬請，誨安

　　　　　　　　　　　　　　　　　　生　李日光　敬稟

　　　　　　　　　　　　　　　　　　　卅六年一月九日

　　賜教處：廣東廣州市石牌中山大學農學院或廣東廣州市法政路
三十號中山大學農林植物研究所轉

　　朱家驊將李日光之函轉至秘書，作如下回覆：朱鼎氏著《中藥
之科學原理》，可逕向國立江蘇醫學院藥理學教室洽購。查美國醫藥
助華會，卅六年度已決定集中財力補助國內醫學院五六所，其補助
方式，以完全用美金支用為原則，中山大學醫學院大約可為受協助
學校之一，將來決定後，可逕與該校醫學院洽商，並在醫學院案內
辦理。尊著《鴉膽樹》交本會評議一節，可照附法「著作發明及美
術獎規程」申請獎勵。相應檢還原著並附發「規程」一份。〔註1993〕

1月30日，胡先驌致韓安信函。

　　竹坪吾兄惠鑒：

　　　　頃晤唐君英如，知圖譜購買紙墨經費四百六十餘萬元已發出，
至以為慰，請即交唐君代領，再由靜所出一收據可也。合約亦由唐
君重擬，由弟蓋章代表靜所，而中林所則由兄簽名蓋章，互換一紙
即算成立。

　　　　專此即頌

春祺

　　　　　　　　　　　　　　　　　　弟　胡先驌　拜啟

　　　　　　　　　　　　　　　一月卅日（1947年）〔註1994〕

　　1月，《經濟之改造》文章在《觀察》發表。其中1月11日，《經濟之改
造（一）》文章在《觀察》（第1卷第20期，第14～16頁）；1月18日，《經
濟之改造（二）》文章在《觀察》（第1卷第21期，第10～12頁）；1月25日，

〔註1993〕胡宗剛著《李日光向教育部長朱家驊詢問為學之事》，公眾號註冊名稱「近
　　　　　世植物學史」，2022年03月16日。
〔註1994〕《胡先驌全集》（初稿）第十七卷下中文書信卷，第469頁。

《經濟之改造（三）》文章在《觀察》（第 1 卷第 22 期，第 10～12 頁）；2 月 1 日，《經濟之改造（四）》文章在《觀察》（第 1 卷第 23 期，第 15～16 頁）發表。

1 月，《國際政治之分析》文章在《文化先鋒》（第 6 卷第 18 期，第 14～19 頁）發表。摘錄如下：

今日世界之局勢，適為近百餘年來歐洲之局勢所釀成，而歐洲近代之局勢則為歐洲二千數百年來歷史演變之結果。自人類文明進至歷史時代，歐亞兩洲，以地理之懸隔，分頭發展。在東亞華北大平原上，原始之漢族本與東夷、西戎、北狄、九黎、三苗各族雜居；經過唐、虞、夏、商、周五朝，各部落逐漸搏合成一大封建制度帝國，終經春秋、戰國之世，而為雄才大略之秦始皇造成一偉大之郡縣制大帝國。二千年來漢族以其創造文化之天才，終能同化數千年之種族部落，使成為一龐大之書同文、車同軌之中華民族。此在人類進化史上實為一驚人之成就，此種同化工作直至今日仍在繼續中。苟漢族在此五千年之長期間，不能搏會此四萬五千萬人為一民族，則東亞大陸上亦必如在今日之歐洲，各國林立，互相歧視，猜忌仇恨與殘殺，世界之亂源，尤將遠超過今日之局面，則世界和平愈難奠定矣。中華民族所以能搏合之原因，首為漢字之發明，使文字與語言分離。方言可因時因地而變易，文字則較為穩固而不易變遷。今日吾人能讀三千年前之古籍，與閩、粵、燕、趙之人雖語言隔閡，而因同文之故終成為一民族，與歐洲拼音文字之富有離心力者大異，此不得不謂為中華民族之特殊成就也。在歐洲，羅馬帝國之建立，與周秦帝國之建立，同為人類進化史上之大事。然羅馬人無漢族之政治天才，不知注意於開化與同化北歐野蠻民族之事業，且政治日趨於腐敗，故先後在匈奴與日耳曼等野蠻民族侵略之下終於覆滅。日耳曼民族自查理曼大帝建立廣大之日耳曼帝國之後，又蜿蜒有統一歐洲之勢，然終以語言文字之差異，帝國不能不分裂而成為多數封建國家。因德法兩民族，雖本為同一族，而以語言之不同變為世仇。歐洲遂至今不能統一，戰禍相尋，延及於全世界，此人類最可悲之事也。

歐洲近代文明導源於文藝復興時代，以紙與印刷術自中國輸入，

民智日啟，實驗科學發生，一般民眾之心理乃漸能掙脫教會之桎梏。
其影響及於政治思想，自盧騷《民約論》出，歐洲人之思想遂起激
烈之變動，終而引起法國大革命，於是歐洲之封建思想乃起徹底之
動搖。爭取政治自由，乃為人類奮鬥之目的。自法美兩共和國成立，
繼而有拉丁美洲各殖民地之脫離西班牙之統治而成若干之共和國，
復有意大利之獨立，土耳其帝國之削弱，民族民權主義震盪世界。
然德意志帝國之建立，與俄羅斯帝國之擴展，又適為近代史之逆流。
自物質科學發達與產業革命以來，資本主義與帝國主義同時興起，
各國競以覓取海外殖民地以博得資源與市場。物質文明落後之亞洲
國家，乃備受白種人之侵略與剝削。歐洲各國不但不能趨於統一，
且時起戰爭。拿破崙戰爭，殺人盈野，已具世界戰爭之雛形。一般
人皆不明資本主義內在之矛盾，以為帝國主義可以無限制擴張，卒
因相互間不可避免之衝突而釀成第一次世界大戰。

第一次世界大戰，本起於英德兩國帝國主義之衝突。然美國威
爾遜總統所宣布之十四點主張，則頗有建立世界聯邦之觀念。所可
惜者，英法兩國執政者缺乏遠大之眼光，不知世界帝國主義與民族
主義之資本主義已屆窮則必變之階段，而仍維護其強權政治與策略
外交，一紙《凡爾賽條約》遂鑄成種種大錯，終而釀成第二次世界
大戰。自戰敗德國而言，雖已將霍亨曹倫皇朝推翻，並未摧毀德國
參謀本部之作戰機構；而以殺鵝取卵方式向德索取過分之賠款，使
德國經濟崩潰，中產階級破產，終致社會主義之德國共和國政府顛
覆，驅德人於希特勒納粹主義之懷抱，而挑起此次之復仇侵略戰。
又復誤解威爾遜總統之民族自決主義，瓦解奧匈帝國，在東歐建立
若干弱小獨立之民族主義國家，各謀建立自足自給之經濟，樹立關
稅壁壘，使殘破之歐洲經濟不能復興，終至釀成一九二八年以來之
世界不景氣。而對於新興之共產主義之蘇俄聯邦復不知因勢利導之
以革新世界經濟，往以兵力協助其反動分子，釀成其國內成大規模
之內戰與種下蘇聯對於歐美各國之猜疑與仇視。而在東亞又不能貫
徹正義之主張，牽就日本犧牲中國，使日本益信強權之可恃，終至
引起「九一八」事變，而為第二次世界大戰之導火線。凡此種種皆
英美各國政治家所造成之惡因，最後則因英美一秉過去均衡歐洲勢

力之外交政策，抑法扶德，坐視德軍開入萊因區，而脅迫法國不許發動防止戰，希特勒乃得任意撕毀《凡爾賽和約》，並奧侵捷，繼以侵波而戰禍作矣。

第二次世界大戰，實為第一次世界大戰之繼續。蓋以現代科學與產業之發達，交通之便利，萬里有若戶庭，經濟聯為一體，帝國主義與民族主義之資本主義既已屆窮則必變之階段，苟其內在之矛盾不能解決，則戰爭勢必爆發，而無法遏制，綏靖補苴固無補於事也。此次世界大戰以中、英、美、蘇、法五強並肩作戰之努力，僅能取勝，而生命與物質之損失不可億計，戰後尚餘若干之嚴重問題未能解決，人類之愚蒙無知至堪懊恨。此在整個戰爭過程中，人謀之不臧，實有以致之。而最大之失策，則為英法之輕視蘇俄。在作戰之初，蘇聯本欲聯合英法以抗德。李維諾夫素以親英著稱，當時蘇聯曾建議與英法訂立軍事同盟，斯太林曾電邀英外長哈立法克斯赴莫斯科，而英政府偏信其駐俄武官之密報，認為蘇之兵力決不足以抗德，於是僅派一亞洲司長前往，殊不知里賓特洛甫時正在莫斯科等候與蘇聯簽訂互不侵犯條約也。是此以後，英蘇之外交關係極劣，其後英派特使克立浦斯往莫斯科，尚賴中國政府之介紹，始蒙接受。以後苟非希特勒發動侵略之妄舉，蘇俄殆將始終不參戰，而此次戰爭之勝負，大未可料也。亦因此之故，蘇聯對英美始終不信任，而釀成今日之猜忌。蘇聯在此次抗戰犧牲最巨，第二戰場之遲遲不開闢，亦為蘇聯致怨英美之原因。蘇聯本為抱赤色帝國主義之國家，素欲在東歐取得霸權，故在此次戰爭中高唱大斯拉夫主義以為席卷東歐之計，英美則有鑑於此，與之作縱橫捭闔之鬥，爭取波蘭，爭取南斯拉夫，爭取希臘，爭取中東。三強雖一面並肩作戰，亦一面互相暗鬥，英美——至少英國——之意，欲在擊敗德國之後，聯合波蘭、捷克、南斯拉夫三國成一東歐聯邦，以為蘇聯與西歐間之緩衝國。然蘇聯已先發制人，兵鋒所指，先造成波蘭之盧布林政府，分配大地主之土地，使之得一般人民之擁護，繼而扶持狄托元帥以取得南斯拉夫之統治權，介於其間之捷克斯拉夫自不能不歸於其旗幟之下。至於為德國之附庸之羅馬尼亞與匈牙利，只有坐受其宰割，而東歐之鐵幕造成矣。惟在土耳其、在希臘、在伊朗，蘇俄

當未能得志。英美蘇三國對立情形仍在，而丘吉爾所倡導之西歐聯邦與最近所醞釀由土耳其領導之土耳其阿拉伯同盟，皆蘇聯所疾視，而認為反蘇之惡毒計劃者。蓋戰後蘇俄為世界上第二最大強國，所畏者厥為小國之聯合，若西歐各國——包括英、法、荷、比丹麥、瑞典、挪威、意大利、西班牙，最好能包括德國——能組成一聯邦，以其文化之高，工業之發達，資源之富，英法兩國各有廣大之殖民地，蘇聯勢莫能禦。中東回教民族之聯合，亦為其一種大威脅，故蘇俄竭力反對之。西歐各國，文化水準較東歐為高，人民亦習於民主政治，精神上與蘇聯異趣，故組成與蘇聯對立之西歐聯邦，殊非難事。回教民族則宗教信仰至為強烈，而蘇聯共產黨則反對宗教，此乃為回教國家反蘇之主因。蘇聯欲在歐亞兩洲取得霸權，則不得不畏懼此兩種結合，而稱之為惡毒之反對計劃焉。

今後世界之危機厥在蘇聯與英美之衝突，此種衝突起於蘇聯之政體與政策。蘇聯民族習於蒙古人傳統之專制政體，又復迷信馬克斯之社會主義，故雖由共產黨推翻帝政，其政治之專制與帝俄時代無殊。斯大林與其政治警察，操持二萬萬人之生死權，斯太林實不啻另一可怖之沙皇也。故其國內無自由之可言，二千萬強迫服役之勞工，即一切之反對黨與政治犯也。其為政不擇手段，毫無情感與人道觀念，為鞏固少數人之政權，不惜犧牲一切。惟其如此，彼少數統治者乃猜忌恐惶如日居爐火之上，惟其如此，彼輩尤恐懼民主主義之發展。此次抗戰動員一千二百萬人，此等愚蒙無知生活極苦之無產階級平民，一旦至西歐各國，目睹所謂資本國家之無產階級生活水準之高，非彼等所嘗夢見，對執政者乃大感不滿。而軍人如此其眾，大元帥多至十餘年，則黨之統治力亦見動搖。加以斯太林年老多病，後繼何人，不能預測，益足以增政治不安。而此次抗戰，受德軍之摧殘，元氣斷喪太半。而資本主義之美國則以戰爭而益強大，復加以原子彈之發明，故在蘇聯統治者之心目中，內憂外患，大有岌岌不可終日之勢；故其外交姿態處之表現其強權政治本色，不惜以種種手段，在東歐造成鐵幕，在近東與遠東鼓動內亂，此皆其攘外以安內之政策也。然實際上，國內經濟凋敝已極，雖在德奧在東歐在我國東北到處掠奪機器與物資，然欲恢復至戰前狀況，殊

為不易。其第四項新五年計劃，實不易完成，原子彈之製造亦非容易，故謂蘇聯欲在一二十年內發動第三次世界大戰者妄也。窺其年來外交之動向，先欲以強硬外交與陰謀手段，儘量擴張其版圖與勢力，及至美國態度轉為強硬時則又軟化；其倡議裁軍實為由衷之言，蓋彼實無法維持一千二百萬大軍而不復員，且尤須復員以解放此龐大人力以從事其新五年計劃也。故美國態度愈堅韌愈強硬則蘇聯愈易就範，而世界和平愈可保，此研究國際政治者屬不可不知者也。

　　以言美國之政策，除軍人鑒於未來原子戰之危機而鼓吹維持其強大武力外，朝野上下莫不希望能確保和平，故對蘇俄能讓步之處則讓步。美國視東歐以為鞭長莫及，故不惜委之於蘇聯，雖不滿於蘇聯在東歐造成鐵幕，然此既成之事實，亦只有承認。在中東則只求其不犯英美之既得權利，然不願視蘇聯之勢力到達波斯灣與地中海，故在中東英美之政策大致相同。至於在東亞，則美國與蘇聯有短兵相接之勢，蘇聯詭計在雅爾達會議取得外蒙古之獨立，與蘇聯之繼承帝俄時代在東北所攫奪之權利，且於日本即將投降之頃對日宣戰，侵入東北，佔領朝鮮北部，掠奪東北之工業，此種強橫之作風，實非美國所能甘受。美國於此已犧牲盟邦中國，而所得者只有日益迫近之威脅，故美國之態度，只有日趨於強硬。蓋美國之國策，在維持中國之獨立與門戶開放主義，決不能坐視蘇俄之操縱此廣土眾民之中國；苟蘇聯進不知止，美國固不惜出於一戰也。美國能坐視蘇俄之造成東歐之鐵幕，而決不能坐視蘇聯造成東亞之鐵幕。故美國誠意扶助中國，使之建立真正之民主政治與近代工業。必如此則強大之中國始能保障東亞之和平，阻止蘇聯勢力之壟斷東亞，同時提高中國四萬萬七千萬人生活水準，即所以開闢一廣大之市場以調劑美國過剩之經濟。故中美兩國之利益，有相吻合之處，而所謂美國之防線在東亞，亦非虛語也。關於此點美國民主共和兩黨政策一致，惟共和黨之態度尤為堅韌耳。惟美國之政策為確保世界和平，而並不贊成強權政治，故雖與英國訂立軍事同盟，而尤著重於加強聯合國機構，以為國際裁軍之準備。如能建立聯合國武力，則世界和平可保。此點殆非蘇聯所喜，然為形勢所迫，蘇聯恐終須就範耳。

　　英國在此次大戰中，元氣大為損傷，至今日猶不易恢復。自工

黨執政，尤注意於改造國內之經濟，以其經濟已接近社會主義，大
有放棄過去之帝國主義之勢，故對於印度、對於緬甸均許其獨立或
自治。此在死硬派心中殊為痛心之事，然為大勢所迫，亦無可何。
在歐洲則英國對蘇聯已有莫大之讓步，雖在希臘當與蘇聯對立，而
尤支持土耳其以與蘇聯相抗，然在東歐固已承認蘇聯之霸權，甘自
地中海與中東撤退，而將其國防線退至非洲、澳洲與加拿大。工黨
政府為欲免除蘇聯之猜疑，乃不贊成丘吉爾西歐聯邦之計劃，而寄
其希望於加強聯合國機構，且與蘇聯與法國訂立同盟條約，求以此
之強之結合以保持歐洲之和平。在整個之世界政治舞臺，則願作美
蘇兩國之緩衝，以期第三次世界大戰之避免。此誠最賢明之政策，
亦美國所願支持也。

　　以言中國，以半殖民地之國家經此八年抗戰而得一躍變為五強
之一，在世界歷史上，誠為一奇蹟。戰後理宜休養生息，從事建國
之大業。對外則採睦鄰政策，尤以對英美蘇法四強保持友好之關係，
對蘇聯處求得諒解，對美則積極合作，以期得其資金與技術之幫助，
以建立近代之工業。不幸戰事甫結束，內戰即展開，使經濟不能復
員，政治日趨敗壞。此在朝在野之兩大黨皆不得辭其責者，尤以近
年來與蘇聯之關係未能圓滿，遂益增重其困難。然政府近來所表示
之忍讓態度，殊堪贊許；與蘇聯之關係，亦有好轉之可能。苟國內
之政治糾紛能解決，朝野上下一秉民生主義之精神，埋頭建設，則
在美蘇兩國之間，亦不難取得與英國同樣之中介地位，則富強康樂
可致，東亞和平可保，世界第三次大戰可免，世界永久和平亦可獲
得。否則中國之黨爭將為美蘇衝突之導火線，中國將為原子彈與火
箭彈之戰場，猿鶴蟲沙，同歸於盡，國已不國，黨於何有，國人其
深念之哉！

　　國際政治之情形如上所述，然政治終以經濟為根本。上文已言
及兩次大戰皆起因於資本主義內在之矛盾，然此種矛盾並非無法解
決者。此次大戰所以異於第一次大戰者，厥為英美各國之領袖已認
識在現在之世界中，各國之經濟互相聯繫，不能分立，一國不能存
而獨榮。故此次作戰，資源最富、工農業最發達之美國，甘為世界
之倉庫與軍械廠，對於並肩作戰之盟邦，無條件租藉以物資；而對

於戰敗之敵國，不取復仇式與殺鵝取卵式之索取賠償，且須為之籌謀其足以自存之經濟方式，戰後復籌設世界性之善後救濟工作，與世界性之經濟機構。此種遠大之眼光，賢明之政策，實為消除國際間之猜疑與仇恨之最好方略。然而國際之猜疑猶未能泯者，則為共產主義與資本主義兩種經濟與政治體系之存在，互相猜疑，彼此有互相破壞與顛覆其所服膺之體系之企圖，與相互間之不相容性。此種錯誤之體認，實為他日第三次大戰之誘因，亦為人類之大不幸。實則在今日之世界，極右之資本主義與極左之共產主義，均有趨於折衷之溫和社會主義之可能性。吾人需要政治自由，亦同時需要經濟自由。然在今日生產條件之下，人人皆可獲得充分之經濟自由，而並不犧牲政治自由始能獲得之。蓋以今日科學與生產技術之發達，已一變數千年前不足之經濟為一有餘之經濟也。苟世界自此以後無毀滅性之戰爭，而確能建立世界之經濟互相與合作，則人人皆可享受一富裕愉快之生活，雖各人之經濟狀況，不必盡如水平，而認為最低實為甚高之生活水準，則人人皆可享受。其不平之處，可以所得稅與遺產稅兩種簡單而普遍之制度以劃平之。在戰時美國，節制資本已限制個人之收入，以二萬五千美金為最高額，加以高至百分之八九十之遺產稅，則在美國經濟之平等已與共產主義之蘇聯甚少差別矣。而在英國則尤甚，如此則資本主義已有變為社會主義之趨勢，而尤不需所謂階級鬥爭與無產階級革命矣。中國所標榜之民生主義，苟誠能履行其節制資本平均地權之諾言，則亦將無異於英國之社會主義。若各國再能盡泯猜疑，謀經濟之合作，建立世界性之經濟制度，徹底求共存共榮之道，將所有壟斷剝削猜忌陰謀一舉而空之，則聯合國不難進為世界聯邦，而真成天下一家矣。對此最高而不難企及之理想，人人應勉力以赴，則此次大戰不但將變為最後一次之大戰，而且將為地上天國之成因，不遠愈於原子彈火箭彈所毀滅之世界耶？是又在人類之努力矣！〔註1995〕

1月，《論中國今後發展科學應取之方針》文章在《科學時報》（第13卷第1期，第3～5頁）發表。摘錄如下：

〔註1995〕《胡先驌全集》（初稿）第十五卷人文科學文章，第515～520頁。

　　科學為今日建國之基礎，盡人皆能言之，而以此次世界大戰之利用科學以決勝而益信。蓋在此次大戰爭中，雙方均盡力利用所有之資源與所能之技術，以求獲得最後之勝利於疆場之上，然軸心國之終於失敗，同盟國之最後獲勝，並非同盟國之科學技術或資源遠勝於軸心國，蓋亦僥倖取勝耳。……環顧世界列強，科學落後者厥為中國，其危險可勝言耶？

　　中國素來不知研究科學，自戊戌變法迄今幾五十年，而科學基礎尚未建立穩固。民國以來科學研究之有成績者，首推地質學，次為生物學，再次為氣象學，稍後則物理、數學、化學、醫學皆不乏傑出人才，而以物理學為尤甚。科學研究機關，亦不乏在國際間負有盛譽者，然較之於他國，則科學機關與科學家究竟為數過少。而所可用於科學研究之經費，則尤微乎其微。與英、美、蘇聯諸國無論矣，即以日本論，吾國亦瞠乎其後。日本朝野之重視科學幾與德國等，故自明治維新以來科學日有進步，駸駸步歐美之後塵矣。在我國則科學素不為國人所重視，其有今日之成績，亦少數科學家各自為戰，私人努力之結果。在平日即有心餘力絀之感，而在此八年抗戰期中，政府益無力兼顧於此，至使初露萌芽之科學，幾乎不能維持其稚弱之生命。在昔為壯年之科學家，今已近於衰暮，而繼起無人，朝野尚不明了科學為今日建國之鎡基，不知獎勵之道，苟長此不返，決不足以生存乎今之世。此有識者所以抱漆室之憂，而不惜大聲疾呼於國人之前者也。

　　然政府當局近來關於此點似稍知注意，如國防部已通過自三十六年度起以國防經費百分之二為國防科學研究經費，而國防最高委員會副秘書長梁寒操氏又提案自明年起以國家總預算百分之一為科學研究經費亦獲通過。在我國科學研究素無根底之國家，驟得此亦足以差強人意耳。既有經費則宜有明哲之方案以定今後我們科學研究之趨向，方不致浪費國幣而不能得預期之實效，此則亟欲與國內賢達所論究者也。

　　竊謂我國今後研究科學，首宜研究純粹科學之原理而不專求實用。我國自清季咸同以來，鑒於外國之船堅炮利，即知效法歐人創設兵工廠造船廠等。然終不能追蹤歐美列強者，即以其但知重視應用科學而不知重視純粹科學之故也。國人此種但知實用而不重純粹智識之

心理若不痛改，則科學永無迎頭趕上之一日。須知當華拉臺最初發現電流現象之時，任何人亦難預料電學應用有今日如此之廣大，當湯姆生發明電子及居禮夫婦發明放射原索時，亦無人能預料此類發明使吾人對於物質之觀念完全改變，而其應用乃至發明今日之原子彈。然今日物理學雖已有神妙之進步，尚不能便謂已登峰造極，而我國科學苟有適當之鼓勵，未嘗不可在此重要科學中有劃時代之發明也。復次近代物理科學之進步雖已驚人，而生物科學之進步則尚瞠乎其後，無數之生理現象，尚不能知之明悉，至於在應用方面則尤非可與物理科學比倫。然我國科學家智力殊不遜於人，苟得充分之鼓勵，則在生物學或亦可有超群絕倫之發明，以為世界之先導也。又如心理學之研究，不但為吾人瞭解自身所必需之學科，而其影響於整個國家民族之政治社會教育者極大，世界之禍亂半由於不健全之心理所釀成，欲謀改造社會必須從改造人類之心理入手。我國古昔聖賢，最能闡發人類關係之哲理，吾人尤宜以科學方法積極研究心理學，俾能完全闡明人類心理之秘密，而利用之以改造思想教育與社會，則吾人在昔日能領導人類進於文明之域者，在今日亦能領導世界於大同郅治也。

復次研究科學除研究純粹科學之學理外，宜同時積極研究科學之應用。在此方面宜獎勵精深之研究以求有重大之創造與發明，而不可僅求能模仿他人，事事物物惟他人之馬首是瞻，庶幾在利用厚生之研究，能迎頭趕上，為世界之領導。例如原子能之研究為世人所重視，吾人研究原子能，是否能於放射原素之外，利用其他普通原素中所含有之原子能；或在利用原子能之過程中，能發明新異而簡便之方法。又如利用日光之研究，在美國尚未大成功，我國朝野是否在此方面能多費精力，以期對於利用此項動力資源之研究可以早日完成，使在國內得有劃時代之建樹。又如自普通之土壤中提取鋁金屬在德國戰時雖已成功，而以費用太巨，尚不能廣為應用，我國化學家尤宜積極研究新方法以提取遍布地面之此項有用金屬以代替鋼鐵。而在可型物方面，尤易有層出不窮之發明，以供社會之利用。在農林方面，宜研究新方法，以改良動植物之品種，與增加其產量，尤宜儘量利用我國廣大之動植物資源，或盡可能輸入栽培其他國家之農林產品，以增加我國之新農產品。在醫藥方面宜積極研

究生理疾病如癌症、瘋狂等各種退化疾病，與研究營養與優生方法以增進國人之體格與智慧。在心理方面，亟宜大規模在學校與工廠各方面實施心理衛生就學就業與婚姻指導各種工作，以期使人人得盡性發展，以增進個人之心理健康與處世接物之能力以及家庭之幸福，則有裨於國家社會者大矣。

總而言之，我國科學落後，無論在理論或應用科學上，視科學先進國家，皆瞠乎其後。科學人才之數量遠不如人，所可用作研究用之經費、圖書、設備，又極微末。故欲迎頭趕上，以期建立國內廣大之科學基礎，必須從籌集充分之經費，與作育大量之科學人才著手，而尤宜擬定今後發展科學之方針。關於此點，首須知現在世界各科學先進國家，其科學研究雖極發達，然並未登峰造極，在多方面猶多缺點。吾人若有遠大明哲之眼光，精密之方略，加以莫大之努力，在三五十年內，吾人不但可以追蹤先進各國，且未嘗不能青出於藍，後來居上，終而領導世界。朝野上下其勉之哉！〔註1996〕

2月6日，任鴻雋致胡先驌信函。

步曾學兄大鑒：

弟於本月三日抵滬，頃得二日來示，敬悉兄尚在京為靜所經費奔走。曷勝佩慰。弟在華盛頓時曾晤斯密松 Dr. Walker，彼並以擬作《中華植物誌》之計劃見示。其計劃書弟亦隨帶有一份，如兄尚未見到，弟可以寄上一閱也。弟大約於十天半月內即當晉京一行，兄如京中有要務，不妨即在京相待，於弟來京時晤談一切。或既先行來滬晤談為快。囑致朱、蔣二人緘，稍暇當即寫去，或俟弟來京時與渠晤談，一為提及，或較有效也。匆復不一。

即頌

時祉

弟 鴻雋

二月六日（1947 年）〔註1997〕

〔註1996〕張大為、胡德熙、胡德焜合編《胡先驌文存》（下卷），中正大學校友會出版發行，1996 年 5 月，第 344～347 頁。

〔註1997〕胡宗剛撰《胡先驌先生年譜長編》，江西教育出版社，2008 年 2 月版，第 403 頁。

2月6日，雲南省教育廳復雲南農林植物研究所信函。

　　雲南農林植物所此前經常接到各學校來函，或請求分讓標本，以供教學參考；或請求鑒定植物名稱，以解決教學上的難題。為滿足這些需求，乃由馮國楣開始從事製作，選擇雲南重要植物二三百種，編製說明書，擬大量製作，廉價發行，供應各級學校及民眾教育館，作教學之參考。農林植物所希望教育廳承擔製作費用，再由教育廳免費發給各學校或教育館應用。在製作一百套後，即向教育廳請示。教育廳答覆：「查當此省教經費困難之時，本廳實無法擔任此項材料用費，擬俟此項標本製作完後，再與通飭各校逕向貴所選購。」雲南省教育廳尚且無力，何況基層之中小學校，經費拮据，難以購置，農林植物所此項計劃自然擱置。〔註1998〕

2月7日，雲南省所屬部門舉行獎勵種植美種煙葉會議。

　　2月7日，雲南省舉行第987次省務會議，通過「獎勵種植煙草，以裕民生」的提案。煙草改進所改隸省建設廳，褚守莊任所長。2月21日，「由建設廳、企業局、省農會、農民銀行、合作金庫、富滇新銀行、雲南煙草改進所等機關舉行獎勵種植美種煙葉會議，商討詳細實施辦法，決定：

　　甲、行政方面由建設廳推動，令推廣區各縣長將美煙種植列為本年度中心工作。

　　乙、貸款方面由農民銀行負責組織貸款銀團。

　　丙、保息及外銷方面由富滇新銀行辦理。

　　丁、技術指導方面由省企業局督導所屬煙草改進所辦理下列各項：一、本年根據美煙籽種的數量和人力物力，決定推廣種植四萬畝；明年（三十七年）推廣六萬畝，並由煙草改進所在本年內培育六萬畝所需籽種，以為明年（三十七年）推廣之用。設置了8個推廣區，包括37個縣。二、籽種照成本分讓，每籽種四公分（4克）售八百元（可以培育一畝煙苗之需）。四公兩以上照九折計算。三、在新推廣區域內，由政府出資修建烤房一座以作示範，並免費交給

〔註1998〕 雲南省教育廳復農林植物所函，1947年2月6日，雲南省檔案館藏教育廳檔案，1012-002-00136-003。胡宗剛著《雲南植物研究史略》，上海交通大學出版社2018年7月版，第193頁。

農民管理使用。四、在推廣區域內各縣選擇適中地點設訓練班提前烤煙，訓練農民烤煙技術以期普及。五、培育三十七年可供六萬畝用的優良籽種」。文告所示，為雲南省發展烤煙促進地方經濟發展以培植稅源的政策。

雲南煙草改進所安排農林植物所「培育三十七年（1948 年）需用的籽種」。育種場規模擴大為 80 畝，當年的任務是大金元、特字 400 號、特字 401 號三個美煙品種的製種，雜交育種試驗，黃花煙栽培試驗，多年生煙草試驗和肥料分區試驗等。〔註1999〕

2月11日，胡先驌致韓安信函。

竹坪所長吾兄勳鑒：

日昨晤談為快，歸寓後即各作一函與陳封懷、余季川兩教授，述貴所與敝所合組雲南、江西兩省採集植物標本事，請二人擬擔採集計劃，一俟貴所函到即寄來以便呈部核准。現在以至二月中旬，信函公文來往尚需時日，採集亦需準備，而至遲四月中須到達採集地，故一切手續希望盡速辦理。而採集經費每組由貴所所擔任之五百萬元，亦望盡速一次領出電匯，俾得從容取用。敝所擔任之經費亦當盡速匯寄也。又昨日有一事忘記面陳，即繪圖員馮鍾元任職中央大學八年，現命其回平，攜帶家室旅費甚巨，應請貴所發給，至以為感。至如何領取，即請示知。三月份薪津亦盼早能發給，使彼可攜眷買舟赴平為要。

專此敬頌

勳綏

弟　胡先驌　拜啟

二月十一日（1947 年）〔註2000〕

2月12日，任鴻雋致胡先驌信函。

步曾吾兄左右：

八日手示敬悉。致蔣夢麟緘已如囑寫寄。目下金市劇烈變動，

〔註1999〕 中國科學院昆明植物研究所編委會編《中國科學院昆明植物研究所簡史（1938～2008）》，2008 年 10 月版，第 101 頁。
〔註2000〕《胡先驌全集》（初稿）第十七卷下中文書信卷，第 469 頁。

不知政府財政有何辦法？或於兄所希望不無影響耶。弟定於本星期六夜車來京，住寄梅先生處，或中研院，現尚未定，兄可電話該院一詢，當可約晤。餘俟面談。

即頌

旅安

弟 任鴻雋

卅六、二、十二〔註2001〕

2月15日，韓安致胡先驌信函。

步曾吾兄惠鑒：

頃接來示，藉悉合組滇贛兩省採集隊事業經請由陳封懷、俞季川兩教授分擬採集計劃，曷勝喜慰，盼即將該項計劃迅速寄所，俾便有所依據，然後呈部核奪，籌撥經費，以利事功。在所聘繪圖員馮鍾元君事，請囑其速即開具學歷、經歷寄所，以憑核辦。至旅費問題，究有幾人，可否由雙方擔負，尚乞酌察見復。

專此敬請

研安

弟 韓安 拜啟

卅六年二月十五日〔註2002〕

2月26日，胡先驌致韓安信函。

竹坪吾兄勳鑒：

昨日盛宴，至為感荷。今奉上昨日收到俞季川教授來函，以供臺閱。據函似一千萬元不敷應用，擬增至一千五百萬元。所增之數，由兩所分擔，則一所亦僅增加二百五十萬元，實為小數。除一面函囑俞教授準備，從速令馮、邱二君出發，並將採集計劃寄與吾兄，以便呈部核准外。特專函奉告，如蒙同意，請即函復上海茂名北路升平街鴻達里二弄二十六號，以弟明日即赴滬，在滬只有三五

〔註2001〕胡宗剛撰《胡先驌先生年譜長編》，江西教育出版社，2008年2月版，第403～404頁。

〔註2002〕《胡先驌全集》（初稿）第十七卷下中文書信卷，第469～470頁。

日勾留也。此事關係吾兩所合作至巨，希望盡速定局，想兄亦以為然。

　　專此敬頌

時綏

　　　　　　　　　　　　　　　　　　弟　胡先驌　拜啟

　　　　　　　　　　　　二月廿六日（1947 年）〔註 2003〕

國立中正大學望城崗校區圖

2 月 27 日，正大經費情形。

　　【本報訊】日前各報，登載「中正大學各系級聯合護校運動大會告社會人士書」，其中涉及該校經費情形，經記者走訪該校會計主任蕭宗□，比承蕭君發表書面談話如左：

　　一、「關於本校教職員福利金一案，部撥款額為國幣三百六十四萬八千元，原令係於三十四年十二月四日到校，其時蕭校長因公在渝，代理校長潘慎明先生，即時宣告同仁，惟以本校正自寧都向南昌遷移途中，同仁不遑聚商運用辦法，待至三十五年二月十五日，本校已移至望城崗，潘先生始得召開教職員全體會議，討論此款運用方法，多數同仁，贊成『平均分配』，但與部頒規定不合，未能實行，蕭校長回校後，於五月三十日舉行第四八次校務會議，決定遵照部頒規定，組織教職員福利金委員會，旋經該委員會開會議決，

〔註 2003〕　《胡先驌全集》（初稿）第十七卷下中文書信卷，第 470 頁。

設立理髮室浴室零售商店等，因當時校中無空房可撥，未能舉辦，在暑假中，委員多數離校，因不足法定人數，未能開會，至上年十二月間，在校委員始足法定人數，乃聚集開會，議決以該款本金三百六十四萬八千元，連同利息四十三萬七千七百六十元，共計四百零八萬五千七百六十元，全都購買煤油，備漲價時分售同仁應用，比以當時煤油世面缺貨，乃購買五加侖裝煤油五十聽，五十三加侖裝汽油十五聽，均交由本校保管室保管，計共用價款四百零七萬九千五百元，尚存現款六千二百六十元，現由本校出納組保管，凡此經過，均有帳卷可查，該會告社會人士書所云：『蕭校長迄未提起，抗戰勝利遷校南昌後，經教職員再三催索，始以該款購買洋油若干桶。』等語，與事實全不相符。」

　　二、「查本校稅務專修科，係於三十二年六月胡前校長先驌任內，受江西省稅務管理局之委託而設，言明該科每年經臨各費，全由該局負擔，蕭校長於三十三年五月到校接事，到任以前之收支情形，尚未准前任移交，蕭校長到任後，經幾度與稅務管理局吳局長仕漢洽商，自三十三年八月起，至三十四年七月止，所需經常費三十六萬元，由該局負擔，此項經費，業准該局於三十三年九月二十三日，十一月二十五日，三十四年八月十四日，分三次撥交，校收賬，尚有三十三學年度因該科增班由本校墊付之設備費三萬零八百零五元，及本校於三十四年三月，遷移寧都長勝時，為該科學生墊付之保具費一十二萬四千九百元，屢經函催歸墊，因該局改組，至今尚無著落，凡此本室均有詳賬可查，且當時任該局局長之吳仕漢（現任廬山管理局局長），亦可請其證明，上舉事實是否實在。該會告社會人士書所云：『前江西稅務管理局，對本校稅務專修科曾撥國幣八百萬元，作該科之經費，而蕭校長對此項撥款，迄無清楚帳目，且自該專修科停辦後，此項經費更不知挪作何用』等語，全係毫無根據之虛構。」〔註2004〕

〔註2004〕 梁洪生主編《杏嶺春秋──〈江西民國日報〉有關國立中正大學的報導全匯（1938～1949）》，2010年12月內部印刷。中華民國三十六年二月二十七日週四第三版。

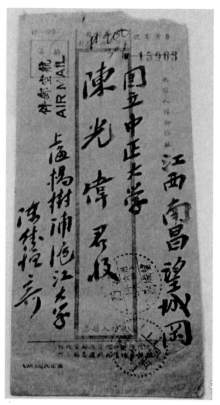

國立中正大學陳光偉收信封

2月28日，韓安致胡先驌信函。

　　步曾吾兄勳鑒：

　　　　二月廿六日大函奉悉，前談貴我兩所合作調查滇贛二省林木種類分布及採集種子事，雙方各出經費一千萬元，承示滇省調查費尚嫌不足，擬增加至一千五百萬元，似對贛省調查費未予提及。前談貴我兩所合作調查滇贛二省林木及採集事，二地合共經費一千萬元，雙方分擔，擬請維持前議，蓋此間經費限於預算，現又進入緊縮時期，不易增加，擬請仍照原議，俟計劃寄到，再行呈部核示。

　　　　專此奉復，敬頌

勳祺

　　　　　　　　　　　　　　　　　　　　　弟　韓安　拜啟

　　　　　　　　　　　　　　　　二月廿八日（1947 年）〔註 2005〕

────────────────

〔註 2005〕《胡先驌全集》（初稿）第十七卷下中文書信卷，第 470 頁。

2月，著《植物學小史》，王雲五主編《百科小叢書》，商務印書館第3版。

2月，農林部中央農林試驗所所長韓安與靜生生物調查所所長胡先驌雙方簽訂合同，共同出版《中國森林樹木圖誌》。對出版的每一步，每一筆費用都作詳細、細緻的分解，真正做到事無鉅細。

立合作出版《中國森林樹木圖誌》，約書人農林部中央林業試驗所、靜生生物所調查所（以下簡稱甲、乙方）。茲以雙方同感森林植物於林學及植物學之需要，合出經費、人力編印是書，期於十年以內完成《中國森林樹木圖誌》全套。茲將雙方同意，訂立條款，開列如左：

一、經費：由甲乙雙方共同分擔每年出版《圖誌》一冊，每期有黑白色圖一百張。

甲、甲方每年負擔之責任及經費部分：

（一）購置《圖誌》一期二百冊之用紙等：一百二十磅道令紙五令，一百磅道令紙五令，半白報紙三令半（墊圖與試圖樣用）。

（二）《圖誌》一期印二百冊所用之油墨及石印時所有之雜物：油墨二十四磅，藥紙一百張，汽油六十磅，凡士林十二磅，油墨滾三個，松節油十二磅，白布六丈，壓方皮條十五尺。

（三）裝訂費：共二百冊，用普通封面紙線裝。

（四）繪圖員一人，月薪二百元；打字員一人，月薪一百六十元（加成倍數及基本數，按公務員待遇支給）。

乙、乙方每年負擔之責任及經費部分：

（一）編撰人員：主編一人，由乙方擔任。編撰若干人，亦由乙方負責聘請國內外森林植物專家擔任各科之研究。

（二）儀器藥品（顯微鏡、雙筒解剖鏡、切片照相機、玻璃器皿、玻璃片、解片針蠟、各種藥品、照相軟片等）購置損耗及修理費用。

（三）石印機、鉛印機、鉛字鉛條等購置損耗及修理費用。

（四）向國內外學術機關借用標本、圖書之郵費或照相、打字、紙張等費。

（五）國內編纂人員於研究上必要時酌給旅膳宿等費。

（六）石印技術人員二人，每人每月支薪一百二十元；鉛印技術員二人，每人每月支薪一百二十元（加成倍數及基本數，按公務員待遇支給）。

二、《圖誌》研究地點：為書籍、標本及儀器便利起見，設在乙方。

三、《圖誌》印行地點：因乙方有鉛石印機、中英文鉛字等現存設備，復為主編人之督導，繪圖員石印時上版修版便利起見，亦在乙方所在地。

四、《圖誌》刊印以甲乙雙方名義發表。

五、《圖誌》式樣：大紙八開，圖用一百二十磅道令紙，說明用一百磅道令紙。

六、《圖紙》排列順序：因應國內林業界之需要，前五年盡先出版主要森林樹木，後五年出版次要之森林樹木。排列方法含仿照 A. Engler: Das Pflanzenreich 方法，將中國森林樹木之科屬預先排定號數，各編撰人研究完竣有自由提先付梓之機會，並可按照上述在前五年內盡先出版。主要樹木之原則，但每屬必須完整一齊發表，一期不能發表完竣者，得在次期或次數期中發表。

七、《圖誌》分配：《圖誌》每期印二百冊，甲乙兩方平均分配，由各方自由處置，倘甲方或乙方願增印，冊數所需紙張等費用由其負擔。

八、合作期限：為十年，自民國三十六年一月起至民國四十五年十二月止，但遇必要時，經甲乙兩方之同意，得酌予延長之。

九、本合同一式三紙，甲方二紙、乙方一紙。自甲乙兩方簽字蓋章，並呈請農林部核准之日起即發生效力。

農林部中央農林試驗所所長　韓安（章）

靜生生物調查所所長　胡先驌（章）

中華民國三十六年二月〔註2006〕

〔註2006〕《靜生生物調查所與中央林業試驗所合作協議》，南京：中國第二歷史檔案館，425（598）。胡宗剛著《靜生生物調查所史稿》，山東教育出版社，2005年10月版，第199～201頁。

2月初，胡先驌與韓安合作採集植物標車。

　　靜生所所長胡先驌為下屬廬山森林植物園和雲南農林植物所尋求經費，與中央林業試驗所所長韓安相商，由靜生所和中林所合作，共同出資1000萬元，各擔其半，由農林植物所和廬山植物園分別擔任雲南南部和江西北部的森林調查工作。達成初步協定後，胡先驌分別致函農林植物所俞德濬、廬山森林植物園陳封懷，通報此事，並囑速寫各自調查計劃書，呈請中林所，以便早日辦妥經費事宜，而趕在採集最佳時節的春天到來之時出發。由於事涉多方，來往公函相商費時，而俞德濬認為經費過少，要求增加預算，致使中林所承擔之款遲遲難以下撥，坐失大好採集季節，胡先驌很為著急，多次致函韓安，才辦妥此事。此先錄俞德濬所著《調查計劃書》之緒言，以見該項工作之意義：「雲南植物種類繁頤，中外學者豔稱。而滇南緬越交界之熱帶常綠雨林，延綿十里，森林資源之豐富，為國內所罕有。如八角、三七、樟腦、紫膠、茶葉、油桐、禿杉、滇柏以及多種珍貴硬木材等，或可供工業原料，或為重要出口物資。其未經調查不知利用，尚未開發未加栽培之種類則尤難縷述。靜生生物調查所在滇調查研究已逾十五載，對於各地農林特產以及林區分布情形略知梗概。惟過去調查多趨重於種類之辨識，而於產量、運輸情形、製造方法以及今後如何開發利用之途徑等，未能詳作考察。茲為探討此區域內之森林富源起見，本年特由靜生生物調查所與中央林業試驗所合資組織滇南森林資源調查團，並由靜生分所（雲南農林植物研究所）調派訓練有素，熟悉當地情形之工作人員，前往滇南各地重要產區，詳作採集調查，按年分區工作，期以兩年全部完成。此不特可以節省自京派員旅途往返之勞，且可收事半功倍之效。每年結束之後，分別編繕調查報告，以供政府及企業家之參考，而定開發與經營之計劃焉。」靜生所云各出資一半，其並無資可出，實為套取中林所經費。〔註2007〕

〔註2007〕　俞德濬：調查滇南森林資源計劃書，中國第二歷史檔案館藏中央林業試驗所檔案，425（598）。胡宗剛著《雲南植物研究史略》，上海交通大學出版社2018年7月版，第181頁。

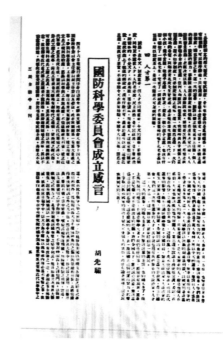

《國防科學委員會成立感言》文章

3月1日，《國防科學委員會成立感言》文章在《三民主義》半月刊（第10卷第6期，第5～6頁）發表。摘錄如下：

四月十六日報載行政院任命白崇禧、朱家驊、翁文灝、陳誠、俞大維等十四人為國防科學委會主任委員副主任委員及委員，此在我國誠為一有重大意義之事。我國科學落後，工業無基礎，雖自有清末葉即訓練新軍，建立海軍，建立兵工廠與造船廠，然終以科學與工業無基礎，不能追隨歐美列強，建立近代軍備。直至北伐告成，國民政府成立，始漸有建立近代化軍備之決心。對於兵工廠之改革，前兵工署長俞大維殊有劃時代之建樹，使我國之輕武器，可與捷克司科達兵工廠之出品，並駕齊驅。至於重武器，則以我國無煉鋼工業，故雖構有近代重武器之藍圖亦不能製造。政府雖積極建立空軍，然以不能設廠製造，仍賴向俄意美諸國購置，對於坦克車等武器亦然，海軍尤不足道。故在抗日戰爭八年之長期中，除最後由美國以飛機及各種新式輕重武器租借與我外，僅賴輕武器大刀、手榴彈與血肉之軀以與強敵相周旋，其終能獲得最後勝利誠意外之天幸也。然在此次世界大戰中，新武器之發明，日新月異，層出不窮。空中堡壘，噴射式超聲速飛機，無線電控制之飛彈、雷達，以及最後發

明之原子炸彈，爭奇鬥異，不啻《封神演義》上之諸仙鬥法。以我國窳陋之武備方之，真等於制梃以撻秦楚之堅甲利兵。他日如第三次世界大戰發生，則美俄等國僅須以一紙命令吾人即只有投降之一途，否則必至全部毀滅。欲求在抗日戰爭中，以大刀與手榴彈以與強敵肉搏必為不可能之事。故國防部白部長去年在中央研究院評議會開幕時致詞，反覆聲稱近代科學戰爭之可畏，而表示不勝焦慮；而在國家現預算極度緊縮之下，終於通過以每年國防經費百分之二為國防科學經費，且組織國防科學委員會以處理國防科學研究事務，並於國防部設一專廳以司此事也。今年國防經費在國家總預算中之百分比遠較去年為小，論理國防科學經費實無法支付，然國防部鑒於國防科學之重要，仍有忍痛積極從事之決心，具見當局謀國之忠與識見之遠。然在中國一般科學落後，工業基礎全無之今日，如此提倡國防科學即能建立科學的國防乎？此筆者所欲在此討論，以期引起政府與社會注意者也。

欲言國防科學，第一須知其所包括之科學範圍之廣。就陸軍言，欲製造新式機械化武器，必須有各種特殊之鋼，則冶金學至為重要。必須有大量之特種汽油以供動力，大量極烈炸藥以製炮彈與火箭彈，大量人工或天然橡皮以為車輪，及其他無量數之化學品，則化學極為重要。必須有大量原子彈雷達等武器，則物理學有超絕之重要。必須有良好之軍醫設備如血漿，外科用藥品器械材料等等，則醫藥等科學極為重要。如用細菌為殺人及毀滅農作物之武器，則細菌學有超絕之重要。就空軍言，除製造飛機及其他武器外，氣象學與大氣動力學、物理學皆有超絕之重要。就海軍言除製械造船製彈外，地理學與海洋學亦極為重要。就軍食言則農業科學、營養學、食物化學、食物製造學乃極為重要。就士兵之服務效率及心理健康言則心理學極為重要。蓋今日之戰爭為全體戰爭，國防為全體之國防，全民族國家之物質與資源皆須能儘量利用之以供國防之用。則國防科學必須包括一切科學一切技能，決不能僅限於造艦製炮小範圍之內，此政府與社會人士以及主持國防之當局所必須深切瞭解者也。

第二，今日之全體戰爭必須動員全國之一切資源，則所需用之工業資源與成品，其量必須異常龐大。今日組織一機械化陸軍師所

需要武器之量之龐大與其消耗之速,使籌國防者不但在平日須積存大量已製成之最新式武器,且須隨時能繼續獲得製造此大量武器之資源與能製造之之工業。同時亦須有極大量之技術工人與科學家、工程師、醫生等專門人才,此亦政府與社會人士以及主持國防之當局所必須深切瞭解者也。環顧我國今日之狀況,則一切科學皆不發達,重輕工業毫無基礎,科學家、工程師、醫生及一切技術人員,下至技術工人皆異常之缺乏,故若僅就國防科學之狹義範圍內,求能由國防部所主持之國防科學研究,以建立足以保衛國家以應付未來之世界大戰,則不啻自欺欺人,誤國誤民。反不若絕對解除軍備,準備受人宰割,或反可圖苟安於一時,而減輕國民之龐大經濟負擔也。

質言之,欲建立科學的國防,必須除狹義之國防科學外,積極推進一切科學及一切重輕工業與作育極大數量之科學與技術人員,方能達到此目的。此則顯非今日之國防科學委員會所能任也。

積極建立重輕工業政府尚知其重要,至於積極推進一切科學與作育極大數量之科學與技術人員,則在今日國家經濟極度窘迫之情形之下,政府似尚認為非切要之圖。實則建立工業尚可利用外資及若干外籍技術人員,而積極推進一切科學與作育極大數量之科學與技術人員,則賴國家自身之努力。苟不能致力於此,則所謂以若所為求若所欲,猶緣木求魚者也。

蘇聯在十月革命以前,其科學之落後與工業之幼稚,與我國不過五十百步之比。然自共產黨執政後,鑒於國際干涉之可畏,乃極力圖存,以全力提倡科學與建設重工業。其三次五年計劃居然奠定抵抗德國侵略之基礎。自從第二次世界大戰,備受德國之摧殘又見美國之發明原子炸彈,益加倍重視科學,積極從事科學研究,優待科學家無所不至。斯太林宣布其新五年計劃,聲稱將使蘇聯之科學研究超過世界任何國家。科學家之月薪可高至三萬盧布,為工人之薪金之百五十倍,此外尚享有別墅汽車等種種優待,復保證其身後使其妻子得優裕之生活。其大學多至七百八十所。其政府之獎勵科學至於此極,無怪美國某原子彈專家某氏認為蘇聯在三年之後製造原子炸彈即可超過美國。至於毒菌武器之研究,則設備較簡,費款

不多，在蘇聯必可在短期內成功，蓋無疑義。我國與蘇聯接壤而科學與工業落後，相較不啻天淵，若不急起直追，尚何國防之可言？靜言思之，寧能免不寒而慄乎？

我國有識之士固亦有見於此，認為科學研究，實為今日立國之命脈。去年間梁寒操氏曾聯合國民黨各領袖向國防最高委員會提出一規定，國家每年歲出總預算中百分比專款舉辦科學研究案，並建議組識一國立科學最高會議以主持其事。梁氏提案主張以國家每歲出總預算百分之三作為科學研究經費。後經國防最高委員會通過此項經費占總預算百分之一，當即議決由預算委員會擬具預算定於三十六年度開始支用，國家科學最高會議亦須於三十六年度成立以行使其職權。乃至今年通過預算時主計長竟未列此項預算，於是一年大好光陰，又輕輕失去，具見今日政府大吏對於立國大計之愚蒙無知也。今國防科學委員會之告成立，可謂差強人意。然政府必須知一般之科學研究，實為國防科學之基礎，未有基礎不立，而能建立一堅固之上層建築者。且須知今日之國際情形使人實不勝虎尾春冰之懼。苟欲求立國於今日，非以全力推進科學研究不為功。深望執政者重視此生死存亡之關頭，懍乎時不我與之眉急。今年盡速組織國立科學最高會議如美英蘇各國所有者，以籌劃於明年擬定科學研究之方案，以期盡速動用此項專款以促進全國之科學研究工作。須知此事之重要，決不在行憲與解決國共兩黨之爭之下。執政者必須自勉，朝野人士亦必須監督政府使之勿弁髦此立國之大計，則國家幸甚，民族幸甚。〔註2008〕

3月7日，尋找靜生生物調查所的出路。

於此同時，胡先驌有調用中基會所保管的靜生所儲存在美國的15萬元基金之議。尚志學會代表江庸認為：「庶此一紀念性質具有近念年歷史之學術機關不致因經費關係遂陷停頓」，同意支取1萬美元，以補中基會撥款之不足。〔註2009〕中基會則認為眼前的困難，只

〔註2008〕 胡宗剛撰《胡先驌先生年譜長編》，江西教育出版社，2008年2月版，第418～421頁。

〔註2009〕 江庸致中華教育文化基金董事會，1947.3.7，南京：中國第二歷史檔案館，484，(1026)。

是一時，可設法解決。存於美國的基金，關係到靜生所的根基，不可隨便動用。胡先驌的建議未得到足夠的支持。繼而，向國民政府行政院尋求補助，要求承諾 5 億元以做靜生所基金。1947 年 6 月 27 日得教育部代電，云「行政院指令，依照經濟緊急措施方案，未便撥款補助」。仍是令人失望。此時得知清華大學尚有美金，任鴻雋在南京與梅貽琦校長接觸，希望靜生所併入清華大學，此事也未有結果。靜生所仍僅依靠中基會少量經費繼續維持。〔註 2010〕

3 月 13 日，俞德濬致韓安信函。

竹坪先生大鑒：

久慕鴻儀，憾未聆教。頃接胡步曾、蔣惠蓀兩先生來函，知貴所本年擬與靜生合資調查雲南森林資源，囑由敝所擔任工作，謬蒙青睞，欣感曷極。茲將計劃書草就，並以送蔣先生閱過，認為可用，隨函寄呈鈞核，並盼指教。關於經費一事，近以全國經濟波動，雲南各地物價云較前月增加一倍至二三倍不等，原定一千萬元之預算遠不敷用，如最近物價不再發生劇烈波動，以員工四人在外旅行工作，全年用費至少約需二千萬元，詳情請閱計劃書文附預算表，茲不復贅。即希迅與步曾先生函商，早日確定，以便著手籌備一切，尊意如何，盼賜教為荷。

謹此藉頌

勳祺

後學 俞德濬 謹啟

三月十三日（1947 年）〔註 2011〕

3 月 13 日，國民政府公布修正《國立中央研究院組織法》，根據該組織法，設置院士，第一次由國立中央研究院評議會選舉產生，名額為 80 至 100 人，以後每年由院士選舉，名額最多為 15 人。擬定了《國立中央研究院院士選舉規程》，對各組人員進行細分。數理組至多 33 人，至少 27 人；生物組至多 33

〔註 2010〕 教育部致中華教育文化基金董事會代電，1947.6.7，南京：中國第二歷史檔案館，484，（1026）。胡宗剛著《靜生生物調查所史稿》，山東教育出版社，2005 年 10 月版，第 192～193 頁。

〔註 2011〕《胡先驌全集》（初稿）第十七卷下中文書信卷，第 470～471 頁。

人，至少 27 人；人文組至多 34 人，至少 27 人。修訂「國立中央研究院評議會條例」，評議員由國立中央研究院院士選舉產生，選舉名譽會員部分予以修正，並將任期改為三年，可以連選連任。經國民政府聘任評議員 30～50 人及當然評議員組成。

3 月 14 日，按照靜生生物調查所委員會章程第二、四兩條款規定，聘請下列九君為該委員會委員，各委員任期在下一次委員會會議中鑒定：江庸、范鴻疇、孫學悟、周詒春、任鴻雋、林伯遵、俞大紱、王家楫、胡先驌（當然）。《中華教育文化基金會董事會報告（1947 年 1 月～12 月）》。

3 月 21 日，美國史密森學會 Walker 來函，寄來一份中美聯合編撰《中國植物誌》的備忘錄，組織編委會。他希望胡先驌出任主編，並言此項研究將可申請到大筆經費。

3 月 28 日，胡先驌致韓安信函。

> 竹坪吾兄勛鑒：
>
> 　　日昨寄奉一函亮可先此達覽，昨接俞寄川教授來函，並採集計劃書，甚為妥善。據云已由蔣惠蓀先生代為致函說明。以為此之少之款，能作如此之多之事，想吾兄必忻慰，乞能照其原計劃通過將經費增加，將來之成績亦正貴所之成績也。無論如何，請勿函件往來，耽擱時日，希望盡速將款寄去，俾得早日出發，至以為要。陳封懷教授處已有函來否？念念。
>
> 　　專此即頌
>
> 勛綏
>
> 　　　　　　　　　　　　　　　弟　胡先驌　拜啟
>
> 　　　　　　　　　　　　　　　三月廿八日（1947 年）
>
> 　　關於滇南採集是否須簽一合同？抑僅須換一公函，乞酌示為感。又及。〔註 2012〕

3 月 28 日，任鴻雋致胡先驌信函。

> 　　關於維持靜所辦法，日前與翊雲、鴻疇、寄梅諸先生商議結果，擬發起募集基金五億元，茲將啟稿寄呈臺閱。啟中擬請兄列名，想能見允。預計能募得半數，靜所目前問題已解決大半矣。

〔註 2012〕《胡先驌全集》（初稿）第十七卷下中文書信卷，第 471 頁。

弟 任鴻雋

卅六、三、二十八〔註2013〕

3月，胡先驌將《天外》詩書寫贈送龔嘉英。

　　3月間，校長由北平返鄉，住在南昌市，校友們聞訊，非常熱烈地集會歡迎，在南昌市六扒館大開筵席。我是籌辦人員之一，那天校長精神特別愉快，餐會後，校長對我說：「你喜歡學詩，我用毛筆寫一首詩給你。」當時我在南昌心遠中學教國文兼訓導主任。過了幾天，適逢農曆三月初三日上巳修禊佳辰，校長在南昌市東湖百花洲參加了「江西詩社」的詩人聚會，並且做了一首長篇的五言古詩（編入《胡先驌先生詩集》第142頁至143頁）。又過了一星期，校長在回北平前，將一幅宣紙交給我，上面是校長親筆寫的一首詩，是七言八句律詩，上款是嘉英仁弟，下款是胡先驌錄舊作。我真是如獲至寶，連連鞠躬稱謝。焉知從此一別，永無再見之期。海峽兩岸阻隔，久無音信，一直到1992年10月，我與內人淑玉回家鄉探親，同上廬山遊覽，即至植物園內校長墓前行禮致敬。

　　校長寫給我那首詩，書法精妙，雖注明是舊作，但未寫題目，當時我也忘記問。我把這幅墨寶裱好後，懸掛在心遠中學我的書房兼臥室中，時時瞻仰、欣賞，並熟記。1949年時局變遷，我離開南昌，連同行李帶回家鄉，後來由南昌到香港，輾轉來臺，這幅字沒有帶出來，但這首詩和校長的書法，常常會浮現在我的腦海裏，尤其是在燈下誦讀杜詩時。1992年4月間，母校在臺校友會決定編印《胡先驌先生詩集》，公推譚峙軍學長主編，我被推擔任校讀。我在匆忙中校讀時，才發現這首詩的題目，就是起句中的開頭兩個字《天外》。再查年譜，知道此詩係1940年春末夏初時，作於雲南昆明附近的黑龍潭的農林研究所（編入《胡先驌先生詩集》第102頁）。茲錄原詩如下：「天外青山露一尖，松風習習水漸漸。愁霖暫霽開朝爽，去翼時過入遠峯。物理有營蜂抱蕊，我心無競雀窺簷。從刊世味歸恬靜，萍梗生涯任久淹。」這首詩的章法是學杜甫的，前四名寫景，後四名言情，而且靜中有動，情中有景。作七律，中間四句要對仗，

「愁霖」是指久雨,「去翼」是指飛鳥,「物理有營」對「我心無競」,
絕佳。結尾是表示心情恬淡,隨遇而安。這是步公平生最得意的作
品之一。作此詩時,步公尚不知道有人正要向教育部薦舉他出來擔
任國立中正大學校長哩!〔註2014〕

3月,胡先驌獲知雲南試種煙草成功,決定貸款1.5億元,租地280畝,
擴大煙草種植面積,年底煙葉獲得豐收,還清貸款本息尚有積餘。〔註2015〕

4月6日,胡先驌致任鴻雋信函。

叔永吾兄惠鑒:

　　四月五日手書奉悉,此次籌募基金如成功,即不調回美金亦無
不可。今將本年度預算寄呈,此數如能籌到,即不宜減少。蓋第一
職員生活必求其能安定,過於刻苦,則終日愁鹽愁米,妨礙工作,
大不合算;第二房屋多年失修,如不趁此結實修繕一次,拖延愈久,
則費鈔愈多;在標本方面,積存雲南之數萬號植物標本,今年均須
運回黏貼,標本須大量標本紙,標本櫃須添置四五十具;印刷方面,
《研究彙報》約有四百頁須付印,《植物圖譜》第六冊,圖已在戰前
印就,故必須付印,然今年只擬印一百冊,《中國森林植物誌》則須
印二百冊,但經費半由中林所擔任,故所費不多。有此三種印刷品
問世,在國內亦可首屈一指矣。此外尚有沈嘉瑞之《華南蟹類誌》
一巨冊、《河北之野花》一書,秦子農之《中國蕨類誌》等書,以及
唐進、汪發纘兩人之專科研究論文。若全部付印實非本所今年經費
所能擔負,只好延至明後年作計較。採集工作則定在雲南、江西兩
省舉行,經費與中林所分擔,所費並不多也。國內籌集之基金,以
及政府補助之基金,目前當與江翊雲先生所商定者,另組一基金保
管委員會管理。募捐啟印成後不必寄平,以弟此間並不能活動,除
非適之諸君肯積極為之勸募也。本所全部刊物已以一全分送適之轉
送北大。下月傅書遹南下將以刊物一全份奉贈,如吾兄不欲留用,

〔註2014〕 龔嘉英著《回母校作專題演講的聯想》。胡啟鵬主編《撫今追昔話春秋——
　　　　　胡先驌學術人生》,北京燕山出版社,2011年4月版,第273~274頁。
〔註2015〕 中國科學院昆明植物研究所編委會編《中國科學院昆明植物研究所簡史
　　　　　(1938~2008)》,2008年10月版,第4頁。

即請轉送中基會。此外將以各種專刊分贈翁、周、蔣、傅、蔣五人，俾此數公略知本所刊物之內容，如彼等不欲保留，亦可持贈各學術機關也。綜合性之工作報告，即擬編寫付印，分贈中基會各董事及其他機關。明年為本所二十週年，或可稱為靜所二十週年述略也。教部此次匯寄一千萬元，稱為墊款，並云俟政府補助金領到，即扣還，可見此款必可核發。加以此次所募集若全數收到，將有十億元，照半數買美金、公債，年息二分，以半數放息一角二，本所經濟在最近數年亦盡足用，且弟仍將盡可能節用，努力恢復此前之規模也。不過目下所有之二千萬元，至多只能維持至五月底，而一至六月則修繕房屋，購買標本紙，製標本櫃等，需用鉅款，不知屆時募集之基金已否收集，存放是否已有大宗利息可以支用？此則在兄等安排，如無把握，則不如先調五千至一萬美金來滬，存息應用，基金募集到後，再買美金公債補還。此點請與江、范兩君酌定，並請示知為感。莎菲夫人對話單行本，謝謝。

　　專此即頌

時綏

弟　胡先驌

四月六日（1947年）〔註2016〕

4月10日，任鴻雋致胡先驌信函。

　　步曾吾兄左右：

　　　接奉四月六日來示及靜所三十六年預算一份，均經誦悉。查此次籌募臨時基金，雖經在此積極進行，惟值目前時局動盪，一般經濟情形每況愈下，將來究竟能募到若干款項，何時可以接濟，似均難以臆測。至於政府補助費，在政府屬行收支平衡之政策下，亦未敢過存奢望。故弟意尊處工作計劃，此刻仍以緊縮為上，如籌募臨時基金成績能達到目標，再圖擴展，亦不為遲。至於緊縮辦法，第一層暫不增加工作人員，其次即將可能延展支付項目切實往後推延。據弟估計臨時基金或至少可募到一億元以上，如有此數，自不便再

〔註2016〕胡宗剛撰《胡先驌先生年譜長編》，江西教育出版社，2008年2月版，第408～409頁。

挪調美金基金。至於募集國幣，保留美金之與原意相左（一萬美金調回國內，亦不過折合國幣一億一千餘萬元）。

　　茲擬請兄將過去三個月實際收支作一結算，然後自四月份起至十二月份止，編一最低限度之工作預算細目，弟認為：一、人員數目壓在可能範圍內，應暫維持上年底所送預算開支員工人數；二、房屋修繕費亦維持三千萬元數額；三、印刷及其他費用酌為核減；四、弟對於照政府規定之薪津以外，酌為提高同人待遇一節，原則上表示贊同。本年教部已撥尊處二千萬元，中基會補助四千萬元，假如每月平均預算為一千萬元，待籌款額當達六千萬元。邇來利率劇降，且有續降之勢，如預算過大非但虧空，即對募款進行亦或有不良現象。鄙見如此，不識高明以為如何？

　　專此祗頌

時祺

弟　任鴻雋
四月十日（1947 年）〔註 2017〕

4 月 16 日，胡先驌致韓安信函。

　　竹坪吾兄勳鑒：

　　四月三日手書敬悉。君審查表、職員登記表等件今寄上，乞查收，馮君之各件當另寄。滇贛採集事如何，無論成否，乞早回一信，以備規劃。昆明方面已整待命，如能合作，盼即示知，並匯款一部分，以免延誤時日為荷。

　　即頌

勳綏

弟　胡先驌　拜啟
四月十六日（1947 年）〔註 2018〕

4 月 16 日，胡先驌致任鴻雋信函。

　　叔永吾兄惠鑒：

〔註 2017〕　胡宗剛撰《胡先驌先生年譜長編》，江西教育出版社，2008 年 2 月版，第 410 頁。

〔註 2018〕　《胡先驌全集》（初稿）第十七卷下中文書信卷，第 471 頁。

　　接奉四月十日手書,敬悉一是。茲遵命改訂四月起九個月預算,今已竣事,現在所中尚存經費約一千五百萬元,惟四月份薪津尚未發放,一切均緊縮開支,唐進五月北來,已經說定(四月薪津作為旅費之用),今值開始編纂《森林樹木圖志》之時,弟亦極需彼相助,前所開預算稍寬,故只列彼半年薪額,今改正。楊惟義北上半年,亦已議定,不能更改。前本擬任用一專人,理會計、庶務,今作罷論,仍由夏緯琨兼理,而呂烈英改支中林所薪津,不列此預算之內,故總算起來只增加楊惟義一人半年之薪津而已。工人之數不能減少,而為數亦不多。研究費減少五百萬元,旅運費減少一千萬元,印刷則《圖譜》不出,《彙報》只出二百頁,設備費亦大減。故現定九個月經常費一億二千六百萬元,除所中尚存一千五百萬元,中基會當為二千萬元外,尚少九千一百萬元,希望無論如何能為籌足。房屋修繕費遵命以三千萬元為限,若再欲核減此數,則只有將其他一切工作停頓,只從事編纂《森林樹木圖譜》(用中林所之人員與經費)一項,則殊非弟之初意矣。至於另列之增加生活費及加成費,必待政府訂待遇及所中有款時始能支用,否則聽之。如此,想公等不至再有異議歟?

　　吾兄前函本云五億捐款希望有半數,何以此函又以為只可得一億元以上。在此遊資充斥之時,若能積極募集,似二三億之小數不應難於募集,第看努力與否耳。如諸公有誠意為靜所募款,預算過小或反促以使募款精神懈怠,此亦一種看法也。現在政府不知重視科學事業,端賴社會賢達為之代庖,公等與靜所皆有極深之關係。現在各科學研究機關皆萎靡不振,靜所同人不惜艱苦奮鬥、再接再厲,甚希望能博得公等之同情與支持也。

　　專此敬頌

時綏

弟　先驌

四月十六日(1947年)〔註2019〕

〔註2019〕　胡宗剛撰《胡先驌先生年譜長編》,江西教育出版社,2008年2月版,第411～412頁。

4月18日，胡先驌致任鴻雋信函。把與美合編《中國植物誌》事情告之，他本人打算終身從事該項工作，希望任鴻雋鼎力相助，從事業務資金短缺中走出來。

> 叔永吾兄惠鑒：
>
> 日前寄上修改預算一份，想已收到。今日接 Walker 來函，云彼已擬就編纂《中國植物誌》計劃，送呈美國 National Research Council，數月後即可望以鉅款寄華，以供此用。而將來靜生採集研究可望由此得大量資助，以弟將為此巨大工作之主要負責人也。惟主持此工作必需多人為助，故除專家外，尚須添助教數人。美國方面既對於此項工作如此積極，我國人士亦應有同樣之熱忱，方不負他人之美意。似不宜但求目前之苟安，而一味緊縮，想兄亦以為然也。印度加爾各答植物園沿雷多公路採集植物，Merrill 希望雲南農林植物所擔負此責，將另籌經費以充此用。編纂《中國植物誌》（中英文本及分區植物誌多種），需二十五年之久，弟決意終身從事於此。兄等為主持中國文化事業之人，望能在經濟上為此項大事業以幫助，俾弟能專心致志從事研究，以免費神於籌款，則幸甚矣。王啟無暑假即赴哈佛研究，弟明年赴美可與之一同著作一重要植物學書籍，後年將邀之回所，則又多一臂助矣。
>
> 專此
>
> 時祺
>
> 弟 胡先驌
>
> 四月十八日（1947年）
>
> 今日得杭立武來函，對於靜所請補，仍願極力幫助云。又及。

〔註2020〕

4月23日，任鴻雋致胡先驌信函。對靜生所的業務開展資金獲得通過，對編植物誌一事，先做一些準備工作，對於增加人員等諸事，以收到款項為準。

> 步曾吾兄大鑒：
>
> 四月十六、十八日兩緘先後奉到，敬悉一一。改訂靜所卅六年

〔註2020〕 胡宗剛撰《胡先驌先生年譜長編》，江西教育出版社，2008年2月版，第412頁。

度預算已於十八日在京開執行委員會時提交蔣、周兩先生閱過，大約可作為通過。惟募捐項正進行，政府補助須待新內閣成立後，看財政情形如何，方能作進一步計劃。此時似只能就手中所已有者，緊縮使用。若作望梅止渴之計，恐梅終不得，渴且愈甚。至房屋修繕有時期限制，鄙意可由會中先撥若干，以便早日動工，此款將來可由本會補助費或基金利息扣除，即請查照辦理為幸。

　　關於 Dr. Walker 所言，弟極盼其能成事實，但如添人助理，仍須在該項計劃已經實行（即款項已來）之後，方覺穩妥，兄意想以為然。玩兄兩次來緘，似疑弟等於靜所未能盡力相助也者，實則此次發起募集基金，即足充分表示會中同人重視靜所事業之誠意。至募款結果如何，則須視出款人之熱心與態度，非弟等所能代為決定也。弟前緘言捐款可得所定數額之半，次又言可得一億元以上，皆係推測之辭，不足為據。總之，弟等之希望固愈多愈妙耳。今日馮澄如君來晤，持兄致唐英如兄之緘，請領上期補助費餘款五百萬元，當即照發，請查洽。又農山兄來言，楊宜之兄北上事，請尊處暫勿實行，因彼有事不能離滬也，如何之處，請裁奪，徑復農山為幸。

　　專復敬頌

春祺

弟 任鴻雋

卅六年四月二十三日〔註2021〕

5月1日，韓安致胡先驌信函。

　　步曾先生大鑒：

　　本月十六日所惠手示，業經拜讀，滇贛採集事，本所備極關懷，並願共任經費一千萬元，一俟兩省合作調查計劃協商就緒，即可訂立合同，開始實施。本所業經根據滇贛兩省森林資源計劃草案一份，除分別徑寄廬山植物園及昆明植物研究所，請各抒高見，並就各個範圍按照經費一千萬元編列詳細預算迅速寄所協商辦理外，特檢附該項計劃書草案一份送請核奪。

〔註2021〕 胡宗剛撰《胡先驌先生年譜長編》，江西教育出版社，2008年2月版，第413頁。

專此奉復，並頌

研安

韓安 拜啟

三十六年五月一日〔註2022〕

5月1日，任鴻雋致胡先驌信函。

步曾吾兄左右：

四月十五日來示奉悉，靜所修繕費當由本會補助費中先撥一千萬元，以資應用，此款如何撥付？是否由此間匯平，請示，好照辦。募捐事已由范鴻疇先生將捐啟印就，茲寄上一冊，以供參閱。正式進行則待范先生南旋後，再行發動。行政院之補助費，自有繼續請求之必要，惟須在政府財政稍有辦法以後，方有希望。兄如為此事南來，弟自可同時到京，作一臂助也。餘不備悉。

此請

研安

弟 任鴻雋

卅六、五、一〔註2023〕

5月2日，蕭純錦致韓安信函。

竹坪所長吾兄勳鑒：

大疏函候，今惟公私佳勝，慰如所頌。聞貴所與廬山森林植物園合組湘鄂贛邊區森林調查團，行將就緒。碩劃宏規，至深欽仰。敝院早擬從事此事工作，惟限於人才、經費，致未果行。現擬派員參加調查，籍為合作試驗研究之初步，俾將來得以嘉息林業。該團何時出發，以及參加手續如何辦理，統計酌奪示復，無任感盼。

專此順頌

等候

弟 蕭純錦 謹啟

五月二日（1947年）〔註2024〕

〔註2022〕《胡先驌全集》（初稿）第十七卷下中文書信卷，第472頁。

〔註2023〕胡宗剛撰《胡先驌先生年譜長編》，江西教育出版社，2008年2月版，第414頁。

〔註2024〕《胡先驌全集》（初稿）第十七卷下中文書信卷，第473頁。

5月3日，胡先驌致任鴻雋信函。

　　叔永吾兄惠鑒：

　　　　五月一日手書奉悉，修繕費一千萬元，以現在物價僅修一房頂亦不敷用，請盡速匯平一千五百萬元，俾便即日興工，十五日工價又須增漲，愈遲愈不合算也。捐冊已寄一冊與熊天翼，看彼能幫忙否？請求行政院補助事，請先與蔣夢麟、朱騮先、杭立武函商，弟擬於六月初南來，不知合宜否？弟當不欲再度撲空也。

　　　　專此敬頌

　　時綏

　　　　　　　　　　　　　　　　　　　　　　　弟　先驌

　　　　　　　　　　　　　　　　五月三日（1947年）〔註2025〕

5月6日，胡先驌致任鴻雋信函。

　　叔永吾兄惠鑒：

　　　　前日奉上一函計達，靜所募捐啟請寄若干冊來，以便向各處接洽募款。修繕費請盡速寄下，此間物價上漲之狀駭人，遲一日即多一日之損失也。

　　　　專此即頌

　　時綏

　　　　　　　　　　　　　　　　　　　　　　　弟　先驌

　　　　　　　　　　　　　　　　五月六日（1947年）〔註2026〕

5月6日，胡先驌致韓安信函。

　　竹坪所長吾兄勳鑒：

　　　　頃奉五月一日手示，並兩所調查滇贛兩省森林資源計劃草案，敬悉一是。此草案大致不錯，惟以物價關係，滇省方面一千萬元必致超出預算，然時間已晚，若再公文往返，周折滋多，耽延過久，則今年不如作罷。故弟原意先暫照一千萬元擬定預算，即盡速匯款，

〔註2025〕胡宗剛撰《胡先驌先生年譜長編》，江西教育出版社，2008年2月版，第414頁。

〔註2026〕胡宗剛撰《胡先驌先生年譜長編》，江西教育出版社，2008年2月版，第415頁。

以便成行，不足之數，再設法另籌，以弟估計或有辦法。至於三十七年度則經費完全須重新議定，如仍株首次每省一千萬元之數，不啻以豚歸而祝滿車。若不敷之數，完全須弟設法籌措，則貴所一千萬元之數亦同難肋也。除由弟函陳、俞二教授外，特此函復，如蒙同意，請於接此函後。一星期內即刻匯款至滇贛，否則，至明年再商。

　　專此候復，即頌

勳綏

　　　　　　　　　　　　　　　　　弟　胡先驌　拜啟

　　　　　　　　　　　　　　　五月六日（1947 年）〔註 2027〕

5 月 8 日，任鴻雋致胡先驌信函。

　　步曾吾兄大鑒：

　　　　五月三日來示奉悉，先拔本會補助費一千五百萬元充房屋修繕費，自可照辦，當盡速於一星期內匯平，請即著手進行可也。范鴻疇兄北來，想已晤及，靜所基金募集尚無絲毫成果，而本會補助費已將用罄，弟甚為靜所來日著急也。行政院補助費因張岳軍上臺不久，頗難有所進展，最好俟弟到京，一為探詢後再定兄南來時期，以免再次撲空，尊意以為何如？

　　專復敬頌

研綏

　　　　　　　　　　　　　　　　　　弟　任鴻雋

　　　　　　　　　　　　　　　廿六年五月八日〔註 2028〕

5 月 11 日，胡先驌審查教師資格。

　　　　民國時期大中院校教師資格，係由教育部評審確定。此教師資格，類似如今之職稱晉升。此項制度，不知具體始於何時，此錄 1947 年 5 月 11 日《武漢日報》所載是年教育部審查結果：

〔註 2027〕《胡先驌全集》（初稿）第十七卷下中文書信卷，第 472 頁。
〔註 2028〕胡宗剛撰《胡先驌先生年譜長編》，江西教育出版社，2008 年 2 月版，第 415
　　　　　～416 頁。

教部學術審議委員會日昨之常務會議通過，專科以上學校教員沈克非等五十三人初審合於教授資格，張世驤等五十人初審合於副教授資格，萬宗玲等七十八人審查合於講師資格，伍重華等一六四人審查合於助教資格。

其中萬宗玲乃著名苔蘚植物學家陳邦傑之夫人，亦研究苔蘚植物。教育部評審方式：首先組織成立由社會知名學者為成員之學術審議委員會，由委員會制定評審條列。參與教師資格參評者，提供自己學術論文；由委員會邀請相關專家予以審評，寫出評審意見。教育部則向專家支付一定酬金。胡先驌是委員會選定審評專家之一，1946年9月為之審查《長汀色球藻志》一文，得酬金6千元。不知該論文作者為誰，也不知胡先驌具體審評意見。其後，1947年胡先驌又審評 *An enumeration of Lauraceous plants from Szechuan and Sikang*（四川和西康樟科植物名錄）。據楊永先生辨識與考證，其作者係楊銜晉，該文後刊於之 Contr. Biol. Sci. Soc. China, 1948（13）：1～65。胡先驌審查楊銜晉書稿之評語，未能檢出，但意外發現胡先驌手札一通，係為未收到酬金向教育部詢問，其云。

其時，社會經濟日漸惡化，上年審查一篇6千元，第二年則有250萬元，數字懸殊之大，可見通貨膨脹之急促。而胡先驌子女甚多，且夫人長期患病，家庭開銷大，有此評審收入，不無小補；當未收到，即馳函詢問。教育部總務司請其第四科立即查明，於8月18日為之匯出。〔註2029〕

5月12日，國立中央研究院公布提名院士候選人名單。

1947年5月12日，國立中央研究院擬定好的《國立中央研究院第一次院士選舉籌備會通告》，交國內各大報紙刊登，並明確指示連續刊載三日。其核心內容為：第一次選舉之院士名額為八十人至一百人，分配於數理、生物及人文三組；由各大學、各獨立學院、各著有成績之專門學會或研究機關，提名院士候選人。茲特登報通告，本院第一次院士候選人之提名期間自登報之日起至三十六年七

月二十日截止。〔註2030〕

5月14日，韓安致胡先驌信函。

> 步曾所長吾兄勳鑒：
>
> 　　五月六日復示，敬悉一一。關於合作調查滇贛兩省森林計劃草案，既承同意，此項仍照原議各出一千萬元甚好。至以後合作經費，鄙意似可不必載於本計劃草案上，屆時再行商討較妥，此點如荷同意，則一面呈部，一面分匯經費。過去二周新部長未接事，部分重要文件均未能核辦也。
>
> 　　匆復敬頌
>
> 研安
>
> 弟　韓安　拜啟
>
> 五月十四日（1947年）〔註2031〕

　　5月16日，院士候選人的提名在全國各大學、獨立學院、科研機構、著名學會舉行。要求提名院士候選人時，應以其所包含學科範圍，並應由主管者簽名，加蓋機關的公章。並且填寫《國立中央研究院第一屆院士候選人提名表》，有關著作及其他文件，掛號寄給本院院士選舉籌備委員會。

國立中央研究院第一屆院士候選人胡先驌提名表〔註2032〕

填表時間：1947年5月16日

姓名	胡先驌字步曾 Hsen-Hsu Hu
現任職務	靜生生物調查所所長
出生年月及地點	1894年4月，生於江西南昌
家庭——直系親屬	父：承弼；母：陳彩芝 妻：王婉胡景昭 子：德熙德燿德煇德焜 女：昭文昭靜

〔註2030〕沈衛威著《郭沫若是怎麼當上院士的》，東方歷史評論，2019年3月1日。

〔註2031〕《胡先驌全集》（初稿）第十七卷下中文書信卷，第472～473頁。

〔註2032〕1948年6月，國立中央研究院編印《國立中央研究院院士錄》第一輯，第77～80頁。

學歷	美國加省大學植物系學士（1916） 美國哈佛大學植物系科學碩士（1924），科學博士（1925）
經歷職務	東南大學教授（1918～1926） 國立中正大學校長（1940～1944） 靜生生物調查所所長（1931～）
參加學術團體	中國植物學會，會長 北京博物學會，會長 中國科學社，理事
現在通訊處	北平，文津街三號
著作目錄	見附錄 1
論文	見附錄 2

5 月 31 日，胡先驌致張群信函。

　　敝所自成立以來，於今已二十年，為生物學領袖機關，本有基
金三十萬元，以購買政府公債，捐失其大半。今日經濟困難，甚難
維持，去年秋間在南昌曾經主席蔣面允補助經費，故向教育部乃有
補助五億基金之請。貴院前年曾補助黃海化學工業社美金二十萬元，
去年冬曾補助中國科學社國幣三億元，而在經濟措施方案公布以後，
又曾補助中國科學社三億元。敝所似亦可同受補助，故特專呈貴院
對於教育部呈請補助敝所基金五億一事，准予覆議，並請核准發放，
實為公便。

（1947 年 5 月 31 日）〔註 2033〕

　　6 月 8 日，《要「順潮流」亦要「合國情」》文章在長沙《國民日報》發表。
同日，轉載於《經世日報》（第 77～78 頁）；同年 7 月轉載於上海聯合編譯社
《現代文摘》（第 1 卷第 4 期，第 77～78 頁）。1948 年 3 月，轉載於獨立時論
社編《獨立時論集》（第 1 集，第 41～43 頁）。摘錄如下：

　　近日談國是者有「順潮流」與「合國情」兩種主張，彼亦一是
非、此亦一是非，不能得一定論，與五四時代科學玄學之爭，甚為
類似。此種論爭甚足以引起青年人信仰上之迷惘，故特作此文辨之。

〔註 2033〕 胡宗剛撰《胡先驌先生年譜長編》，江西教育出版社，2008 年 2 月版，第 416
　　　　　頁。

《要「順潮流」亦要「合國情」》文章

　　凡抱此對立之主張之人，約可分為兩類。主張合國情者多為對於中國之歷史與文化有一切研究之年長學者。此等人深知一國之政治制度、社會組織、學術思想皆為其國之歷史與社會環境所養成，不適合於此社會環境者，無論其價值如何，皆不能存在。此等社會環境，即所謂國情。故於改革必求其能合國情，否則不能達到其目的，甚至引致甚大之惡果。主張順潮流者多為熱血之青年，或抽象的與浪漫的理想主義者，因不滿於現狀而亟求得徹底之改革，遂憧憬於他國之政制與文化之趨向，而不顧及我國有歷史性之社會環境。凡他人之制度與習尚之與我有別者，皆認為遠勝於我所固有，於是鼓吹煽動而求有以仿傚之，而自號此種傾向與仿傚為順潮流。實則世無一成不變之國情，亦無惟一可循之潮流。人類為生物，歷史與社會環境為生物之產物。生物為遺傳與環境所互為因果之產物，故有其不變性，亦有其可變性。即比較不易變之遺傳性，亦因混血、突變、雜婚、營養與其他原因而引致變遷。生物與生物之產物無一成不變之理，故亦無一成不變之國情。蓋國情因時因地而變易，亦因內在與外加之因素而變易，亦猶生物與吾人自身隨時為內在與外

來之因素而變易也。至於所謂潮流則為一時的外來之有力因素，如潮之驟生，其力甚大而不易抵抗，當之者每為其席卷而去，反抗之者則為其所摧毀破滅。然苟有堅強之抵抗力者，亦時能屹立於狂潮之中。有時狂潮之勢力已衰，而固有之面目依然存在。自生物之自身言，順潮流與逆潮流之是非，僅看順之或逆之對於此生物之生存與進步有何關係。生物之惟一目的為生存與進步，順或逆潮流為適於生存與進步或否，即為順之或逆之之所由抉擇也。

中華民族立國於東亞大陸有五千年之久。以原始之諸夏部落在華北平原上數省之地，不斷與四周之異族鬥爭混合以搏成一四萬五千萬之漢族；屢遭內憂外患，幾廢幾興而至今仍能獨立於二十世紀之新世界。是其民族之適應性與生存價值特強，殆無疑義。此等國家與此等民族之國情必有其獨特之生存價值，亦自不能否認也。然試觀中華民族悠久之歷史，吾人可見其國情屢經重大之變遷，亦屢為外來潮流所影響。如周代之封建制之變為秦以後之郡縣制，周初之社會主義農業經濟之變為戰國以後個人主義資本主義之商業經濟，唐以前之選舉制度與門閥制度之變為唐以後之考試制度，宋以前之普遍徵兵制度之變為宋以後之普遍募兵制度，以及清代海通以來之種種政治經濟與社會上之劇變，皆證明中華民族之國情不斷在變遷中與不斷為潮流所影響。惟至今日世界潮流變易至速，力量特大，而我國之國情是否易於適應之而猶能保持其固有之生存價值，此則有識之士所宜深思熟慮而不宜盲動者也。

中國以其地域關係，較之全世界為相當孤立，而少受其他文化之影響。其社會制度與文化形態皆為中華民族自身所創造，而最合於其實際之需要。其根基深固，故其力量亦特為巨大，而不易受外來潮流之影響。往往即使一時為外來潮流之狂力所傾動，而經過若干時間以後，外力退減時，固有文化之潛力又脫穎而出，依然保持其故態。或外來潮流一經與固有文化接觸，乃生變質之作用，而盡失其本來面目。必也其社會制度與民族文化有內在之變遷需要，而外來之潮流又足以啟發之與輔益之，二者乃起發酵之作用，而確能引起社會與文化之新突變。凡此皆足以表示中華民族之強韌民族性，因之談改制者特宜重視中國之國情也。

中華民族為相當唯物的，故最易接受外來潮流之物質的因素。如占城之早稻、江南之木棉，一經種植而證明有益於國計民生時，則風從草偃，不脛而走。自農業之歷史觀之，如張騫自西域輸入之葡萄、石榴、西瓜、甜瓜、胡瓜、菠菜，以及自哥侖布發現美洲以後所輸入之玉蜀黍、落花生、南瓜、茄子、煙草、馬鈴薯等，其廣播至速，不煩政府之提倡，任何人之宣傳。試質諸途人，孰有知以上數種農作物與果品為自國外輸入者？時至今日，火車、輪船、電報、電話、收音機之易於為中華民族所接受而視為固有，亦猶葡萄、菠菜、玉蜀黍及落花生也。至於文化之精神因素，則中華民族不易為外來潮流之影響。若強之接受，非發生意外之流弊即不易生根，至少亦將變質。最顯著之例為佛教與耶教之不能同化中華民族。佛教之興尚有中國固有之老莊哲學為之契機，然雖以歷代君主之提倡與聖哲之闡揚，終等於曇花一現而迅即消逝。偉大之三藏法師玄奘，雖能將法相宗佛學輸入中國，而不能使之在中華民族思想中成為固有之因素。本為極端理智的無神的佛教至中國乃大變其質。至於耶教則雖以明清兩代傳教士之努力，其不能植根於中華民族文化之中，尤為眾目共睹之事。蓋中國文化精神最合國情，亦有其最優美之性質，故最堅忍而具有最大之抵抗力，不易為外來之潮流所淹沒也。

中國之社會在物質方面大體為農業的（雖在通都大邑與海口商業亦極發達），在精神方面則為人文的與倫理的，有此二種精神與物質因素，故中國社會最安定而平衡。而安定平衡實為人類生存最主要之條件。由於中國社會之安定與平衡，故人民每能康樂而知足，文化亦易發生燦爛之光芒，人民之性情亦溫柔敦厚而愛好自由。因重視倫理，故人與人間之關係較易合情與合理。社會亦因之而更為穩固，不易發生劇烈之變動。在此種精神與物質條件之下，加以土地廣袤，交通不便，家族乃為社會最重要之組織。每每數萬戶同姓之人可以聚族而居，譜牒鰲然可尋。血統既親，情誼尤篤，而經濟關係亦密切。於是大家族乃成為一小社會，甚至成為一自治的政治團體。湘西某邑此種幾於無政府之鄉村自治能維持八百年之久以迄于今日。農村家族社會之強固性非個人主義之城市所可比擬。非絕大災禍如最劇烈之外患與內亂，飢饉與瘟疫，不能動搖之，甚或能

抵抗此等災禍而存在。其強固程度如此，故尤不易受外來潮流之影響也。

此種社會與文化在人類生存競爭上看來是相常成功的。此中華民族所以能繁孳至有四萬五千萬之龐大人口，與屢遭外族之侵略、災荒、內亂之襲擊而仍巍然獨存於極廣大之東亞大陸，其社會組織與文化形態亦能抵抗災禍而綿延存在於數千年之後，直至與科學化與工業化之歐洲文明接觸後，始相形見絀。然須知近代文明實為人類有史以來之一萬年中一剎那間之產物，乃一偶發之事件。固不能期待於同時發生於不同之文化系統中也。因近代文明發生之時代極短，而其發展之程度極速，致使一般人類甚難與之適應。則一有悠久歷史之安定與平衡而又有其獨特之優越性之社會與文化，其不易與之適應實意中事，而不宜苛責之也。在此演變極速之環境中，一民族社會欲求生存自須順應潮流而有所興革。而正因潮流演變之速，已遠超過生物適應環境所需要之時間，則為免除流弊與防止浪費精力計，凡有所興革必須求其能適合國情也。

且在今日，因世界物質環境如交通、經濟等因素使多個具有不同歷史與社會環境之文化緊密接觸，遂使絕不相容互相矛盾之潮流紛然並陳。自人類生存與進步之需要觀之，則吾人慾圖有所興革，對於如各種絕不相容互相矛盾之潮流將何去何從，何所抉擇？尋求政治自由固為一種潮流，尋求經濟自由亦為一種潮流；民主主義、個人主義為一種潮流；社會主義、集權主義亦為一種潮流。具體言之，美國人民所信仰者為一種潮流，蘇聯立國之基礎為一種潮流，我國對此兩種絕不相容之潮流將何所抉擇？則合國情之重要乃昭然若揭矣。吾人苟細究我國之國情，則見中國人民不喜政府之過度干涉，而又不求行使民權；傾向家族式自治，而又不善於執行自治式之政制；無階級觀念，傾向社會主義而又視私產為基本人權；故集權政體與共產制度最不合於中國之國情；而民主政治與民權主義亦不易實現於今日。最後則抉擇潮流，一方面須考慮其是否與我國之國情接近，一方面尤須考慮自遠大眼光觀之，是否對於我國或全世界為有益。為中國計與為全世界之人類幸福計，吾人自宜同時爭取政治自由與經濟自由，但在民主政治與集權政治兩潮流中，則不得

不認前者為吾人所必須迎合，後者則無論為德日之法西主義式、蘇俄之共產主義式，皆吾人所宜揚棄者也。我國自有其最高之政治理想，《禮運》「大道之行也天下為公」一節所標舉者，任何主義不能較之更為優勝。我國素以仁愛信義為立身與治國之本。「行一不義，殺一不辜，得天下而不為」，「四海之內皆兄弟」，乃我國理想之政治家修身治國平天下之行為標準。此種崇高之標準，亦將成為全世界至高無上之政治潮流。有志之人苟為此政治標準而努力奮鬥，則既可合我國國情亦可順世界潮流，此則予企望之者也。〔註2034〕

6月8日，《經世日報》發表《要「順潮流」亦要「合國情」》文章。

在我第一篇《要「順潮流」亦要「合國情」》中，我便講集權政體與……最不合於中國之國情，而民主政治與民權主義，亦不易實現於中國，今日吾人必須爭取政治自由與經濟自由，但是民主政治與集權政治兩潮流中，則不得不認前者為吾人所必須迎合的制度。〔註2035〕我寫獨立時論社那些文章是因為我們發表政論的方法在中國是新穎的，而有很大的力量的。一篇文章在國內各省幾十家報館同時發表，是可以獲得廣大的讀者群眾的。我認為這真是我發表政論最有效的方法，由此或可團結我所謂的進步力量，而組織一中間路線的黨。〔註2036〕

6月18日，胡先驌致林伯遵信函。

伯遵先生惠鑒：

不奉手教，忽又多日，至以為念。驌第三季薪津請交楊宜之領取，分寄贛、平兩地為荷。行政院補助靜所經費，張岳軍之態度如何，有覆信否？念念。

專此敬頌

署祺

〔註2034〕 胡宗剛撰《胡先驌先生年譜長編》，江西教育出版社，2008年2月版，第422～426頁。

〔註2035〕 胡先驌著《對於我的舊思想的檢討》，1952年8月13日。《胡先驌全集》（初稿）第十五卷人文科學文章，第629～640頁。

〔註2036〕 胡先驌著《對於我的舊思想的再檢討》，1952年8月18日。《胡先驌全集》（初稿）第十五卷人文科學文章，第641～646頁。

胡先驌

六月十八日（1947 年）〔註 2037〕

国立中正大学校门 （今南昌陆军学院）（《中国共产党江西历史图志》）

國立中正大學望城崗校區校門

6 月 19 日，《再論中美英蘇之關係與世界和平》文章在天津《民國日報》（第 1 版）發表。摘錄如下：

余前在《觀察》週刊討論此問題，曾分析此四大強國現今之關係以及此關係之如何影響世界和平，並闡明我國之立場。數月以來，此四強之關係有日益惡化之趨勢。在歐洲則蘇俄除已從波羅的海至亞德里海降下一橫斷東歐大陸之鐵幕外，且企圖控制希臘與德國。莫斯科外長會談失敗，美國遂借款與希臘及土耳其以加強兩國政府軍事力量。在東亞則美蘇在朝鮮之對立，與美國之卵翼日本，加以蘇俄之以武器接濟東北之共黨軍及延不交還大連市，今復有蘇俄協助外蒙軍侵入新疆事件發生，在在皆證明美蘇之對立益發尖銳，而中蘇之關係亦日益惡化。在此種國際形勢之下奠定國際和平之希翼日日變淡，時局苟長此無好轉之可能，則第三處世界大戰或將不免。

〔註 2037〕 胡宗剛撰《胡先驌先生年譜長編》，江西教育出版社，2008 年 2 月版，第 427 頁。

此有識之士所以懷漆室之憂也。

此種國際形勢之釀成，一方面固由於美蘇間之不能協調，而主要原因則由於蘇戰後所採取漫無止境之擴張政策，茲先論中蘇之關係。在我國掀起抗日義戰之初期，中蘇關係甚為友好，嗣因盛世才之歸順中央而兩國之關係乃趨於緊張。於是有華萊士訪蘇與訪華之使命，終以斯大林之態度強硬而無結果。華萊士本欲調停此兩鄰邦，而斯大林則堅持中國須「解放」其國內之少數民族。蓋蘇俄覬覦外蒙新疆與東北已非一日，其政府在外交政策上始終遵循帝俄時代之侵略主義。卒也趁我國軍事不利之際，斯大林在雅爾達會議乃向英美取得承認外蒙獨立及在東北繼承帝俄時代權利之協定。大戰結束後，中國迫於國際形勢，竟忍痛簽立《中蘇友好條約》，不但承認外蒙獨立，且承認長春鐵路共有共管三十年，大連為自由港，旅順為中蘇兩國共用之海軍根據地。蘇軍復摧殘東北之工業，掠奪龐大之物資。中國為和平而犧牲偌大之權利，在理蘇俄應無閒言矣。而蘇俄仍以大量軍火接濟中共，且發動素為彼所卵翼之十萬韓籍共軍由日本關東軍齊藤中將指揮以圖一鼓而下長春與瀋陽。在新疆方面則先後發動伊寧塔城阿山等地之叛亂，企圖成立東土耳其斯坦共和國，而此共和國且欲將青海寧夏甘肅四部包括在內。嗣因張治中將軍處理有方，而中央復以維族之麥斯武德任新疆省主席，使新省各民族一致感欽中央之德意。蘇俄見其策劃失敗，今竟公然以飛機掩護外蒙軍侵入新疆省境六百餘里。可見蘇俄絕無與中國友好之意，得寸進尺，割我疆土，殺我人民，掠我物資，陰謀顛覆我政府，窺其意非將我國置於彼魔掌之下不已。如此則遠東決不能確保和平，遠東之和平不保，則世界和平亦終不能保也。

英蘇之關係，在丘吉爾秉政之時，極盡爾虞我詐之能事；然自工黨當國以後，英政府方以全力圖謀其本國之復興，對於蘇俄委曲求全無所不至。蒙哥馬利將軍之訪問莫斯科，與英政府建議延長英蘇盟約之年限，以及英軍退出中東，皆表示英國已放棄以前之帝國主義，而甘讓蘇俄出一頭地。然英國今日之國策惟美國之馬首是瞻，美蘇若不能協調，則英蘇友好之關係亦必不能永保。一旦美蘇決裂，則英國亦將操刀而起。

　　至於美蘇之關係，在四國並肩作戰之時，可謂十分友好。物質租借，蘇俄所得特多，戰後蘇俄得地二十七萬方英里而美國無異辭，善後救濟物資蘇俄亦分得大量。雅爾達會議美國不惜犧牲中國以博取蘇俄之歡心，蘇俄在東北劫掠巨額之物資，美國朝野雖不謂然，然美政府並未對此事有何舉動。其國務院中高級官吏，多有親俄之傾向，若華萊士之高唱美蘇親善者則尤無論矣。然蘇俄在戰時即有囊括巴爾幹之心，在戰後挾戰勝之餘威，迅將東歐與巴爾幹置於其鐵幕之下，且欲掌鐵達尼爾海峽，近窺地中海，間顧非洲。在中東則釀成伊朗西北部亞賽爾釋然省之叛亂，又欲征服土耳其，其貪婪之目光且注射於亞拉伯與埃及。一方面在西歐又企圖控制德國，於是反對英美所主張之德國聯邦式政體，而堅持恢復以柏林為首都之德國統一政府，俾彼能逐漸操縱之，同時又詆丘吉爾所提倡之歐洲聯邦為反抗蘇俄之惡毒計劃。在東亞則除侵略中國外，又佔據朝鮮北部，堅不肯朝鮮成立國立政府。在印度尼西亞與安南則利用其人民反抗外國統治之愛國心，而唆使共黨取得政權。總而言之，凡彼力量所及之處，無時無地不在製造禍亂，以求獲得蘇俄控制之權。其尤甚者在加拿大組織強大之間諜網，以求竊取原子彈及其他之軍事秘密。卒使美國無法忍受，乃採取積極政策，在中東負擔英國所不能擔負之維持治安之責任，復貸款與希臘與土耳其以強化其軍隊。杜魯門總統且在加拿大國會正式表示願以美國之力量對抗全世界任何地點之強迫與威脅。美國副國務卿艾其遜宣稱「一個共黨主宰之希臘政府將被認為危及美國安全」，實則一個共黨主宰之中國政府或朝鮮政府，其將被認為危及美國安全，將遠在希臘之上。誠如丘吉爾所云「這個共產帝國寡頭政體的野心，遠超出帝俄時代的夢想」。此次美國國務卿馬歇爾在莫斯科外長會談失敗歸來之後殆亦有同感，其所宣稱美國應以其全部經濟力量扶助歐洲復興，庶免各國陷入共黨之掌控，即為其回美後所宣布之國策，在歐洲如是，在亞洲亦如是。於是美蘇兩國對立之形勢已成。甚至蘇俄即欲退出聯合國，亦非美國所顧惜，美國政治家竟有主張建立歐洲聯邦者矣。

　　美蘇對立之結果，將使世界成為兩個對立之陣營。英國之本欲與蘇俄修好者，將為形勢所迫，而與美國採取同樣之政策。法國亦

然。觀於法國新內閣無共黨閣員與共黨發動罷工風潮而益信，將來西歐聯邦或將在英美領導之下而成立。在亞洲方面，日本之惟美國馬首是瞻固不待論，即中國之本欲同蘇俄修好者，然以迫於無限制之侵略，終不能不與美國站同一戰線上。以是觀之，第三次大戰果將因蘇俄之積暴政策而爆發，而奠定世界和平將毫無希驥乎？實又不然。蓋蘇聯在目前之情形下，瘡痍未復，原子彈研究未成功，決不敢與美國挑戰。美國態度愈強硬，則蘇俄愈將軟化。美國所尋求者為一和平繁榮及自由之世界，此種世界在今日只有藉美國之力始能建立。將來歐洲各國恢復繁榮，中國以美國之經濟援助而完成其近代化之工作，則蘇俄將應不敢肆其魔掌，而世界和平可保。萬一克姆林宮之首領執迷不悟，竟掀起第三次世界大戰，則在原子彈火箭炮威力之下，人類最後一次大劫亦將在旬月之內消逝，則在侵略國之廢墟上，全世界人民或將獲得最後之解放，亦未可知。然希望人類之理智不全喪失，而無邀取此殘酷教訓之必要也。〔註2038〕

6月28日，胡先驌致任鴻雋信函。

叔永吾兄惠鑒：

多日不奉來書，至以為念。前云月底尊駕可以北來，不悉能成行否？所中經費即將用罄，下月薪津即不能發放，而時局似日益惡化。孫哲生之揭露內幕，有何意義？某教授屢接南方友人之信，勸作避地之計，是否九一八有重現之可能。兄之消息當較靈通，有何見教。三月來弟但孜孜從事編纂《中國森林植物誌》工作，圖已開始繪製，鉛字亦在印鑄，不知於茲兵荒馬亂之日，尚容許吾輩少數科學家繼續象牙塔中生活否？如其不然，則又將重事十年前之流浪生活矣。言之慨然。

專此候復

敬頌

弟 胡先驌

六月二十八日（1947年）〔註2039〕

〔註2038〕 《胡先驌全集》（初稿）第十五卷人文科學文章，第525～527頁。

〔註2039〕 胡宗剛撰《胡先驌先生年譜長編》，江西教育出版社，2008年2月版，第428頁。

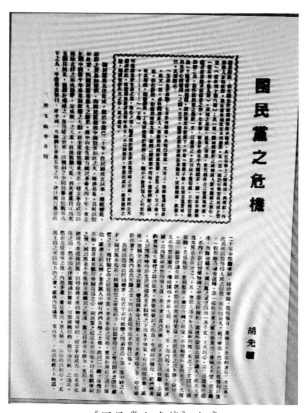

《國民黨之危機》文章

　　6月,《國民黨之危機》文章在《三民主義》半月刊(第10卷第12期,第1～3頁)發表。12月,轉載於上海《現代文摘》(第1卷第8期,第9～10頁)。1948年1月,轉載於《現實文摘》(第1卷第12期,第233～234頁)。摘錄如下:

　　　　《三民主義》半月刊編者附識:胡先驌先生為我國學術界權威,其在科學上之特殊成就與貢獻,外邦學人亦極欽仰。最近曾有兩文在本刊發表。其一為《國防科學委員會成立感言》(載本刊十卷六期);其一為《觀我國歷史之演變國人應有建國之信心》(載本刊十卷九期)。謀國之忠誠,識見之深遠,曾引起各方之讚佩與重視。編者更尊後者為傳世之作。七月初,胡先生由北平致函編者,謂「有多年鬱積肺腑之言,欲作《國民黨之危機》一文,以發洩之。立言自不免切直,不知能登載否?」編者當即覆函,請將該文草就擲下。並有「清雖不敏,自信忠黨愛國,與先生心同理同」之語。日者,即接讀胡先驌來書及論文,反覆誦讀,歎服不已。其原函云:

「玉清先生惠鑒：七日手書奉悉。承囑已草就一文寄上。惟殊覺過於切直。此文一出，必將開罪多人。然既掛名國民黨黨籍，逆耳之言，又不得不吐。仍乞斟酌。如覺患時忌太甚，即擲之廢紙簍中可也。若覺瞑眩之藥，有其用處，則請發表。丁茲國命危於累卵之日，亦不計及個人之利害矣。……」

可見胡先生立言之忠，用心之苦。編者感於胡先生忠黨愛國之至誠，爰將全文發表於此。所望吾黨長者及青年志士，不以詞害意，更進而謀所以健黨建國之道，則胡先生此文之作，為不虛矣。

國民黨自北伐告成，統治中國已二十年。自民國成立以來，屢經變亂，政府之更易如置棋，而國民黨統治中國能至如此之久，殊非易易。其所以能如此者，因國民黨有悠久之歷史。孫中山先生致力國民革命凡四十年，首立推翻中國數千年來專制政體之大勳。蔣主席復能繼承先志，建立革命武力以掃除北洋之軍閥餘孽，完成統一之大業。此後數戡大亂，將共產黨自江西老巢驅往陝北，幾瀕於殲滅之。復能建立新軍，以積弱之中國與暴日抗戰至八年之久，卒獲最後勝利，使中國一旦驟躋於世界五強之列。總計國民黨在此二十年中推翻帝制、掃除軍閥、戰勝強日，蓋樹立不世奇勳者有三次之多，此其所以能博得人民之信任，而取得長久之統治權也。然而在抗戰勝利以後，一般形勢乃遽告逆轉。第一接收官吏之腐化與貪污，使國人失望，盟友齒冷，與降敵竊笑。國民黨之威望因而一落千丈，大失民心。第二為環境所迫，不得不簽訂喪權辱國之《中蘇友好條約》，遂使外蒙領土拱手讓人，東北九省為共黨占去百分之八十五，旅順大連至今為蘇軍所據，東北之工業設備大部摧毀。名為戰勝，實則戰敗。雖有臺灣之收復，不能補償外蒙與東北之失地。第三政協會議失敗。既不能向中共獲得妥協，共組真正之民主聯合政府，又不能犁庭掃穴，殲彼凶頑。世界大戰已結束二年，而內戰之兇焰，尚難撲滅。第四黨政軍警四項人員，在上者則貪污淫侈，在下者則生活維艱，秉國鈞者無遠大睿哲之政治眼光，與憂國憂民之抱負，坐視政治腐化，經濟破產，人民憔悴呻吟於生活困迫與重重剝削之下而束手無策。有此四種敗象，遂使一號稱全民革命之政黨，變為被革命之對象。天下可悲可痛之事，寧有過於此者？此黨

內忠貞有識之士，所以太息痛哭而不能自己也。

其所以造成此種局勢者，有若干不可救藥之因素存焉。

第一、黨中缺乏人才。國民黨本起於一種煽動性之會黨組合。同盟會時代之會員固不乏聰明睿哲之士，而冒險亡命之徒居其半數。辛亥革命之成功，實由於清廷之過於腐化，遂爾土崩瓦解，並非黨人中確有濟濟英傑之士也。固民二一蹶之後幾於不振。若非袁世凱有帝制自為之心，國民黨之前途未可知也。民五推翻帝制之後，國民黨並不能獲得全國國民之擁護，黨之自身亦不健全。至民十三孫總理乃改造國民黨，同時命蔣主席創辦黃埔軍校，建立革命武力，始克奏北伐之功，然亦因北洋軍閥過於腐敗，用能摧枯拉朽，期年而收統一之效耳。然在北伐告成之後，內部矛盾，層見迭出。黨人執政，每每掉以輕心，一若馬上得之可以馬上治之者，遂使內戰爆發，至再至三。政治始終不上軌道，所標榜之民生主義迄未見諸實施，而官吏之貪污，民生之凋敝，與軍閥時代初無二致。雖以統治日久，各方人才加入政府者漸多，而黨中門戶綦嚴，非有私人關係者，雖入黨亦不能取得領導地位。就今日政府現狀而言，欲求官者，雖對於主義無信仰，亦無奇才異能，苟夤緣得路，亦不難取得簡任薦任各級官職。又或曾努力從事黨務工作，而復有人事關係，則雖不學無術之浮薄少年，亦能取得顯職。至於真正之人才，則雖參加政府，多數只能任高級事務官，而鮮能參與政務。至於選任與將任官，則除極少數外，始終為黨人輪流擔任，任職十年二十年者不乏其人。而此類要人，甚少具有遠大之政治眼光與忠貞偉大之人格，可以領導國人於建國之途徑者。此等人物，在平時尚可尸位素餐，處今日危急存亡之秋，決不足以擔負當前艱巨之責任。黨中初無推陳出新之制度，黨中領袖亦無此種認識，因而引起黨內黨外一致之不滿。黨中淺識之領袖，迫於此種形勢，不但不知延攬人才之重要，且惟加強小組之是務。所提攜安插者盡領袖所羅致之小組私人，凡不肯加入其小組者，雖有奇才異能，亦不肯加以援引。故在今日之中國非無傑出之人才，但多不能為國民黨所羅致，即或掛名黨籍，亦不能居機要之地，而黨中領袖則徘徊彷徨，深感人才之缺乏，豈不哀哉！

　　第二、小組林立，互相齮齕。通常在一大政黨之中，以政見之各有差異，與乎人事上之關係，隱隱然分為若干派別，本為必然之現象。但除自政見之立場，有時有劇烈之爭執外，黨內殊無成立對峙之私人小組之現象。而在國民黨則不然。黨中諸領袖，各為其私人之利益，成立小組，互相摩擦，互相攻擊，意氣之私，變為仇讎。不問其事之是非，其人之賢否，非其朋黨，定不相容。爭奪攻擊之烈，一如對待敵黨者然。不但不以國家之利益為重，且不以黨之利益為重。所援引者不問其賢否，僅問其是否我之黨徒。所攻擊者不問是非，但問其是否為他人所領導之小組織之分子。於是賢者不必在位，能者不必在職，每每假公濟私，排斥異己，以為擴充小組勢力之不二法門。黨中領袖之行為如此，無怪乎黨員之惶惑無所適從，而對於青年黨員，尤有惡劣之影響。今日同在一黨魁領導之下，尚可勉強共處。他日時移勢易，則國民黨必至四分五裂，引起莫大之紛亂。而國家與人民交受其害。蔣主席昔日與某君函即有「去河北賊易，去朝中朋黨難」之語。可見黨中領袖，亦深感小組林立爭權奪利之害也。

　　第三、賞罰不明，黜陟不公。刑賞黜陟，為治術之權衡；信賞必罰，乃法治之關鍵。然而自國民黨主政二十年來，過於牽就環境與人事，致刑賞失其常軌，法紀因而蕩然。貪污之風乃為明末以還三百年來所未見！在上者不正其身，而欲低級官吏枵腹從公，為賢哲之所難能，無怪其雖令不從也。在滿清一朝，貪污首數和坤，而今日之達官貴人，貪污且在和坤之上。和坤終於伏法，而我國之貪官不但不膺顯戮，且高據要津。黨國元勳，干城宿將，封疆大吏，其貪污每每可與和坤媲美，或遠過之。貽譏中外，為敵黨所藉口。不但政府不能執法以繩，即言官亦不敢動其毫末。人民口誅筆伐，政府充耳不聞。甚至人民團體迭次請願，參政會交相彈劾，亦因其有強有力之後盾，安然無事。即有一二偶罹法網如高秉坊者，而千百之高秉坊則逍遙法外。或政府投鼠忌器，仍令其得以魚肉平民，儘量填充其無底之欲壑。甚或雖有危及國本之陰謀，政府費盡大力，僅能迫之去職，然尚與以有名無實之高官，使為機關之首長。而軍人之貪婪，尤遠在文官之上。在國外存款最多者軍人也。擅抽租稅，

儼同割據者軍人也。在抗戰時期,利用職權,贓私億萬者,軍人也。因勒索不遂,而縱兵焚掠所駐守之都市者,軍人也。參謀總長陳誠在公共集會時所概括舉告地方紳耆者已駭人聽聞。前軍政部次長某公亦公開承認今日國事敗壞至此軍人實應負責。現在在中央任高級軍政長官某公甚至謂今日之高級軍官幾無一不應置之於法者。固然,持身廉潔無可訾議如陳誠、胡宗南等固不乏其人,而師長以上不吃空額,不受非法之財者,殆寥若晨星。甚至師長殉國,而師長夫人可以不移交倉庫!此等現象豈其他文明國家所能夢見?在抗戰八年之中,軍紀廢弛每況愈下。高級軍事長官,無一不腰纏億萬,而士兵生活之困苦,則豬狗之不若。用是以當強敵,則等於將羊豕以喂群狼,以擊匪軍亦望風披靡。徐州山東迭次之損兵折將皆由於此,而非共軍之戰鬥力有過人之強也。抗戰期中高級軍官,不斷有伏法者,此固國民政府較勝於北洋軍閥之處,然伏誅者或因違背節度,或因貽誤戎機,因貪污而伏法者則未之聞焉。兵役署長程澤潤以虐待新兵而伏法。然千萬虐待新兵之程澤潤,則逍遙法外焉。軍紀如是廢弛,焉能作戰?此次幸能戰勝日本,他年再能捍禦國難乎?苟整軍之無方,而欲完成此次總動員之使命,恐亦無由。此有心人所以痛心疾首也。復次法紀蕩然之現象,不僅限於貪污一項。民政廳長可以強姦女職員,省會各界譁然,而言官視若無睹,長官亦不彈劾。判處無期徒刑之女漢奸,可以由大力者釋放出外而在學校任教員。高級長官可與有夫之婦通姦而又鴆殺之。此僅官紀敗壞之一斑,各時各地類此之黑暗事件寧擢髮所能罄?此種情形與歷代亡國之前夕有何分別?國民黨主政之政府,苟不能徹底整肅此種官邪,則萬眾離心,士卒解體,青年失望鋌而走險,乃必然之事矣。

第四、黨已失去領導作用。國民黨秉其軍政訓政憲政三階段之主張,在軍政訓政時期,則一黨專政一如德國之國社黨,意大利之棒喝黨,與蘇聯之共產黨。其標語為黨權高於一切。國民黨之中央黨部乃操國內黨政最高之主權,一切國策均由國民黨全國代表大會及中央常會決定之。改組政府亦取決於全國代表大會。在各省則理論上省黨部領導省政府,省黨部主任委員地位在省主席之上。縣黨部在縣中亦然。然而實際上,中央黨部並不能控制行政機構如德蘇

之中央黨部者然。以中央委員並無其所應有之權力，故除在開會時喧嚷一陣外，黨部並不能指揮政府。黨部雖有若干盡善盡美之計劃，其不能見諸施行亦猶如參政會之議決案也。在各省之黨官尤為無聊。此乃由於省黨部主任委員及其他執監委員，在學術道德才能方面，並無過人之處；對於主義亦無特殊之認識，尤無特殊之信仰。但以小組之關係，以取得此地位。故對有實力之省政府不能指揮，對黨員亦不能領導。其不能領導民眾「以完成三民主義之革命」，則尤無論矣。在各縣，則黨官尤為淺薄闒茸之徒，至多能如土豪劣紳，干涉地方行政而已。以云發揮黨的作用，則不啻南轅而北轍也。至於一般黨員對於主義，可謂毫無認識，忠黨愛國，久同具文。此無他，黨之職業化有以使之也。以視在北伐之前黨員從事地下工作時，不啻有天淵之隔。因黨之腐化，有志之士乃以入黨為恥。有志之青年，苟不求作黨官，一旦在黨中服務即覺其無意義。有熱誠而愛行動之青年，目睹國民黨之腐敗，乃群而加入共產黨，以求得達其改革社會之希望，因而葬送若干可愛之鬥士，誠國家莫大之損失也。蔣總裁亦深知此種情形，故一次曾分電各省黨部斥國民黨為貪污腐敗之集團，又創建中央訓練團以求訓練各級黨政人員，然其無結果自若也。於是又組織三民主義青年團，以求為國民黨增加新血液。然以國內黨政軍一般之腐化，而團的領導，並不較黨為優，於是團亦踏黨之覆轍。從事團務工作者既感其彷徨，團員尤不知何所適從。徒然增加國民黨中另一新興之小組勢力。此等惡影響至去年廬山夏令營青年團公開運動組黨而達最高峰。今黨團雖然合併，然領導若不得其方，是否能收預期之效果殊不可知也。

以國民黨之腐化，至今日宣布實施憲政，各黨公開活動之時，青年人益失去對於國民黨之信仰。或者國民黨主腦人物忽視一樁最可怕之事實，即今日之知識青年以入國民黨與三民主義青年團為恥辱，至少亦認為不智之舉。若國民黨之主腦對此不知履霜堅冰之懼，而亟圖徹底之改革，則國民黨殆無甚希望矣！頗聞國民黨內部有所謂黨政革新運動，其內容與收效如何不可知。然荏苒一年殊少表現，無亦又託之於空言耶？

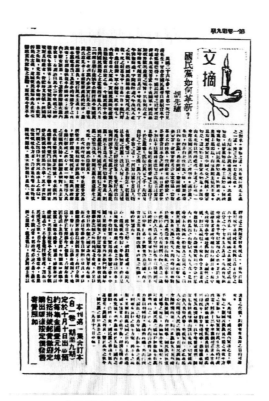

《國民黨如何革新》文章

　　有上列數項不可救藥之因素，國民黨乃墜入四面楚歌之苦況。竊以為中共並不可怕，其多行不義必自斃，其最終之失敗可以斷言。但國民黨自身將何以自拔於泥淖？國民黨過去雖曾為國家民族建立不磨之功勳，但苟不能健全黨自身，不能革新政治，不能達成建國之任務，而仍使國家陷入貪污腐化貧困之泥淖，而人民呻吟憔悴於飢餓剝削之虐政之下，則雖無共產黨，而革命亦必爆發。今人民不滿於國民黨，國民黨之忠實黨員與黨中英俊不滿於本黨首領之領導，青年人不滿於國民黨，中下級有知識有血氣之軍官與士兵不滿於軍政高級長官，國民黨之局勢已呈厝火積薪之狀。幸而蔣主席之威望尚能暫時維繫人心。然十年以後蔣公勢必退休，若國民黨在此十年中尚不能走上健全政黨之路，政治不能清明，經濟不能恢復，則在黨內即有爆發革命之可能，否則國民黨四分五裂，有實力之將領擁兵自衛，北洋軍閥割據之局，又將重演於他年，甚或爆發一流血之大革命，則國家元氣將喪盡，而民族將陷入無底之深淵，今日國民黨之領袖不但為本黨之罪人，尤為國家民族之罪人矣。袞袞諸公其

懷旆！〔註2040〕

1947年國立中正大學第四屆畢業同學紀念冊

6月，中正大學院系再次調整，文法學院分為文學院和法學院，生物系分為植物系和動物系，機電系分為機械系和電機系，農學院增設農業化學系，畜牧獸醫系分為畜牧系及獸醫系。

7月4日，胡先驌致任鴻雋信函。

叔永吾兄惠鑒：

七月一日手書奉悉，靜所以經費竭蹶，六月份並未照原定薪津額髮放，同人吃虧不小。七月份發薪須九百餘萬元，其餘開支或可退往八月份開支，若基金有一億五千萬存息，至少可達一角二分（似乎不能少過此數），則可得一千八百萬元可以暫維持。目前若能託某銀行經營套利，則至少可得一角八分，此事請與范鴻疇商之，若得到政府補助，可以囤聚，獲利必豐。在非常時期，亦必須有非常辦法，不可刻舟求劍也。弟尚無計劃他往，半月後極望能一晤。所中各務進行順利，勿念。

專此敬頌

夏綏

弟 胡先驌

七月四日（1947年）

〔註2040〕 胡宗剛撰《胡先驌先生年譜長編》，江西教育出版社，2008年2月版，第443～449頁。

　　頃得教部代電，今呈閱。杭立武是否有心開玩笑？此事請兄與朱騮先函商如何，如教育部不欲代為呈請覆議，是否可與張岳軍、王雲五商妥，由所徑行呈院申請覆議，或將前事一筆勾銷，作為從新請求，請酌辦為感。又及。〔註2041〕

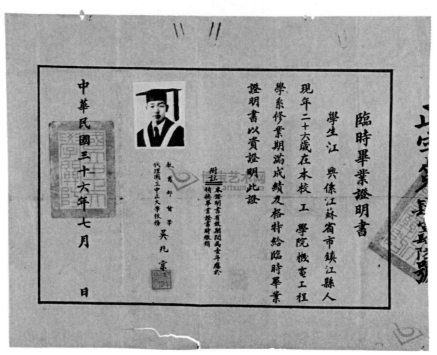

國立中正大學臨時畢業證明書

7月8日，任鴻雋致胡先驌信函。

　　步曾吾兄左右：

　　四日來示奉悉，本月中旬先寄五百萬元，當囑范鴻疇兄照辦，請釋念。教育部不肯再向行政院請款，想亦有其不得已之苦衷，弟日內赴京再與朱、杭兩君一商。如院有辦法，而部不願提出，則由所直接呈請亦可，但杭前來織言院呈已發，頃致所電，復如是云云，真極反覆之能事矣。再靜所美金利息部分可換得國幣四千萬元上下，擬由兄簽收，容交范存放用息，尊意想以為然。弟本月底或可來平，此時尚無確定計劃耳。

〔註2041〕胡宗剛撰《胡先驌先生年譜長編》，江西教育出版社，2008年2月版，第429頁。

匆復即頌

研綏

弟 任鴻雋

卅六、七、八〔註2042〕

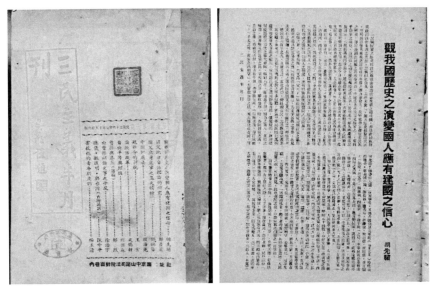

《觀我國歷史之演變國人應有建國之信心》文章在《三民主義》半月刊發表

7月17日，《觀我國歷史之演變國人應有建國之信心》文章在《三民主義》半月刊（第10卷第9期，第1～4頁）發表。後收錄楊毅豐、康蕙茹編《學衡派》，李帆主編《民國思想文叢》，長春出版社，2013年1月版，第242～247頁。摘錄如下：

> 一民族國家之歷史為此民族過去政治、社會、生活之總成績，亦為此民族將來政治、社會、生活之泉源。民族開化愈久，其歷史愈長，則其歷史經驗愈宏富，而所以影響其未來之政治、社會、生活之潛力亦愈大。故歷史學家觀察某民族之歷史，即可豫測此民族之將來命運也。中國為世界最古老國家之一，有四千餘年之歷史，自原始之諸夏雜居夷蠻戎狄之中，於華北平原上逐漸組成民族國家，不斷與異族鬥爭混合，屢遭侵略與征服，亦屢能擺脫異族之羈勒而重建光明燦爛之文明。迄於今日用能在東亞大陸摶合四萬五千萬人

〔註2042〕 胡宗剛撰《胡先驌先生年譜長編》，江西教育出版社，2008年2月版，第429～430頁。

建立一近代國家，此不得不謂為世界上一大奇蹟也。反之世界其他之民族雖曾興盛一時，建立強大國家，然不久即衰落，其甚者至今日已式微難以自存，如埃及、敘利亞、亞拉伯、蒙古，否則亦成為二三等國家如希臘、意大利、土耳其、法蘭西、西班牙；今大英帝國亦將步入衰落之時代矣。其或興或衰，自有其種種之原因。然總而觀之，可斷言中華民族具有極強大之生存價值與性能，為其他民族之所不及，此吾人值得自誇與自信者也。茲略舉我國歷史上各時代盛衰之情形以為國人之借鑒，庶有以豫測我國建國之前途焉。

唐虞之世，史事無徵，自夏禹「家天下」，始由部落建成民族國家之雛形，然亦不過以諸夏部落之酋長而被推為共主而已，其文字器物之不存，具見其文化之簡陋。其後殷商以東夷之部落因襲諸夏之文化取而代之，得為其主，建國至六百年之久。東征西討，文化武功，皆超越夏代，其器物留存甚多，其史蹟亦多可考，其征討東夷與北狄之軍事行動，實為中華民族同化異族建立國家偉大事業之嚆矢。成周則以夏之遺民勃起西部，顛覆殷邦，創封建制度以建立古代之偉大帝國，傳祀八百，拓地數千里，國力之強大，文化之輝煌，遠非埃及巴比倫之比。至戰國之世，霸政盛極一時，各國封域之廣，兵員之眾，為前史所無，地方數千里，帶甲數百萬，「舉袂成帷，卸汗成雨」，「千丈之城，萬家之邑相望」，其富庶強盛之狀，寧其他歐亞古國所可比倫？而學術大盛，百家爭鳴，又與希臘伯里克里斯（Pericles）時代東西媲美。至秦滅六國，銷兵器，墮名城，徙豪俊，廢封建，置郡縣，改官制，一法度，同文字，頒法典，開後世二千餘年統一之局。中華民族於是搏成四周之異族，至是以是同化其大部。進而築長城，窺越裳，武功遠被於域外，築馳道，「東窮燕齊，南極吳楚，江湖之上，濱海之觀畢至」，刻石泰山，鋪張王業，其躊躇滿志，可想而知。以一邊鄙後起之附庸，以四世修明之政治，使一天下之治若網之在綱，有條而不紊，「男樂其疇，女修其業」，終成統一之局，是誠足以躊躇滿志，羅馬帝國非其匹也。

秦亡之後，楚漢紛爭，歷時五載，人民飽受戰爭之荼毒，人口減少甚劇。然自漢高祖即皇帝位至武帝登極，歷時五十四載，中經文景二帝黃老之治，生養蘇息，丁口繁孳。於是武帝乃能北伐匈奴

拓北境軼於秦且二千里。西通西域，東滅朝鮮，南平交趾，內定西南夷，武功之盛，秦皇所不及也。以言政治則策賢良，用儒吏，崇儒學，興學校，治績亦遠邁前代。平常「徵天下通知逸經，古記，天文，曆算，鍾律，小學，史編，方術，本草，及以《論語》《孝經》《爾雅》教授者，在所為駕軺傳，遣詣京師，至者數千人」，具見當時宏獎學術之盛況。而「商賈大者積貯倍息，小者坐列販賣，操其奇贏，日遊都市，……因其富厚，交通王侯，……千里遊散，冠蓋相望，乘堅策肥，履絲曳縞」，其從事礦冶者，「以鑄冶成業，與王者埒富」，其時資本發達，人民殷實之狀，可以想見，此承秦亂之後，中華民族所創造之一盛世也。

自王莽更始至光武中興，「百姓虛耗，十有二存」，兵燹之酷，有難以想像者。然「永平建初之際，天下無事，務在養民，迄於孝和，民戶滋殖」，用能外禦強寇，竇憲遠破北匈奴，驅之遠竄蔥嶺以西，因以顛覆西羅馬；若班超以三十六人定西域，其拓殖事業，則尤為驚人。以言文治，則順帝大修黌宇，遊學之盛至三萬餘人，私家講學，諸生著錄多至萬餘人，具見當時學術之盛。其時崇尚名節，迴逾前代。「新莽居攝時，頌德獻符者遍於天下，光武有鑑於此，故尊崇節義，敦屬名實，風俗為之一變」。「當時薦舉徵辟，必採名譽，故凡可以得名者，必全力赴之，好為苟難，遂成風俗，……務欲絕出流輩，以成卓特之行，……舉世以此相尚，故國家緩急之際，尚可以蜓拄傾危」。此東漢盛時之景象，白衰而再盛者也。

然自桓靈失政，宦官弄權，與外戚互為消長，賣官鬻爵，賄賂公行，三公竟作銅臭，於是釀成董卓與黃巾之亂，「海內凶荒，天子奔流，白骨盈野」。其時復遭橫被歐亞之大疫，故至魏文帝受禪之時「人眾之損，萬有一存」。東漢永壽二年，全國人口五千六百四十八萬，而合魏蜀吳三國之人口不過七百餘萬，一國人口，不及兩漢盛時一大郡，漢族之衰落，亙古及今未有至於此極者。其時政治敗壞，經濟衰敝，貨幣絕跡，市易之道以物易物，而魏武帝崇獎跅弛之士，「至於求負污辱之名，見笑之行，不仁不孝而有治國用兵之術者，於是權詐迭進，奸逆萌生」，董昭上疏謂「當今年少，不復以學問為本，專以交遊為業，國士不以孝悌清修為首，乃以趨勢求利為先」。

於是氣節墮落，學業沉隕，晉雖統一，而朝政並未清明。武帝自始即不為久長之計，武帝崩後，賈后擅權，八王為亂，互十六年之久，國勢陵夷，盜賊蜂起，終召永嘉劉曜陷闕之禍。自是五胡亂華，大好中原，淪於夷狄。南朝雖保有江左，而篡弒相仍，政治失軌，「風俗淫僻，恥漸失所，學者以老莊為宗而黜六經，談者以虛蕩為辨而賤名檢，行身者以放濁為通而狹節信，進仕者以苟得為貴而鄙居正，當官者以望空為高而笑勤恪，由是毀譽亂於善惡之實，情慝奔於貨欲之塗」。政治社會，日趨敗壞，是以禍亂綿互至四百年之久，直至唐太宗平定天下而始有轉機，此中華民族所遭遇最長久之厄運也。

六朝據亂之後，隋文帝初成統一之大業，然不久又墮於煬帝。及至唐興，太宗以睿哲之資，得賢臣之輔，遂能建立貞觀之郅治。一時更易縣令八百餘人，其治道之憂為後世所未見，故日後雖有武韋之亂而不至動搖國本。繼以開元之治，媲美貞觀，故百餘年來，政治修明，人民富庶，國力充沛，開疆拓土，遠邁兩漢。四夷賓服，尊太宗為天可汗，海上商業，凌駕前代，紅海與印度洋之商業操之自我。國既殷富，工藝亦昌，輪舟互艦，先後製成，紡織銅瓷，莫不精美，詩歌文學，繪畫建築，皆臻極旨，縱觀世界，莫與比肩。回觀魏晉六朝之衰亂，幾疑非同一民族之所為矣。

然自天寶之亂迄於五代，治少亂多。唐末黃巢弄兵，南北數千里莫不被其蹂躪。五代之季，兵役繁擾，士卒死亡，不可億計，盜瞪嘯聚，人口大減。宋初戶口視唐末已減去三分之一，視天寶則減去一半。而五代諸主，或出盜賊，或本蠻夷，殘暴悉睢，不知禮義，故風俗敗壞，遠過六朝。朱全忠盡淫張全義之妻女，而全義事之惟謹。馮道事四姓十君，而以得契丹所興官階為榮。石敬塘臣事契丹至自稱兒皇帝，中華民族品德之墮落，殆未有甚於此時者也。

自宋太祖襲周世宗之業，復成統一之治，中華民族再度復興。疆域之廣雖不逮漢唐，亦乎其次矣。太祖右文，故武功不顯而文治隆盛。廣立學校，太學生幾達四千人，而私人講學之風尤盛，故學術遠邁漢唐，經學，史學，金石考古學，詩，詞，駢散文，地理天算之學莫不有偉大之成就。而理學之創立，尤為劃時代之光榮。自雕版印書之術大昌，文化尤易於普及，印售既多，藏書亦富，著述之

多，為隋唐所未見，繪畫之佳，且軼唐代，而建築紡織漆器瓷器之美，亦多為後世所不及，此又中華民族久經禍亂而復興之成就也。

蒙古入主中國，中華民族受禍至酷。江南民戶淪為奴隸。分民族為四等，而南人為最賤，分人民為十級，而儒與丐鄰，甚至在七匠八娼之下。編二十家為甲，以北人為甲主，孚人妻女，有志者皆自裁。欲求兩全者竟出下策為舟妓，以舟人下設甲主，舟妓不辱身也。寵信番僧，其恣睢無狀，又與歐洲中世紀教會之惡等量齊觀。重用聚斂之臣，專以掊克為事，其幣制亦以用鈔而敗壞。至元初又遭逢橫被歐亞之大疫，死者達一千三百萬人，社會因而解體，水災屢作，民不聊生，盜賊蜂起，蒙古人之苛虐統治於以告終，人民又受一番大規模兵燹之災害。

明太祖逐斥胡元，掃蕩群雄，天下重歸於一統，中華民族又重建一番復興之大業。雖明代疆域僅有元代之半，而開闢雲貴兩省，設置川廣土司，勘定贛湘粵桂四省獞族之亂，對於同化蠻夷，功績殊偉。而鄭和七次「下西洋」兵威遠達非洲海岸，奠定我國僑民移殖南洋之大業，尤為我國民族史上最堪紀念之事。治平既久，學術大昌，理學初宗程朱，繼有陳白沙、王陽明之新學說，振衰起敝，遠被異域；日本得之，興也勃焉。而史學之盛，尤可與宋代媲美，詩文亦可觀，而曲學尤稱鼎盛，著述刻書之甚，亦為前史所無。最足稱者則為西洋科學之輸入，曆象輿地之學大昌，物質科學亦已萌芽，此皆超越前代之成績，而足為中華民族之光者也。

然明代少賢君，閹寺弄權，政治腐敗，終釀亡國之禍。天災流行，流寇橫決，賤殺之慘，古所罕聞。悍將迎降，異族入主，殺戮之甚，亞於流寇。遂使蟹災虎患，書於史冊，白骨盈野，殘邑邱墟之象，又彷彿董卓黃巾之亂。然清祖定鼎，繼以康熙雍正乾隆祖孫三代一百三十餘年之盛治，又使閭里繁榮，萬民樂業，庫藏充實，屢免錢糧，戶口之繁，甲於全史。而兵威屢耀於域外，疆土僅亞於胡元，獎勵學術，文風鼎盛，經學訓詁學之盛冠於全史，詩文亦斐然可觀。具見中華民族更生之力至強，雖在異族統治之下，猶能發揚光大其固有文化也。嘉道之後，國力始衰，內亂漸作，外患疊來。洪揚之亂綿亘十餘年，國幾不國。亂平之後，撚匪橫行，久而後定。

然曾胡左李以儒生將兵,率平大亂,且闢新疆,那拉后秉國五十年,幾成小康之局,此亦非洪楊倡亂之初,所能豫料者也。慈禧病逝,孱王主政,國勢陵夷,民族革命義旗一張而清社以屋。民國成立之後,權奸竊國,軍閥弄權,北伐雖告成功,而內憂外患接踵而至,以久經兵燹之邦,復值空前國難,禍亂綿亘幾四十年,而尚無澄清之象,此又我國民族史一衰落之期也。

總觀中華民族四千餘年之歷史,以散居華北之原始諸夏部落,不斷與異族搏合而成為今日四萬五千萬人之偉大漢族。其國土自冀魯豫晉陝數省之地,擴展至大漠之南,蔥嶺之東,而東部南部際於窮海,幅員之廣,龐然居世界第二位。四千年來幾盛幾衰,衰時則人口每每損失大半,呻吟輾轉於異族虐政之下,政治腐敗,民俗澆漓,盡人皆有我躬不恤之感。當展讀魏晉六朝五代禍亂相尋之史蹟,幾不信此民族更有復興之可能。而歷代衰世士大夫之無恥,尤令人有神州陸沉之感。梁武帝勵精圖治數十年,不能挽救南朝之頹風,明思宗宵旰精勤,不足整頓明末之吏治,至有「朕非亡國之君,諸臣乃亡國之臣」之痛語。然一觀李次青《國朝先正事略》清初諸名臣之紀傳,則又見曾幾何時正人君子又接踵而出,並非中國之無人,此又何因而至此耶?

縱觀今日之社會情形,秉國鈞者無房杜之儔,執兵柄者非韓岳之亞,理財無劉晏,治民則無龔黃,臨講席者鮮可師事之鴻儒,在草野者少令人景慕之高士。雖戰勝強敵而內亂彌增,號稱列強而國力日竭。無怪志士短氣而齊民憤激,國論囂然以為將有旦夕瓦解之禍。當前之情勢,誠足令人悲觀,然苟檢閱前史以較今日,則知今日尚非中華民族全部歷史中最黑暗之時代焉。

茲先從北伐告成之時說起,其時國民黨以掃蕩軍閥澄清政治為標幟,仁人志士,熱血沸騰,義旗北指,所向披靡,不期年而奠定統一之大業,在當時誠可謂為辛亥以後之一大奇蹟。國民政府成立之後,雖黨人主政,不無輕浮淺薄之風習,而典章燦然,政治漸有規模,對於教育建設均有相當之成就,尤以新軍之建立,遠勝於前,致引起日人之疑懼。其時政府當局鑒於日禍之迫切,積極為整軍經武之準備,空軍之建立,兵工之改革,省道之興修,其高掌遠跖之

謀謨，令人興奮不知紀極，八年抗戰之初基，實奠定於此時。其後盧溝變起，居然高舉抗敵之義旗。南口之戰，淞滬之戰，雖犧牲慘重，元氣大傷，而我民族不屈之精神，乃博得萬國之崇仰，尤以地下工作人員殺身成仁之義烈，可以驚天地而泣鬼神。苗可秀與趙老太太，不過為少數知名之英雄，前仆後繼之無名英雄，更擢髮難數。以言將領則郝夢齡、張自忠、閻海文、高志航輩皆視死如歸，大節凜然，為強敵所欽服，民族光榮，大顯於世。雖以後戰局日非，然政府終能支撐危局直至強敵屈服為止。此又為中華史乘空前之奇蹟也，於是不平等條約之取消，易於拾芥。且出征緬甸，觀兵越南，訪問印度，會議開羅，終於獲得最後之勝利，不但收復東北，且收復已失去五十年之臺灣。此種勝利，固非由於戰功，然政府外交上之成功，與國際形勢之善於利用，豈容輕視？中華民族之偉大與其生存價值之高，於此益可見矣。

抗日之外，久同化外之滇蜀逐漸收復，西域諸馬一致輸誠。東南之文化深入西南西北之邊區，數十年政教所不能收之效而得之於短短之八載。蠻荒沙磧，到處可見學人之足跡。滇緬之公路，駝峰之空運，世界之面積以此次世界大戰而縮小，我國之面積，亦以此次抗日之戰而縮小，又何莫非中華民族之光榮？而一面抗戰，一面建國，苦戰八年而絃歌不輟。重以鐵路公路之修築，工廠之建立，水道之疏濬，此豈其他元氣不足天賦不厚之國家民族所想者？此等成就在有工業基礎之大國如英美蘇或不足稱，在毫無近代工業之中國，則不得不視為奇蹟也。其他文化上之建樹如音樂戲劇圖畫文學在抗戰八年中均有劃時代之進展，此亦足以證明中華民族之富有生活力焉。

即就其劣點而言，亦不至使人過於悲觀。經濟之惡化，政治之敗壞，貪污滿目，士氣不振，此盡人皆能言之，而為秉國鈞者所不能逃其責者。然須知以經濟落後未現代化之中國，驟然抵抗一等強敵至八年之久，能不崩潰，已為奇蹟。同受美國租借法之補助，而我國所得較之蘇俄有天淵之隔，如同盟國政策為先擊敗日本而儘量以物資與經濟援助中國者，則我國此時政治經濟情形定不至如此之惡劣。此非吾人致怨於英美，但指明我國今日情勢之惡劣，實八年

苦戰，有以致之耳。久戰之後，社會每至解體，徵之我國古史，盡多前例，以觀外國，亦莫不然。往昔德國之三十年戰爭，使其國元氣喪盡，久久不能躋於歐洲強國之列。美國南北戰爭之後，政治敗壞，國民道德低落，久而始復，至今後世稱此期為悲劇時代。平心論之，今日之官吏，貪污者雖多，清貧自勵，刻苦奉公者，亦非在少，士大夫絕少六朝五代放誕卑鄙荒淫無恥之習，此非故為執政者辯護，然事實具在有不容曲解者焉。

在通貨膨脹仍無控制之方，內戰亦非短期所能勘定之今日，尤以國際間之矛盾，有日益加甚之勢，吾人自不容輕易樂觀。然我國今日之經濟並非絕望，第一須知中國為一龐大之農業國家，而民食究為立國之根本，天幸近十年來豐年多於歉年，而前兩年廣被世界大部之饑荒獨未波及中國。日寇蹂躪中國農村之程度亦遠不及德國對於蘇聯農村所施之破壞，去年各地之豐收，已挽回當時莫大之危機。即以共產軍之破壞農村而論，其實際情形亦不及所想像之甚，故除都市中糧價高漲外，國內尚無普遍饑荒之象，持以較之東歐，大有上下床之別。而都市居民只要有錢，盡可購到其所需要之食品，以與英國至今尚須限制口糧者比，不得不自幸得天獨厚矣。第二我國為戰勝國，日本將以大量工廠賠償我國戰時之損失，此批工廠對於我國將來之工業化，有莫大之裨益。第三我國幅員廣袤，人口占世界五分之一，資源豐富，為世界一最大之消費市場，亦為東亞與世界和平之關鍵。列強為世界之繁榮與永久之和平計，不能不以資本與技術以助我建設，俾我國能成為一強大之近代化之國家。他姑不論，但言宜昌水閘一項，此項工程成功之後，整個中國心臟區域皆可得大量廉價之電力以供給無數之工廠，只要第三次大戰不作（可能之成分甚少），二十年之後，中國必為一龐大之工業國，殆無疑義。即目前之經濟難關，亦可以國外之經濟援助而得解決。經濟有辦法，內亂自可消弭，政治必能漸上軌道也。

余之作此言論，並非不知當前局勢之惡劣。但縱觀往史，瞻望將來，深知我國將來確有無限之光明。此時吾人固須嚴密檢討吾人之缺點，儘量以輿論鞭策政府，使之盡力從事復興大業，然尤須人人保持其建國之信心，埋頭苦幹，各盡其責；無論在朝在野，為公

為私，一致以建國為惟一之努力目標，則可以斷言建國必成，中國在久亂之後，又將創造一期光明燦爛之文明，有志之青年人士，其勉之哉！〔註2043〕

1947 年 7 月 19 日胡適發起成立市民促進會紀念暨北平歐美同學會。
前排左 5. 梅貽琦、6. 張伯苓、7. 胡適、胡先驌（二排左 6）

7 月 19 日，胡先驌致鍾惠瀾信函。

惠瀾先生惠鑒：

積日不見為念。茲有啟者：敝所張肇騫教授之夫人患微熱一月，往協和檢查亦未知病源，茲特介紹來貴院住院診查，請轉託貴院內科主任仔細診查為感。

專此敬頌

時綏

弟 胡先驌 拜啟

七月十九日（1947 年）〔註2044〕

7 月，校長林一民瞭解學生對首任校長胡先驌的敬仰和嚮往，特於 10 月

〔註2043〕 楊毅豐、康蕙茹編《學衡派》，李帆主編《民國思想文叢》，長春出版社，2013年 1 月版，第 242～247 頁。胡宗剛撰《胡先驌先生年譜長編》，江西教育出版社，2008 年 2 月版，第 430～433 頁。
〔註2044〕 胡宗剛撰《胡先驌先生年譜長編》，江西教育出版社，2008 年 2 月版，第 433～434 頁。

17 日致函胡先驌，請其從北平返校講學，並擔任本校名譽講座。〔註 2045〕

8 月 6 日，胡先驌致教育部總務司信函。

逕啟者：

前奉鈞部 40853 號來文，囑審查學術審議委員會教員資格審查案內著作一件，已經審查完畢寄還該會，但酬金二百五十萬元，時逾兩周，尚未收到。特此函告，敬請查明匯下為荷。

此致

教育部總務司

審查人 胡先驌 敬啟

八月六日〔註 2046〕

8 月 10 日，外界對兩位校長的評價。

蕭蘧因風潮去職後，外界曾對胡先驌、蕭蘧做出如下「蓋棺定論」的評價：「中正大學，創辦於日寇侵略之候，即成立於國家危亡之秋，基礎未立，幾經搖遷，辦理不易，自在意中。胡步曾先生以海內外知名學者，又復為原創辦人，宜其易於為力。惟為其為學者故，處理事務，非其所長，既重感情，又嫌瑣屑，聽二三細人之言，有人主出奴之誤。遂致經濟紊亂，代人受過，既不能突破難關，遂不得不倉皇以去。蕭叔玉先生崇尚理智，遂乏情誼。視教授如雇傭，待學生如過客，視其休成，不甚相關。加以身弱多病，在校時少。與人隔閡，出乎意表。況以一錢如命，不善應用，坐視貶值，無可如何。盡至眾怨滯騰，一髮逆不可收拾。然而平情而論，為大學校長者，因重學問，亦重才能。兩氏今雖已去，仍皆不失為一代學者，不過無應變處事之才，尤不適於今日貧團離亂之局耳！」正如評論中所言，胡先驌、蕭蘧的主要問題在於缺少行政經驗。〔註 2047〕

〔註 2045〕鄭瑤著《繼往開來責在斯——國立中正大學農學院研究（1940～1949）》，2019 年江西師範大學碩士研究生學位論文，第 56 頁。

〔註 2046〕胡宗剛著《1946 年胡先驌為教育部審查教師資格》，公眾號註冊名稱「近世植物學史」，2022 年 03 月 12 日。

〔註 2047〕楊三：《歡迎林一民先生》，《文山報》1947 年 8 月 10 日，第 2 版。高志軍著《政治與教育的互動：國立中正大學研究》，2021 年 12 月華中師範大學博士學位論文，第 435～436 頁。

8 月 20 日，到收到有效院士候選人 510 名，選舉籌備會按照《選舉規程》，於 8 月 27 日至 10 月 13 日連續召開了三次會議，對各方提名院士候選人資格進行嚴格的初審，評議會根據選舉籌備委員會所提初步名單，依照組別分組審查，並於評議會全體會議中詳細討論，以出席評議員過半數者，方可成為院士候選人名單。已經提名而沒有列入初步名單人員，但經評議員 10 人書面提議，出席評議員過半數者，也可成為院士候選人名單。結果在所提的 510 人中（其中數理組 193 人，生物組 154 人，人文組 163 人），刪掉了 108 人，將剩餘的 402 人再提交給評議會。

8 月 30 日，在上海舉行中國科學社第 25 屆年會，御任中國科學社理事。

> 兹將各學會之事務會議維果。簡錄於後：
>
> 中國科學社由理事長在調售主席，此次第 23 屆年會會議，先報告年會籌各情形，維曲總幹事盧於道提出總辦事處發簽書館報告順使提及生物研究所近祝，會計理事錢崇據提出會計報告，司選委員章元善提出選舉結果振告，總編輯張孟聞提出編輯部報告。封電實驗室主任方子衛提出實驗報告，普經無異認通過：其時已面下午五時，宣告款會。待後日續開。此改期滿理事為任修雋、錢崇副、竺可楨、升作辦、司仁、秉志、孫供芬、劉或、胡剛復、吳有訓、胡先驌、李匹光、嚴濟巷 3 人，新當選者為曹惠群、丁雙林、曹理拾、趙元任、老維裕、黃怡樵、章元善、張其均、美學筒、任調雋、蘭和板、乘志、胡剛復 13 人，又侯補理事 5 人，陳世璋、姜立夫、吳憲、錢崇時、周仁。〔註 2048〕

8 月 31 日，《美國對中國所應負之道義責任及所能援助中國之道》文章在天津《民國日報》發表。1948 年 4 月，轉載於《美國對中國所應負之道義責任及所能援助中國之道》文章在獨立時論社編《獨立時論集》（第 1 集，第 119～121 頁）發表。摘錄如下：

> 中美兩國有傳統之友誼，而在此次世界大戰中美國以軍火物資按租借法借與中國，及協助中國對日作戰以獲得最後之勝利，是乃中國國民所感謝者。然以美國在戰時與戰後種種國策之錯誤，中國

〔註 2048〕 王良鐳、何品編注中國科學社檔案資料整理與研究《年會記錄》選編，上海科學技術出版社 2020 年 12 月版，第 395 頁。

乃受無窮之損害，至釀成中國現在可悲之局面。此美國對中國所應
負之道義責任，而為美國朝野人士所宜警覺悔悟而求補救之道者也。
美國在第二次世界大戰中，恫於德國武力之強大，而恐不能抵禦，
乃以巨量之物資供給蘇聯，因以養成今日蘇聯龐大之武力而成為世
界之威脅。同時輕視東亞戰局，租借中國以極少量之軍火與物資，
使中國戰場戰禍延綿至八年之久。中國受盡戰爭所攜與俱來之災難，
國力盡竭，經濟危殆，社會瀕於解體，中共因而坐大。乃至戰事已
近結束之期，而以疏於情報，尚認日本在東北有龐大武力，竟爾違
背開羅會議之宣言，私與蘇聯訂立《雅爾達協定》，出賣中國。致使
蘇聯於日本行將崩潰之時，出兵東北與朝鮮，將東北之工業設備擄
掠破壞殆盡。又復逼迫中國簽訂所謂《中蘇友好條約》，遂令外蒙領
土拱手讓人，已經蘇聯政府自動取消之帝俄時代之特權又行復活。
直至今日大連尚未歸還，而蘇聯在東北延不撤兵，適以造成共軍佔
領東北百分之八十五土地之局面。又復昧於中共之性質，堅持政協
主張，希望中共能與政府言和而共同組織民主聯合政府，直至調處
失敗，馬帥始知中共無和平之決心，廢然而退。時日牽延，中國之
政治經濟，乃每況愈下，至成今日之局面。此皆美國國策之錯誤有
以致之也。在中國方面自太平洋戰事發生，政府即宣布與盟友抗戰
到底，決不言和，故雖受盡犧牲，仍繼續苦戰。雖日本屢欲求和，
而中國政府堅守信譽，迄不之應。最後日本已允歸還東北及臺灣，
在中國亦可言和，而中國政府仍以共同作戰、共同勝利自矢，不為
之動。是中國忠於盟邦，而盟邦犧牲中國。美國對於中國決不能避
去其道義之責任也。美國共和黨議員楚德在紐約演說認為美國對華
政策實為道德淪喪之明證，因美國在雅爾達會議使中國蒙受巨大失
敗，結果戰後之中國較之任何敵國猶苦。楚德氏聲稱：「美國允許將
東北交還中國，但事實上不然。美國竟將非其自身所有而為中國所
有之主要港口與鐵道，送與蘇聯。加之美國謂《大西洋憲章》得適
用於中國一如世界其他部分者然，但美國並未遵照此憲章。……當
日本攻擊美國時，中國原可與日本妥協而參加日方，但中國與美並
肩作戰，至少挽救千萬美國人之生命。」可見美國人士已深切瞭解

中國所受之犧牲而認定美國在道義上對於中國責無旁貸也。

照此情形，美國自有援助中國之責任。美國政府，尤以馬歇爾國務卿，固有真誠援助中國之意。馬帥之來華調解政府與中共之爭，即本此善意。在以認識不清，終歸失敗。巴黎外長會議以後，馬帥對於蘇聯不妥協之態度始有深切之認識，乃有廣泛之經濟援歐計劃。對希臘與土耳其更積極與以軍火與經濟之援助。最近杜魯門總統命魏德邁大使來華調查事實，徵詢各方意見，是為美國積極援華之前奏，亦即美國將欲盡其對華之道義責任之表示也。

自中國之公正人士觀之，美國援華，固為美國之道義責任，而援華亦有其最適宜之道。美國援華之主要目的為恢復中國國內之和平與扶持中國經濟之復員。調處既已失敗，則政府對中共用兵實為迫不得已。至少各鐵路線必須打通，國內決不能容許有繼續不斷之叛亂。而東北九省之主要都市與鐵路港口，必須歸政府控制。在此戡亂之消耗戰中，美國必須使中國得在美國購買其所需之軍實。再則美國必須貸款與中國以穩定中國之貨幣。至貸款若干，如何改革中國幣制，自有經濟專家擬具方案，無庸在此討論。三則應以鉅款貸與中國以積極擴充交通事業，且在華中、華南、臺灣等地建立輕重工業，並以糧食、棉花大量供給中國以救濟中國衣食之貧乏。必如此中國之經濟始不至於崩潰，而建設復興有望，久則共黨亦必就範，而國內和平可期矣。

如美國恐政治貸款，有黃金擲諸虛牝之虞，則不妨多著重於交通與工業貸款，且可以實物代替大部分現金。今中國交通部已有鐵道建設五年計劃，美國盡可以大批鐵軌枕木機車車皮借與中國以急速完成中國之西南、東南、西北鐵道系統。美國戰時所造之大量輪船，今多不用，即可大量貸與中國以增加其航船噸位。美國戰時所建立之各種工廠，頗多停閉或減少工作者，亦可大量移至中國開工。中國臺灣與東北本有良好之工業基礎，而以遭戰爭與蘇軍掠奪與破壞，至蒙莫大之損失。美國大可以其剩餘之機器，以助其復興。中國政府新近通過之經濟政策，歡迎外國投資。美國企業家本有向中國大舉投資之計劃，美國政府尤以鼓勵其國人來中國投資於各種之企業。中國遭受戰爭之損失，原料與各種輕工業製成品如棉花、棉

紗、五金、化學、藥品、紙張等無不缺乏，美國可詳細調查中國之
需要，大量借與政府或私人所經營之工廠，庶使此等輕工業得以維
持與擴充。物資既富，物價自低，就業者日多，失業者大減，則經
濟之危急自減，即不借款以改革幣制，通貨惡性膨脹亦可稍加控制矣。

英國戰時內閣總理大臣邱吉爾最近宣稱：「以共同奮鬥中受有最
重創傷之盟友向另一盟友乞助，並不可恥。設若吾人處於可以助人
之地位，亦將樂於援助。因此本人對於向美借款或繼續請美借款表
示贊成與支持。」英國戰後經濟恐慌，達於極點。美國貸與以三十
七億五千萬美元之鉅款，而不期年已將用罄，美國仍將繼續援助之
而不使其破產，何況中國今日之局面實美國政策所釀成，中國今亦
以受有最重創傷之盟友之資格，向另一盟友乞助。吾知魏德邁特使
調查事實徵詢各方意見返國之後，美國政府對於中國必能與以有效
之援助也。〔註2049〕

8月，蔡希陶繼續開展美煙品種製種。

8月，俞德濬副所長赴英國愛丁堡植物園進修，蔡希陶繼任副
所長延續開展美煙品種製種，當年共收穫烤煙種子360市斤，副產
品煙葉2277市斤。蔡希陶還做了特字400號，特字401號和布沼黃
煙、玉溪黃煙共五個組合的雜交試驗。〔註2050〕

9月3日，《三十年來中國科學之進展》文章在《浙贛路訊》（第55期，
第4頁）發表。摘錄如下：

中國之有近代科學，僅有三十餘年之短短歷史。清代光緒末年
廢科舉興學校，近代科學始開始傳授；然皆淺嘗，國人幾未有能從
事科學研究者也。尋常談及外國科學家日新月異之發明，只有驚奇
欽佩，一若可望而不可即。宣統元年美國退回庚子賠款，清廷考送
學生赴美留學，創立清華留美預備學校。辛亥革命以後，赴美留學
者益多，其中學習純粹與應用科學者漸眾。此時可謂中國科學萌芽

〔註2049〕 胡宗剛撰《胡先驌先生年譜長編》，江西教育出版社，2008年2月版，第439
～442頁。

〔註2050〕 中國科學院昆明植物研究所編委會編《中國科學院昆明植物研究所簡史
（1938～2008）》，2008年10月版，第101頁。

時代，中國科學社即成立於此時。此輩留美學生回國之後，習純粹
科學者，多在國內大學或專門學校任教。此外留學歐洲之科學家回
國者亦漸多，於是在各大學中教授自然科學者多為本國人士，而科
學研究之風氣漸開，科學研究機構漸次設立。首被研究者為具有地
方性之科學如地質、生物、氣象等學科，發軔之初，即有特殊之成
就。地質調查所在丁文江、翁文灝兩先生領導之下，數年之中即有
良好之成績，如各省區之地質與礦產之調查、古生物學之研究、北
京人之發現，皆有以使中國地質學之研究，達到全世界最高之水準。
而李四光先生在中國屢次發現冰期時代之遺跡，一破西人中國無冰
期之學說，尤足以證明國人研究科學之能力。在礦床調查方面，如
玉門之油礦之開發與廣西之鈾礦之發現，實至足稱道之成績，而有
裨於建國之大業者也。生物學研究之肇始，稍後於地質學，亦有卓
越之成就。下等動物與高等動物之各綱目，皆有專家研究之，方炳
文氏之於魚類、壽振黃氏之於鳥類之研究尤為傑出。植物分類學方
面亦多所成就，故昔日歐美各國之植物學家競相研究中國植物，今
則國人多能自為之。自藻類、菌類、苔蘚、蕨類以至於種子植物，
專家有四十餘人之多，採集規模之大，收穫與發現之多，殊堪驚歎。
而在形態學、生理學、生態學各科亦頗有傑出之人才。至於氣象學，
則在竺可楨博士領導之下，亦有甚佳之成績。氣象局之成立，已使
氣象學之研究應用至於全國，在抗戰期中，對於軍事尤有貢獻焉。

至於具普遍性之科學，中國物理學家人才輩出。如研究 X 光之
吳有訓博士，研究原子物理之趙忠堯，研究電學光學之薩本棟博士、
嚴濟慈博士，皆久負盛名。後起之名家亦有多人，尤多研究原子物
理者。最近研究鈾原子三裂四裂之錢三強、何澤慧博士夫婦，其貢
獻尤足為中國科學家生色。在化學方面亦有傑出之學者，如曾昭掄、
薩本鐵、莊長恭、吳學周諸博士，皆各有重要之貢獻。數學方面則
以華羅庚教授貢獻為最多。此豈民國初年所能企望者耶？

至於應用科學如侯德榜博士對於海水製鹼已為世界之權威。在
醫業方面如陳克恢博士對於麻黃素之研究，亦為世所推重。在農林
方面育種學家對於棉花、水稻、小麥之育種皆有甚大之成就，木材
研究亦曾大規模進行。唐世鳳博士利用海洋學知識增加鹽產及改良

製鹽方法，亦足稱道。

　　各門科學所以得如此之發展，各研究所之成立實為其主因。中國科學研究機關成立最早者為地質調查所，中國科學社之生物研究所次之。北伐告成以後，政府首先成立中央研究院，各所林立，實為促進科學研究之最大機構。北平研究院繼之而起，亦有規模。私立研究機關，則以靜生生物調查所與黃海化學工業社最著成績。公私各大學亦競設研究所，各有貢獻。各學會亦相繼成立。故在民國十七年至二十七年之十年中，中國科學之進展大有一日千里之勢，此國人應引以自慰者也。

　　然自抗日戰事發生，中國科學乃受莫大之打擊，各大學與研究機關紛紛內遷，物質與精神之損失皆極重大。經費絕蹶，科學家生活艱困，與國外科學界隔絕。至抗戰末期，科學研究幾成告朔之餼羊。然科學家仍不乏在萬分艱困中繼續研究者。勝利以後，復員工作，仍困難重重，勝利已告二年，而大多數科學研究機關，仍不能從事研究工作。故自民國二十七年至今之十年中，中國科學乃降至最低水準，此至堪痛心者也。

　　今後中國科學之前途，端賴政府與社會之支持與保育。處今日之局面，無科學即不能立國。政府每昌言無科學即無國防，無國防即無國家，然政府卻不願以大量經費支持科學研究，此至不智之事也。此次世界大戰，中國遭受空前之損失，固不待言；然蘇聯所遭之損失，並不在我國之下，甚或過之；而蘇聯政府提倡科學，較戰前尤為積極去年梁寒操氏在國防最高委員會提案自三十六年度始，以全國總預算百分之三為發展科學之用，經會中通過以全國總預算百分之一為發展科學經費，且議決由主計處草擬此項預算。然在提出預算時，主計處竟未列此項預算，一年大好光陰，又擲諸虛耗。原議組織最高科學會議，為支配此項經費及指導全國科學研究之機關，荏苒至今，政府亦未組織此項機構。轉眼一年又過，明年是否將籌撥此項科學研究經費，尚待朝野之努力。此則作者在略述三十年來中國科學之進展時，所欲大聲疾呼，引起國人注意者也。〔註2051〕

───────────────

〔註2051〕　《胡先驌全集》（初稿）第十四卷科學主題文章，第 261～262 頁。

9月8日，任鴻雋致胡先驌信函。

步曾吾兄左右：

　　五日曾上一箋，同時接到三日來示，敬悉一一。八月下半月經費一千萬元，據范君言已匯交，想早已收到。九月款當照匯，希望釋念。行政院補助費亦於日前緘詢王雲五君，俟得復再奉告。茲於日前晤梅月涵兄，談及靜所與清華大學合作事。梅願考慮，擬請兄提一計劃交弟轉予梅君，由渠先與校中作非正式商量。如認為可行，再由校與兄正式接洽。此項計劃鄙意當視前向北大提出者，權利從減（即人員之額數須少），而義務從增（即設備、標本可公用，又靜所人員可在校中任相當功課等）。庶不至如北大論者所云「One-way Traffic」也。教授配給實物差額金，報端所載屢有變更，究竟實數如何，疑莫能明，擬稍俟時日，至政府正式公布後，再行補發，以免發後，或不便再補也，尊處想已為然。尊處每月二千萬元之經費，其實際開支情形如何，能以近月開支數目一份見示否？此間秋虎頗烈，昨始轉涼。

　　專此敬頌

秋祺

弟　任鴻雋
九月八日（1947 年）〔註2052〕

9月12日，胡先驌致任鴻雋信函。

叔永吾兄惠鑒：

　　手書奉悉，與清華永久合作合約今寄上，請即交月涵。因清華有美金，故未將借用靜所基金一項列入，月涵有何意見乞示為荷。靜所八月份開支表今附上，目前所定靜所薪額比大學為少，張肇騫在北大半薪，底薪為五八〇元，在靜所為五百元，且同人均無研究費。張肇騫在北大支半薪，亦無研究費，若研究費增至五十萬元，則吃虧不少。如靜所經濟轉好，則擬增發研究費，然大學又有發實物之議，私立機關真不易追上也。此間動物標本極富，無人管理，

〔註2052〕　胡宗剛撰《胡先驌先生年譜長編》，江西教育出版社，2008 年 2 月版，第 449
　　　　　　～450 頁。

損毀可惜，無論與清華合作能成與否，若靜生經濟轉好，弟擬將楊宜之、彭鴻綬二人約回，藉以完成二人研究工作與管理此項大宗動物標本也。廬山植物園窘極，靜所經濟若充裕，弟擬以全力擴充廬園及其生產事業。廬園有二十萬株苗木，若照十萬一株計算，即值二百億，且陳封懷久有開闢茶園計劃，數年之後，即可獲大利。明年若種馬鈴薯，數月之後利潤即可觀也。滇所歷年為滇省經濟委員會試驗種煙，成績極佳，所中經費即靠此項事業維持。新近發現一種滇產煙葉可與美煙相頡頏，上海煙廠紛紛前來購買，農村經濟大為活動，今年滇省煙草出口達六百億之巨。蔡希陶來信，若靜所能投資一億，種煙三百畝，即可獲巨利，此事俟弟到滬時面談。弟或能向農民銀行設法借款，亦未可知也。

　　專此敬頌

秋祺

　　　　　　　　　　　　　　　　　　　　弟　先驌

　　　　　　　　　　　　　　　　九月十二日（1947年）

　　俞季川已赴港，準備赴愛丁堡半工半讀，現滇所由蔡希陶一人主持。〔註2053〕

　　9月17日，《論整飭縣政》文章在獨立時論社編《獨立時論集》（第1集，第139～140頁）發表。摘錄如下：

　　　　中國自秦廢封建設郡縣以來，縣即為最重要之地方政治單位。全國政治之良窳悉繫於縣政之優劣，縣政之優劣則又以縣令之得人與否為斷。蓋縣令為親民之官，其撫民或擾民，為億兆小民休戚之所繫。故為政之道首在為縣擇長令。唐太宗一次更換縣令八百餘人，用能成貞觀之治，即此故也。歷代施政，皆知重視縣令之職位。在明清兩代，縣令官雖不過七品，而其職位則甚為尊貴，其權亦甚重。翰林院庶吉士散館可為知縣，榜下知縣身價又高。而在雍正朝高安朱文端公竟以賢縣令蒙不次拔擢而任宰相。故士君子不薄百里，而邑侯之地位彌尊，有終身從事縣政者，此縣政之所以能優良也。民

<hr>

〔註2053〕　胡宗剛撰《胡先驌先生年譜長編》，江西教育出版社，2008年2月版，第450～451頁。

國以還，政治日趨窳敗，縣令之地位逐漸降低。抗戰以來，每況愈下。省政府每隨意委派縣長，資歷才能與學識皆不重視，而服務之艱巨，地位之卑下，與夫俸薪之菲薄，又遠非平時可比。故人皆知主縣政，非以貪污為目的者，多不敢就此衝繁疲難之職。因之好縣長在今日逐漸稀如星鳳而小民苦矣。姑舉一例。江西省政治素以粉飾著稱，縣令素質之不佳自在意中。去年新任江西民政廳長李中襄請教於前任江西省主席曹浩森，問江西各縣之縣長以何人為賢良，曹答以無一好縣長。曹公為一仁慈廉潔之長官而作此語，則江西縣長之下劣可以想見。故王陵基主席蒞職後，稍一按治，則累纍之縣長鎯鐺入獄矣。然據余所聞安徽之縣政尚遠在江西之下。他省當亦有同等之情形。此抗戰期中縣級政治每況愈下之趨勢也。縣政窳敗之原因主要者有三。一、縣級官吏人選之不良。二、縣政府經費之太少。三、縣長職責太重，茲分論之。

各省縣長有由民政廳直接委派者，有經文官考試分發者，有經省政府所舉行之縣長考試錄取者。大凡貪污下劣之縣長多出於委派者之一途。此輩咸「有關係」，「有背景」，或為軍人，或為猾吏，苞苴賄賂，剝削貪污，皆其所長；覺法殘民者，悉多此輩。其經文官考試及格分發或經縣長考試錄取者，類皆有相當學識與無背景之人，通常青年有為，惡習之染污甚少，其中頗有以從事縣政為抱負者，而既無背景，故小心翼翼，不敢為非。余曾兩度任江西縣長考試考官。見應試者須經過十門科目之考試，又衡其經歷，觀其儀容，聽其言語，而後定其去取。平心論之，經縣長考試及格之人，多屬英俊有為之士。故出主縣政，成績多佳。然可惜者此項縣長人數遠較民政廳委派為少。本省縣長考試錄取之名額極少，而中央分發者，民政廳長又每每歧視之不加委任，故以後整飭縣政必儘量用考試及格之縣長。王陵基主席曾言希望將來江西之縣長盡為戴方帽者，誠知治道也。

再則縣級佐治人員之重要，實亦不亞於縣長。在兩漢以縣級佐治人員起家而得為卿相者，頗有其人。在清季佐貳官亦為中央所任命，黜陟遷調，縣長皆無權過問。於是則佐治人員亦為朝廷命官，可以自全其清操，不與縣長同進退，其制極善。陳儀治閩極知保障

佐治人員之重要。縣長蒞任只能攜一秘書，故佐治人員可以在其職責內行所主張，不惟縣長之命是聽。此實一好制度。然一般趨勢，佐治人員皆縣長所辟用，無論賢否皆與縣長同進退。其流弊有不可勝言者。故救之之道，在一方面保障縣級佐治人員，一方面此項人員亦宜由普通文官考試中拔取，而由中央政府任命分發，且可按其資歷治績而升遷，則縣政府無人才之現象可以補救矣。

縣政府之經費在抗戰時期極為窘迫。在抗戰後期田稅盡劃歸中央，縣財政全賴屠宰稅、營業稅、房捐等，在多數二三等縣，經濟遂極窘迫。蓋囿於縣財政獨立之理論，且欲因以督促縣政府整理縣財政與造產。然理想與事實不符。因各縣之經濟狀況常有絕大之懸殊，遂至特別貧瘠之縣，無法維持其機構。同工而不同酬，官吏不能保持廉潔，而待舉之要政不得不舉，於是非法攤派而小民苦，否則百事廢墮，官但尸位而已。勝利後田稅半歸地方，契稅全部歸縣，營業稅亦然。故縣政府稅源已較寬裕。然以稽徵不力，而省政府又多管制太嚴，故貧瘠之縣仍不能自給。此仍待開闢縣政府稅源，始能整飭縣政。而在極端貧瘠之縣，尤須省政府與以補助，一如今日中央之補助貧瘠省份也。縣長職責太重，牽掣太多，實為抗戰時期縣政窳敗之一主要原因。徵兵，徵糧，興學，造產，伺應過境軍隊，維持地方治安，無一非縣長之職責。衝繁疲難，幾非人所能堪。新近政府舉行行政座談會，各省主席皆以此為言。故通令各部會及各省府減少縣長兼職，凡中央及省府政務另派專員主持。俾縣長能專心致志以盡其固有之職責，則敷衍廢事之習可除矣。總之在今日縣政實為為政之根本，縣政不良則國基不固，人民受害。而整飭縣政，首在慎選賢能，次則寬籌經費，再則酌減其兼職，使之能集中精力改革縣政，則新縣制之理想始能實現，而地方政治漸上軌道，省政當局其努力從事於此哉！〔註2054〕

9月21日，參議員參觀煙草推廣情況。

雲南省參議員及昆明新聞界記者曾來黑龍潭育種場參觀美煙種

〔註2054〕 胡宗剛撰《胡先驌先生年譜長編》，江西教育出版社，2008年2月版，第451～453頁。

植情形及植物所所藏植物標本。第二天《雲南日報》有下列報導：
「午後一時，參觀同仁搭乘汽車出發，途中天氣微陰，秋涼襲人。
一時三十分抵達，小憩十餘分鐘，即由招待員領導於小雨霏霏中，
前往參觀美煙品種及關於烤焙之一切設備，並詳細講解自撒種至收
成過程，應具之一切常識。植物研究所收藏之標本種類亦頗豐富，
每種木材之用途，特質及分布情況，均由招待員作詳細介紹。參觀
同仁，獲益頗多。參觀畢，即行午餐，席間先是省廳李主任秘書敘
煙草改進所組成概況，其次兩所長相繼報告歷年工作推進情形及將
來之發展希望，語多懇切誠摯。最後秦仁昌教授及來賓，相繼提供
美煙種植之推廣及運銷方面之許多建議，語畢席散。時紅日含山，
已過五時，觀者即乘車返城」。〔註2055〕

9月25日，《論大學教育十年計劃》文章在《申報》（第2版）發表。摘
錄如下：

北京大學校長胡適日前發表其向當局所建議之十年教育計劃，
頗引起各方之注意。國府委員鄒魯關心中山大學，故曾致胡氏一封
公開信，詢問其所云之中大系中央大學抑中山大學。南開大學教務
長陳序經，對於胡氏主張完全取消留學外國表示異議。其他教育界
人士著論討論此問題者，亦大有人在。可見此問題為國內各界所重
視；故筆者亦欲發表個人之意見以與國人商榷之。

胡氏主張在兩個五年內政府特別培植北大、清華、浙大、武大、
中大五個國立大學，其意未嘗不是。此五校固然可稱為國內第一流
大學，但若謂僅有此五校值得政府特別培植，則此語尚有商作之餘
地。如交通大學數十年來為國內最有名之工科大學，圖書機械設備
均甚充裕，其在學術之地位不在北大等五校之下；交大豈不值得政
府特別培植乎？中山大學過去在國立各大學中規模最大，圖書儀器
最為充足，其農學院醫學院均頗有名，而陳煥鏞教授所主持之農林
植物研究所久已蜚聲國際，為研究中國植物分類學一最有名機關，

〔註2055〕記者及參議員昨參觀美煙，《雲南日報》，民國三十六年九月二十八日第三
版。胡宗剛著《雲南植物研究史略》，上海交通大學出版社2018年7月版，
第196頁。

其標本圖書之多，僅次於靜生生物調查所，胡氏所稱之五大學皆非其匹也。惜自一般而言，紀律稍嫌鬆懈，學術空氣不甚濃厚，而在此次抗戰中，圖書標本損失殆盡。然此乃紀念孫中山先生大學，規模既大，過去亦有光榮之歷史，政府尤宜積極加以整頓，特別培植，使成為南中國之第一流學府者也。竊謂除此七個大學政府宜特別培植外，同時尚須加意培植若干大學，如師大、東北、復旦、暨南、同濟、四川、中正、南開、廈門、湖南等十校，取過去有長久歷史，或有素負盛名之學院。在第一個十年計劃內政府或無力對此十校特別培植，但亦必須充實其師資與圖書設備，使達到歐美一般大學水平。至於臺灣大學，本有充實之圖書設備，但須充實其師資，使能保存其在日人管理時代之水平即足矣。此外，其他大學，則只有在第二個十年計劃中始能顧及。然中國潛力極大，苟政治上軌道，工業化在進展中，則國力增長至速，或者不待十年，不但政府可以改進其他大學，尚可增設甚多之新大學。蘇聯建國於今不過二十年，其國內已有大學七百八十餘個，研究所千餘個，我國豈與之相去永久如是之遠？果爾，將何以建國？更何論於所謂之迎頭趕上乎？

復次，談十年大學教育計劃，切勿漠視研究機關。胡氏謂大學喝稀飯，研究機關實不喝稀飯？中央研究院為國內最高之究機關，其經費已不裕。北平研究院之經費窘迫，尤匪夷所思。其他公私立研究機關，亦莫不在窘鄉。大學經費本自龐大，在最近將來，雖不能設立大規模之研究所，必也盡可能擴充現有之公私研究機關而使之與大學密切聯繫，使之在其專門研究範圍之內，指導大學究院之學生，則大學可得最佳之高級導師，且可利用研究所之圖畫設備標本，而不必自行置備，在研究所方面亦可使研究與教育不脫節，而能為國家培植本機關所擅長研究之科學之人才，而免去才難之歎，則雙方交受其益矣。此層過去未曾做到，今則中央研究院各所方有與中央大學合作之議，此後政府亟宜鼓勵此種兩利之合作也。

於目前之留學政策，殊未盡善。大批公費私費學生，在國內準備既未充分，甚幾外國語之準備均不定，僅圖往國外鍍金，不惜耗

費大量外匯，殊屬不智。然絕對禁止留學，使學生不能獲得國內大學所不能領導之研究之機會，以完成其個人求學之目的，與適應國家之需要，亦非長策。竊以為不妨對於留學加以更嚴格之限制。公私留學生名額減去目前所有者三分之二，規定惟大學教授講師助教或研究所人員方能出國研究；再規定使各第一流大學及各公私研究機關盡速充實研究設備，招收較多之研究生，學成後即使之應國家博士考試，必須得有博士學位之後，始可派往外國著名大學留學一二年，則所造就者確為第一流學者，而不致虛糜公私財富矣。

大學教育在抗戰時期頗失常軌。今抗戰結束已及二年而尚未加以整頓，殊屬非是。今憲法規定以國家總預算百分之十五為教育科學文化經費，自三十七年度起即須實行。一方面增加大量經費，一方面減少留學經費三分之二，則盡可以充實各大學與各研究機關，使之可以積極改進，則大學與公私各研究機關皆可不喝粥而完成其任務，中國學術自能獨立矣。〔註2056〕

9月25日，雲南省烤煙發展引起各方關注。

9月25日，《雲南日報》以「本省美煙前途樂觀，省府潘處長昨發表談話，生產應隨時改良求進步」為題，報導雲南省烤煙發展現狀和今後改進意見：「本省美種煙葉……迄日新葉上市，品質佳良，省外各地廠商，紛紛到滇購買，價值增高，農民獲利甚豐，出口所得，當不在千億以下，其於本省經濟有重大裨益，為全滇人士所共見」。在省政府新聞發言人的改進意見中，第一條就談到了烤煙的種子問題「美煙籽種在本省種植為時不過四、五年，因氣候土壤及交雜關係，容易變質。政府對於此點極為重視，特設置育種場，延聘專家用科學方法培育優良籽種廉價發售，以供農民使用，農民切不可省圖方便，使用自留之籽種」。此條改進意見，反映了導致烤煙品種退化的社會因素，面對新引進的美煙產業，農民「自家留種」的傳統觀念有待轉變。〔註2057〕

〔註2056〕《胡先驌全集》（初稿）第十五卷人文科學文章，第557～558頁。
〔註2057〕中國科學院昆明植物研究所編委會編《中國科學院昆明植物研究所簡史（1938～2008）》，2008年10月版，第101頁。

9月27日,《生物學戰爭》文章在《觀察》雜誌（第3卷第5期,第10～11頁）發表。摘錄如下：

> 生物學戰爭傳說已久,至於實際情形尚少報導。近來美國《防疫學雜誌》（Journal of Immunology）刊布哥倫比亞大學羅士佈雷博士（Dr. Theodor Rosebury）及加拔特博士（Elvin A. Kabat）所作一甚長之關於細菌戰爭之報告,討論二十五種疾病可作生物戰爭之用。然此報告所報導者尚不及實際情況之一半,蓋二氏所報導者多為人類疾病,對於家畜與農作物疾病僅稍一言及,對於農作物毒藥完全未提。且此報告係在一九四二年所寫成者。在此以後,美國在瑪麗蘭州設立一世界最大之軍用生物學實驗室,其工作人員不斷努力研究生物學武器。此外美國、英國、加拿大均在加速此項研究。大約蘇聯亦然。故此項研究成就,殊難猜度。
>
> 生物學戰爭所覓取之武器,包括於醫藥學、生物學全部範圍之內。在第一次歐戰,德國軍官即曾利用淡水藻類學家以審斷間諜。此類生物學知識之廣泛應用今姑勿論,但略論細菌戰爭。細菌戰爭之目的與方法恰與防疫學相反。防疫學之目的在減輕傳染病之損害與制止其蔓延,同樣之方法可使生物學戰爭研究員研究如何使傳染病變為更劇烈與廣為傳佈。吾人通常習知當一傳染病發生之時,有時死人極多,不易治療,有時則患者雖多而多能治癒。又或一種疾病在甲地則甚劇,在乙地則甚輕,此蓋由於同為一種病菌,有惡性善性之殊。防疫法每每在搜尋毒性不烈之病菌注射於動物體中使之發生抗毒素,因而製造血清以供防疫注射之用。美國之製造盤尼西林,即曾大舉在國內國外搜集十萬系之青黴菌,以求覓得最優之品種以供製藥之用。為達成細菌戰之目的,自亦能廣為搜尋,試驗各種極可畏之傳染病中毒性最烈之品種而繁殖之以供作戰之用。再則病菌之毒性可以人工培養之法以增減之。如供給豐富營養,則其毒性與繁殖能力可以增加,如以不足之養料以培養之而使飢餓,則其毒性與繁殖能力可以減低。至於傳佈之法,可以人工培養之病菌,藉飛機之力散佈於敵人所居之境內,或以患病之動物自飛機投入敵境,使之自然傳佈。日人在抗戰期中,曾以飛機將帶有鼠疫病之跳蚤之活鼠在金華上空投下,至發生鼠疫,即其一例。

當羅士佈雷與加拔特兩博士作此報告時，在全世界尚未有任何生物或醫學機關曾作生物學戰爭有系統之研究。但哥倫比亞大學之細菌學家已將五六種疾病武器製成，其中之一為肺鼠疫。在戰時美國海軍中一醫藥小組曾製造一種空氣溶液（aerosol），能傳佈官方所稱世界上最古之殺人病。據美國方面報導定為肺鼠疫無疑。肺鼠疫在清末曾猖獗於東三省，且曾蔓延至北平，國人或尚有記憶之者。然在世界史上則曾發生兩次極大之災害。西羅馬之覆亡據稱即由於發生此大疫，社會解體所致。此疫傳至中國後即引起後漢末年之大亂，史稱兵災疫癘之結果，人口至萬有一存。結果人口銳減，社會解體，異族強大而勃興，魏晉六朝四百年之紊亂半由於此。其後則中世紀又發生此疫，各國死者達千數百萬人，元朝之崩潰亦為此次大疫所致。此疫今能用科學方法傳佈，實一至可怖之事。又如黃熱病本須有大量傳黃熱病之蚊以傳佈之，此病在中美洲巴拿馬等國為害甚劇，其地一度有高等文化之馬耶民族即由此病使之衰滅。最初巴拿馬運河之不能開鑿亦即此種疾病所致。此種藉蚊所傳佈之地方疾病今亦可以空氣溶液傳佈之。此外炭疽病病菌用於炮彈中，使受傷之兵士得接觸傳染。此外可用空氣溶液傳染之病有鸚鵡熱、兔熱病、馬來熱病（Melioidosis）、斑疹傷寒、落機山斑疹熱等。最奇怪者為本來限於特殊地域之病，今可使之廣為傳佈。如黃熱病本只在中美洲南美洲熱帶為某種瘧病所傳，但此病毒今可在實驗室中培養而用空氣溶液傳佈。兔熱病、斑疹傷寒等本需接觸或昆蟲傳染者，今亦能使之由空氣中傳佈。

人類之疾病除真正之細菌外，又有病毒（Virus）、天花、猩紅熱等疾病之病源體，即為病毒而非真正之疾病。病毒非真正之生物，其體遠較細菌為小，可以穿過素燒瓷。據近來之研究，病毒乃結晶體，其大小與蛋白質之大分子相若，可見即為一類帶有生命性、能生長、能繁殖之蛋白質。近年來美國若干專門研究病毒之化學家，對於病毒化學之構造，已研究有甚大之成績。若再有進步，則生物化學家可以用人工之方法製造多種抗毒素，以治療各種病毒所引致之病。但同樣之知識，或亦能使之製造新而更毒之病毒以供生物戰爭之用。

　　除人類之疾病以外，生物學戰爭同樣可用細菌與病毒以攻擊家
畜與農作物。農作物亦可用人工傳佈之菌類疫病與植物荷爾蒙毒劑
以毀滅之。當日本投降之前，若原子彈未能奏功，戰事遷延至一九
四六年，則美國準備用一種化學藥品注射日本稻田，使稻在成熟之
前，全部枯萎。此種化學藥品雖未為人所知，但化學家深知有多種
化學品可供此用。

　　約在二十年以前，一群荷蘭植物生理學家對於植物生長之機構
開始作有系統之研究，發現有一群化學藥品可以控制植物之生長，
而稱之為植物荷爾蒙或生長素（auxin）。在今日已經發現數百種生長
素。各國皆在大規模研究生長素而設廠製造之，此類化學藥品並不
難製造。生長素有無數可驚之方法以控制植物之生長。一種生長素
稱為 2，4D 者，能刺激雙子葉植物使之過度生長而死亡，因之為一
極有效之殺莠草之藥劑。今已為數百萬美金之工業。又有一種荷爾
蒙可使馬鈴薯等塊根在存儲之窖中不致發芽。另一種荷爾蒙則能使
果實在未成熟之前不至墮落。但多數植物荷爾蒙能改變植物之生長
使之大受損害。蔬菜即可以 2，4D 殺之，以其為雙子葉植物也。任
何生長素化學家，在數小時之內，可以選擇若干種植物荷爾蒙以殺
任何農作物，或使之生長過度，或制止其根之生長，或使之不結實。
如此則可以人工造成大規模之饑荒。

　　故在將來世界大戰中，生物學戰爭之酷毒，將不在原子彈之下。
且其價之廉，其研究與施行之易，又遠超過原子戰爭。故除美國外，
蘇聯必在積極研究之中。假若不幸第三次大戰爆發，交戰國或用飛
機散佈肺鼠疫或黃熱病等毒疫，或用毒藥與植物荷爾蒙以殺滅農作
物，則疾病饑荒將使人無噍類，社會必致全部解體。故人類必須深
恫於戰爭之酷毒而盡力避免之。同時我們政府亦宜獎勵此類生物學
與化學之研究，以求鞏固國防，以備萬一。〔註2058〕

9 月 27 日，雲南省在昆「參議員」和新聞界人士參觀煙草育種場。

　　9 月 27 日，雲南煙草改進所和農林植物所聯合招待雲南省參議

〔註2058〕 張大為、胡德熙、胡德焜合編《胡先驌文存》（下卷），中正大學校友會出版
　　　　　發行，1996 年 5 月，第 348～351 頁。

會在昆明的參議員和新聞界人士五十餘人參觀煙草育種場，隨後又連續開放三日，供各界人士和各地煙農觀摩見習。9 月 28 日，《雲南日報》以「記者及參議員昨參觀美煙」為題，報導「昨日雲南煙草改進所及雲南農林植物研究所聯合招待省參議員及本市新聞界前往黑龍潭育種場參觀美煙種植情況及植物收藏標本。……由招待員領導於小雨霏霏中前往參觀美煙品種及關於烤焙之一切設備，並詳細講解自撒種至收成過程應具之一切常識，……參觀同仁，獲益頗多」。《正義報》也發表「昆明煙草育種場育種美煙成績優良今午歡迎各界自由參觀」的報導，披露了產業發展中出現的問題：「（一）美煙貸款太少，每畝僅貸二萬元已不夠用，所以希望今後增加美煙貸款。（二）現在經營美煙者很多，因此發生煙葉參雜低劣產品混亂銷路（因甲乙丙三種煙葉混雜一處）影響美煙市場信譽甚大，希望能將此種現象清除。最後由雲大秦仁昌教授講演，對今後本省美煙之產銷，應實行檢驗政策，希望政府能成立檢驗局，或專門之交易機構，以杜絕混亂」。這些活動是配合煙草推廣中心工作進行的示範和科普宣傳，多少帶有「對策研討會」的務實色彩。〔註 2059〕

9 月，為陳灝一《甘簃詩文集》序言。

囊登匡廬，得見義寧陳先生於散原精舍，語及吾鄉晚近文士，散原喟然曰：「當清嘉、道間，翁覃溪學士三使豫章，而有古文在新城之言。蓋新城自陳凝齋先生以樸學大昌於世，厥後魯絜非進士及凝齋之孫石士宗伯，皆能傳其學。宗伯師其舅氏絜非，復為惜抱高第弟子。當其盛時，海內言桐城者，必並舉新城。湘鄉曾侯所諏之二陳廣敷、懿叔，又俱凝齋之曾元孫也。晚得灝一，則其曾元孫鏡之先生之冢孫也。為文雄俊淵永，非墨守桐城一家所能圉。而於其先世之流風餘韻，猶有焉存者。此凝齋垂裕後昆之效也。」予素知灝一，觀其辛壬之交，解囊刊文藝誌，月出二集，歷五年不衰。一時碩儒宿彥，咸為之述作，聲光甚茂。於是灝一儼然為文壇盟主。嘗以尺箋通殷勤之歡，張吾所為文字於卷首，以示結納。迨相見故

〔註 2059〕中國科學院昆明植物研究所編委會編《中國科學院昆明植物研究所簡史（1938～2008）》，2008 年 10 月版，第 101～102 頁。

都，始獲盡覽其詩文古辭。知其不獨寢饋史邊書，若論說碑銘序說之類，格嚴而正，辭婉而達。似水之有源而流長，木之有根而枝盛，紆徐雅馴處，如六一居士，殆山川靈淵所鍾，而欲追蹤吾鄉之先哲耶。夫情發於中而形於辭者，謂之文。灝一固優為之矣。嗟乎，方今文獻之風，掃地無遺，禁言之律未息。灝一既工欲隨眾唯否。自拔於污俗。坐是不諧於時。獨以古文辭負清望，賢以人遠甚。顧以灝一之文章才識，低首下心。垂老幕府，未能揚厲臺閣，黼黻升平。此知者所為不足，而灝一之自立修名，甘以寂寥而無悔者也。然而文章傳矣。

　　　　　民國卅六年歲次丁亥秋九月新建　胡先驌　拜敘。〔註 2060〕

　9 月，《國民黨的危機》文章在《三民主義》半月刊（第 10 卷第 12 期）發表。

　　　　在這時期，我曾在《三民主義》半月刊寫過一篇文叫做《國民黨的危機》，對於國民黨當時種種腐敗情形赤裸裸的寫了出來，但是這不是反對他們，而是愛護他們，是以「直言敢諫」的態度而求得反動政府改進。我對於共產黨始終沒有認識，也從未讀過毛主席一篇文或一本進步的書籍，總想設法團結國內有進步思想的人士組織第三種力量。胡適、張伯苓諸人組織了一個市民治健進會，我也參加了。我還勸胡適組黨，組織一個第三條路線的黨，但是他沒有組黨的勇氣。那時候便有北京大學某些教授，如崔書琴、張佛泉、朱光潛等組織了一個「獨立時論」社，寫社論批評時政，每一篇都在全國各報館同時發表，我也寫了不少的文。……〔註 2061〕

　　秋後，俞德濬赴英國愛丁堡皇家植物園進修。蔡希陶等人繼續煙草培育試驗工作，新闢煙地 80 畝，供省煙改進所煙籽 240 市斤。〔註 2062〕

〔註 2060〕廖太燕著《胡先驌集外文中的文化家族》，2019 年 9 月 27 日《中華讀書報》。

〔註 2061〕胡先驌著《對於我的舊思想的檢討》，1952 年 8 月 13 日。《胡先驌全集》（初稿）第十五卷人文科學文章，第 629～640 頁。

〔註 2062〕中國科學院昆明植物研究所編委會編《中國科學院昆明植物研究所簡史（1938～2008）》，2008 年 10 月版，第 4 頁。

10月9日，《論一年一次科學運動周》文章在《益世報》發表。同日轉載於《科學月刊》（第14期，第13～14頁）。摘錄如下：

雙十節國慶來臨，教育部又在各都市舉行科學運動周，講演展覽徵文，十分熱鬧。此種科學運動，在抗戰期間即已舉行，蔣主席大聲疾呼「無科學即無國防，無國防即無國家」。又在《中國之命運》書中具體聲明欲建設近代化之中國，需要大量之工農醫各項人才，且曾命教育部計劃如何在短期間作育此大量專才以配合積極建國之需要。本來在他國即將適用原子能為動力資源及醫病之時，我國尚在用最不經濟之人力。百分之九十以上之人民，在二十世紀四十年代尚在過十八世紀之生活，而竟！顏自居為世界五強之一，寧非奇恥大辱？科學運動之目的，即在昭國人以科學之重要，鼓勵青年學子以重視科學，埋頭努力，以求迎頭趕上。自表面觀之，此實為一種最有意義之運動，表示政府重視科學。然而實際上政府是否真有決心欲發展中國之科學，則大是疑問。坐而言而不起而行，乃中國政府之慣習。故科學運動周雖已舉行數年，而未見收有若何成效也。

《論一年一次科學運動周》文章在《科學月刊》轉載

歐美各大國姑勿論。認識科學之重要之後進國家首應推日本與蘇聯。日本自明治維新以來，即極力重視科學。對於各大學之科學設備不惜以鉅款充實之。大學教授與科學專家備受國人之重視。今

姑舉一例，即可證明日本重視科學研究。日本之西京大學研究發酵
學有一權威教授，其實驗室與圖書館規模均大，經費亦充足。於一
年此實驗室中僅有一中國學生魏嵩壽在內研究，然此名教授與一助
教即盡力指導此學生。魏君在研究發酵過程中，需用各種糖以供試
驗之用。凡有所需要，魏君開一便條，大學庶務處即為購買送來，
有一次魏君欲購買高價之糖數種，庶務處遲未購到，魏君大怒向庶
務處責備，其主管即連連道歉，立即為之購買，可見其大學極端重
視研究。對於中國學生，亦不加以歧視也。即在此次世界大戰中，
日本之科學研究，不但未受阻礙，而且因軍事需要，大為增加，原
子能、雷達、火箭彈均在積極研究中。生物學戰爭，亦在中國戰場
中試用。美軍以原子彈轟炸廣島，本為日本最悲慘之不幸，然事後
日本醫學家即利用此機會以研究原子能對於人類生理之影響。日本
朝野上下此種重視科學之精神，至為可佩，此日本所以能由一落後
之國家，一躍而為世界之一等強國也。

　　至於蘇聯則尤重視科學。十月革命成功後列寧第一事即為訪問
著名生理學家巴佛羅夫，詢其需要何種設備。此外政府儘量創辦大
學與研究所，故在短短二十年中，大學增至七百八十餘所，研究所
增至一千餘所，小規模之研究室則有數千個，科學研究人員以數萬
計。一經濟植物研究所即有助理五千人。所研究之範圍如原子能、
宇宙光、北極探險、孿生兒等等，舉凡一切之純粹及應用科學無所
不包。大豆為中國之特產，中國並未對大豆作大規模之所究。而蘇
聯則設有大豆研究所，搜集我國所產之大豆至五千餘種之多。蘇聯
欲育成極耐寒之馬鈴薯，以供在北極圈地帶種植之用，則派科學家
遠涉重洋，登秘魯國之安得士高山而尋覓之。今且已人工育成多年
生之小麥矣。此次戰後蘇聯益重視科學，積極擴充科學研究機關。
美國固已將德國研究原子能之專家九十餘人運往美國，蘇聯亦儘量
將美國所未羅致之德國二三流物理學家運往蘇聯。一面極力優待科
學家，使其薪金高出工人之工資至一百五十倍，且有別墅與汽車之
享受，而保證其身後其妻子可享優裕之生活。其優待科學家如此，
無怪美國之某原子彈專家認為三年之後蘇聯製造原子彈即能超過美

國。至於細菌武器之研究簡易而省費,蘇聯在短期內必可研究成功,殆無疑義也。

至於中國則如何?在戰前中國之科學研究頗有成績,地質學、生物學、生理學、物理學、化學、數學、氣象學,皆有甚大之成就。雖在量的方面不及歐美,然在質的方面則較歐美國家殊無愧色。然自抗日戰爭爆發以後,十年來科學研究大受影響。各大學與各研究所,均困於經費。科學家生活均難維持,遑論科學研究?雖亦有若干科學家枵腹從公,埋頭苦幹,而亦有重要之貢獻,然多數科學家皆困於環境,束手無策。政府儘管一年一度舉行科學運動,然不能以充裕之經費,供給科學研究之用,故宣傳科學之重要性亦徒勞無功。尤以十年來大中學教育日趨退化,學校與學生量雖增而質變劣。使可造就之青年科學家之數目減少,科學研究之前途,益行慘淡。今戰事結束已經兩年,在他國科學正長足邁進,在我國則科學機關尚未復員,各大學均無經費以供科學研究之用。去秋最高國防委員會副秘書長梁寒操提案規定以國家每年歲出總預算百分之三作為舉辦科學研究之專款。當時各委員均贊成,惟行政院長宋子文以為不宜為硬性之規定,但作為原則通過,以總預算百分之一自三十六年度起劃為科學研究款,並決定由主計處擬具預算。去年十月中央研究院評議會開會,時吳文官長首先宣布此事,諸評議員聞之咸有喜色,以為中國科學研究從此有希望矣。然至總預算編成,主計處竟未將科學研究專款列入,至使一年大好光陰付諸虛牝。今又屆雙十節國慶日矣,不久又當編制明年度國家總預算,政府是否能將科學研究專款列入尚不可知。竊以為中央政治委員會似不應再漠視此事也。中國在今日尚有不少之科學家,不少在外國曾有重要之發明,如物理學家錢三強、何澤慧、蔡柏林、魏學仁等,然此項科學家多不願回國,以在外國對於所學,尚能有所貢獻,一回國則一籌莫展。且今日科學研究,在集合多數科學家協力合作,單獨研究則成就甚少。如研究原子彈曾動員英國、美國、加拿大三國之科學家,加以歐洲其他國家流亡在美國之物理學家,分工合作,始告成功。美國之研究盤尼西林,亦動員多數之科學家,搜集試驗青黴菌至十萬系之多。現在美蘇各國均有大量之優秀之科學家,一研究問題發生,

即可立一計劃，招集多人，分工合作，故收效極易。我國之科學家，個人之學問能力，並不在他國科學家之下，然以人數過少，不能收合作之效。故欲科學研究真能迎頭趕上者，尚須鼓勵多數青年習純粹及應用科學，方有足用之人。《中國之命運》書中只言建設中國為近代國家需要若干工程師、若干農業家，不言需要若干物理學家、化學家、地質學家、生理學家等等，不免近於忽略，致使今日優秀青年多不願學純粹科學。如此必不能產生多數優秀科學家，而使科學研究能迎頭趕上也。

今欲使科學運動發生效力，首須以大量經費充實各大學之研究室與公私各研究所。次須效法俄國優待科學家。使青年學生有所鼓勵而競相學習與研究科學。又須以大量經費充實中小學之科學設施，加緊訓練大批之優秀科學師資，使國人能在科學研究氛圍中長成，則科學運動之目的，始能達到。否則空口宣傳，無裨實際，真所謂緣木求魚矣。政府諸公其慎思之。〔註 2063〕

10 月 14 日，胡先驌致任鴻雋信函。

叔永吾兄惠鑒：

弟於九日晚到京，國庫署已往接洽，始悉補助金已由政院核准，尚須國府會議通過，已託陳芷汀幫忙，促其早日核放。與國庫署商酌結果，此款將請中基會在滬代領，因私人不能領取，否則必須匯平，又多麻煩，故即將由本所致函該署，聲明本所基金由中基會保管，故託為代領也。向農民銀行借款種煙事，經沈宗翰作介紹，日內即將與該主管人接洽，並聞。

專此即頌

日祉

弟 胡先驌

十月十四（1947 年）〔註 2064〕

〔註 2063〕 胡宗剛撰《胡先驌先生年譜長編》，江西教育出版社，2008 年 2 月版，第 454 ～456 頁。

〔註 2064〕 胡宗剛撰《胡先驌先生年譜長編》，江西教育出版社，2008 年 2 月版，第 457 頁。

　　10月13日，中央研究院第一次院士選舉籌備委員會第6次會議在南京舉行。

　　10月15日，分組討論院士候選名單。

　　　　中央研究院評議會第2屆第4次年會在南京中央研究院禮堂舉行。出席評議員（以席次為序）：朱家驊、翁文灝、薩本棟、王世杰、王家楫、吳有訓、吳定良、吳學周、李濟、李書華、秉志、周仁、周鯁生、林可勝、胡適、胡先驌、茅以升、陳垣、陳楨、陶孟和、凌鴻勳、莊長恭、趙九章、錢崇澍、謝家榮、羅宗洛。會議分組討論通過了各組的院士候選人名單。會議決定，先由在南京的評議員擬具《國立中央研究院院士會議規程草案》，再分寄各評議員徵求意見，再在第5次年會上討論。〔註2065〕

1947年10月15日中央研究院評議會第二屆第四次年會合影第二排右2胡先驌

〔註2065〕《中央研究院評議會第二屆第四次年會記錄》，南京，中國第二歷史檔案館，全宗號三九三，案卷號1558，第18～25頁。張立生編著《謝家榮年譜長編》（上下冊），上海交通大學出版社，2022年12月版，第591頁。

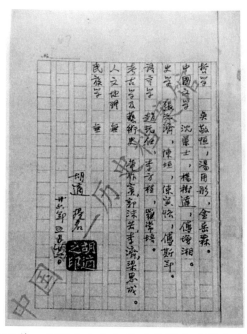

胡適為中央研究院第一屆院士人文組提名候選人名單手跡（沈衛威提供）

10月15日～17日，參加院士評選情況。

　　參加在南京舉行的中央研究院評議會第二屆第四次會議，通過《國立中央研究院院士選舉會議規程》案，本院第一次院士選舉籌備委員會提送院士候選人初步名單連同有關文件請討論案，決議通過候選人數目至多不超過當選人數一倍。審查候選人資料，推定數理組李書華、生物組秉志，人文組胡適為召集人。審議402人的大名單，再經分組審查，最後確定了150人的候選人名單。院士候選人名單考語，即某人合於某項資格之根據，請推人擬寫案，字數以三十一字至五十字為限，即候選人的候選理由。生物組：動物學陳楨、植物組胡先驌負責，共生物組46人。

　　動物學。王家楫：原生動物分類形體生態等研究，主持中研院動物所；伍獻文：魚類形體生理分類生態等方面及寄生蟲之研究；朱洗：細胞學及實驗胚胎學之研究，主持北研院生理所；貝時璋：細胞學及實驗形體學等研究，主持浙大生物系；秉志：比較解剖學、昆蟲學等之研究，曾主持中國科學社生物所；胡經甫：中國昆蟲分類之調查與研究，主持燕京大學生物系；陳世驤：昆蟲分類及幼蟲形體之研究；陳楨：金魚之遺傳與演化及動物社會行為等研究，主

持清華生物系；童第周：實驗胚胎學之研究；劉承釗：兩栖類動物分類分布生態等研究。

　　植物學。胡先驌：植物分類學、植物生理學及新生代古植物學之研究，主持靜生生物調查所；殷宏章：植物生長素之研究；秦仁昌：中國蕨類植物之分類研究，主持廬山森林植物園；張景鉞：植物形態學之研究，主持北大植物系；裴鑒：植物分類學之研究；劉慎諤：植物地理學、植物分類學及菌類學等研究，主持北研院植物所；錢崇澍：植物分類學及植物生態學之研究，主持中國科學社生物所；戴芳瀾：菌類學及植物病理學之研究，主持清華植物病理研究部分；羅宗洛：碳水化合物之代謝作用等研究；饒欽止：淡水藻類學之研究。

　　通過院士候選人名單公布時，每組中分科排列但不標舉學科名稱，每科中名詞則依筆劃。擬定中國合作編撰中國植物誌（限於維管束植物）草章四條，中美合作原則三條等。〔註2066〕

10 月 22 日，中央研究院第一次院士選舉籌備委員會將籌備委員會第 5 次、第 6 次全體籌備委員會議的記錄送交各籌備委員。

11 月 15 日，公告候選人名單及其緣由。

　　公告在《國民政府公報》《大公報》等大報公布候選人名單及其候選理由，為期 4 個月，以彙集各方對候選人的意見。由評議會選舉第一屆院士，共選出 80 至 100 名，每人必須有全體出席人數五分之四投同意票者，方可當選為院士。隨後才由中央研究院以公告正式發布：

國立中央研究院公告

中華民國三十六年十一月十五日

茲經本院第二屆評議會第四次大會依法選定第一次院士候選人，數理組四十九人生物組四十六人及人文組五十五人，特為公告如後：數理組院士正式候選人分組名單（49）。數學（8 人）：江澤涵、姜立夫、許寶騄、陳省身、陳建功、華羅庚、熊慶來、蘇步青。物理

〔註2066〕陳勇開、吉雷、鄒偉選編《國立中央研究院評議會第二屆歷次年會記錄》，楊斌主編《民國檔案》總第 133 期，2018 年第 3 期，第 23～29 頁。

（9 人）：吳大猷、吳有訓、李書華、周培源、桂質庭、葉企孫、趙忠堯、嚴濟慈、饒毓泰。化學（8 人）：朱妝華、吳憲、吳學周、紀育灃、孫學悟、莊長恭、曾昭掄、黃子卿。地質學（12 人）：尹贊勳、王竹泉、朱家驊、李四光、李善邦、孟憲民、俞建章、孫雲鑄、翁文灝、黃汲清、楊鍾健、謝家榮。天文氣象（1 人）：竺可楨。工程（11 人）：王寵佑、汪胡楨、周仁、施嘉煬、侯德榜、茅以升、凌鴻勳、程孝剛、蔡方蔭、薩本棟、羅忠忱。生物組院士正式候選人分組名單（46）。動物學（10 人）：王家楫、伍獻文、朱洗、貝時璋、秉志、胡經甫、陳世驤、陳楨、童第周、劉承釗。植物學（10 人）：胡先驌、殷宏章、秦仁昌、張景鉞、裴鑒、劉慎諤、錢崇澍、戴芳瀾、羅宗洛、饒欽止。醫學（8 人）：李宗恩、胡正詳、洪正閭、袁貽瑾、馬文昭、張孝騫、湯飛凡、馮蘭洲。藥物學（3 人）：劉士豪、陳克恢、黃鳴龍。體質人類學（1 人）：吳定良。心理學（3 人）：汪敬熙、陸志韋、臧玉洤。生理學（5 人）：林可勝、徐豐彥、湯佩松、馮德培、蔡翹。農學（6 人）：李先聞、俞大紱、馮澤芳、趙聯芳、鄧叔群、劉崇樂。人文組院士正式候選人分組名單（55 人）。哲學（5 人）：吳稚暉、金岳霖、陳康、湯用彤、馮友蘭。古文字學（5 人）：余嘉錫、胡適、唐蘭、張元濟、楊樹達。歷史學（11 人）：劉文典、李劍農、柳詒徵、徐中舒、徐炳昶、陳垣、陳寅恪、陳受頤、傅斯年、蔣廷黻、顧頡剛。語言學（4 人）：王力、李方桂、趙元任、羅常培。考古學（4 人）：李濟、梁思永、郭沫若、董作賓。建築學（1 人）：梁思成。藝術學（1 人）：徐鴻寶。法律學（6 人）：王世杰、王寵惠、吳經熊、李浩培、郭雲觀、燕樹棠。政治學（5 人）：周鯁生、張忠紱、張奚若、錢端升、蕭公權。經濟學（8 人）：方顯廷、何廉、巫寶三、馬寅初、陳總、楊西孟、楊端六、劉大均。社會學（5 人）：吳景超、凌純聲、陳達、陶孟和、潘光旦。

11 月，聽胡校長的演講。

　　我有幸親睹胡校長的風采，聆聽他的演講，是 1947 年在望城崗。當時母校請他專程從北平返校講學。這一消息傳出，全校師生無不歡欣鼓舞，喜形於色。是日，秋高氣爽，陽光熙和。全校師生

早就齊集校本部前的廣場上。人心激動,盛況空前。胡校長身著長衫,神采奕奕,道貌岸然,一派學者風度。沒有講稿,也沒有提綱。講得順理成章,有聲有色。大家全神貫注,鴉雀無聲。佇立聽講,不知不覺已數小時。胡校長演講完畢,掌聲四起,經久不息。其講演的內容很廣,涉及政治、科學諸多領域。使我記憶最為深刻的是他講到原子彈的威力時,他說:有一位外國著名畫家畫了一幅油畫,畫面呈現出殘陽餘暉下,一片滿目荒蕪凄涼的大地上,只剩下一棵矮小的枯樹,有一隻殘生的母猴抱著一隻小公猴坐在樹上,凝視著遠方。畫的標題是:《世界靠我倆重新開始》。這是一幅原子彈戰爭毀滅人類後的可怕景象。兩顆原子彈使日本廣島、長崎人民的生命和財產遭受了毀滅性的災難。科學進步可以造福於人類,也可以毀滅人類於一旦。所以他說:人類要想永遠消除戰禍,依靠科學發明不可能奏效,而要依靠宗教力量。我想他講的是依靠宗教力量不是祈禱上帝恩賜世界和平,而是以宗教宣揚的人道和博愛精神,和睦相處,消滅戰爭,保持世界持久和平,使科學服務於人類,造福於人類。當時,第二次世界大戰結束不久,廣大人民都希望和平,厭惡戰爭。為了順乎民情,實現世界和平,胡校長提出了他的見解。〔註2067〕

11月,鄧鍾瑞求胡校長墨寶。

　　1947年,胡先生曾在望城崗母校辦公廳前廣場作了一次學術報告。報告之後,由校長暨院長、系主任、教授們陪同在會議室休息。由於先父是清邑庠生,愛好字畫,但多失諸兵亂。我仰慕胡先生大名,欲得其墨寶以光門第,便購得宣紙一幅,進入會議室,向胡先生一鞠躬,請賜墨寶。

　　當時在座者專注著我,校長卻說:「胡先生太忙,不要麻煩胡先生了。」可是胡先生竟慨然允之,說:「要我寫字可以,但是買的墨汁我不寫,必須磨好墨送到我家去。」於是遵囑磨成墨汁,恭恭敬敬地將紙墨送到南昌市天燈下胡先生寓所,由夏湘蓉教授(曾授我地質學課)轉交。後不久去取,竟得墨寶一幅,其愉悅之情可知。

〔註2067〕袁輝著《懷念胡先驌校長》。胡啟鵬主編《撫今追昔話春秋——胡先驌學術人生》,北京燕山出版社,2011年4月版,第306頁。

解放前夕，先父因怕所書內容招致麻煩，遂連同乞得母校法學院院長林希謙教授、倫理學教授孫道昇先生、民國元年眾議員、廣州護法議員鄒繼龍先生等之墨寶，付之一炬。然對胡先生慨允賜予墨寶，常表懷念，失斯墨寶，也常耿耿於懷，追思憶念，聊志緬懷之情。〔註2068〕

11月，俞德濬、鄒家才發表「雲南煙草栽培試驗報告」。

11月，俞德濬、鄒家才發表「雲南煙草栽培試驗報告」，試驗研究表明：美煙三號、四號、長坡一號、特四零一號為產量最高，每畝約可產乾葉七十公斤，黃花煙葉最低，每畝約產二十餘公斤。美煙二號、五號、特四〇〇號、特四〇一號的品質不論色澤香味以及厚薄度均臻上乘。〔註2069〕

11月，薛紀如《中國唯一之巨樹──水杉》刊於《科學世界》1947年第16卷第11期339～340頁。

12月8日，胡先驌致任鴻雋信函。

叔永吾兄惠鑒：

弟於四日抵平，一路順適。雲南種煙場規章，想已擬就，盼即日寄下，以便轉寄蔡希陶為要。會計一職，如財務委員會能派人尤佳，否則將由弟物色適當之人充任也。水杉之種子已由鄭萬鈞派人自萬縣採集，即當廣為寄國內外各機關繁殖。波蘭某古植物學家來函，認為活水杉之發現乃一「sensation」云。尊夫人想已抵滬，乞代致候。

專此即頌

冬綏

弟　胡先驌

十二月八日（1947年）〔註2070〕

〔註2068〕 鄧鍾瑞著《憶乞墨寶》。胡啟鵬主編《撫今追昔話春秋──胡先驌學術人生》，北京燕山出版社，2011年4月版，第298頁。
〔註2069〕 中國科學院昆明植物研究所編委會編《中國科學院昆明植物研究所簡史（1938～2008）》，2008年10月版，第4頁。
〔註2070〕 胡宗剛撰《胡先驌先生年譜長編》，江西教育出版社，2008年2月版，第459頁。

12 月 10 日，胡先驌致韓安信函。

敬啟者：

敝所與貴所合作編印《中國森林植物圖志》一書，最初規定每卷出一百種，計圖一百幀，說明一百頁，但最近研究竣工將即，稿件製圖亦大半就緒，深感每卷圖數決不能以一百種為限，說明長短不一，每圖亦不只一頁。蓋科屬悉按自然分類法排列，若抽出一屬，失去分類系統，殊非得計。今以行將付印之第一卷而論，計為樺木科與山毛櫸科樹木共十屬（山毛櫸科其餘之屬在次卷付印），計圖一百三十六幀，說明約一百五十頁，成一自然分類系統，絕難分割。為此所用紙張及印刷材料必須增加，約計三分之一，計紙張須增加四令半，印刷材料亦須酌量增加。衡諸現在物價，必須二千五百萬元方克敷用。該書現編纂就緒，製圖亦已逾三分之一，預計至遲明春二三月間，即可出書，務補所增加之款，早日匯下，以利進行，毋任感禱。

　　此致
農林部中央林業實驗所所長韓安

　　　　　　　　　　　　靜生生物調查所所長　胡先驌
　　　　　　　　　　　　（卅六）年十二月十日〔註2071〕

12 月 12 日，靜生生物調查所江西省農業院廬山森林植物園致生物系張主任《合作約書》。

摘要：為正在檢提植物標本預贈正大前，蒙允借一億元，盼速撥付茲就正大無植物園合作契約請發閱與教部接洽核准由。

擬辦：一、XXXX 本大學植物標本三千號，則本大學似可借與預增一億元交換標本，兩不吃虧。二、合約內應加生物一項。為「合作教授森林園藝研究約書」應改為「合作教授生物森林園藝約書」。三、本大學白鹿洞林場應將參辦植物園圖書設備有限約書。

批示：內甲方負責太重。

胡先驌寫給林一民校長的信：弟正遣人檢提三千號（已黏貼）

〔註2071〕　胡宗剛撰《胡先驌先生年譜長編》，江西教育出版社，2008 年 2 月版，第 460頁。

植物標本，預備送贈正大（近與江南大學訂約，讓贈五千號標本價
二億元）鳥類標本亦可酌贈，以期奠定正大生物系研究之初基
也。……等追加經費領到時，借一億元以供盧山植物園建築之用，
盼能快速撥付。一年內即可歸還，不誤正大與植物園合作契約……

（鄭瑤先生提供）〔註2072〕

12月12日，胡先驌致林一民信函。

一民校長吾兄勳鑒：

在贛備承優款，感荷可言。弟於本月四日抵平，一路安適，可
紓遠念。弟正囑人檢提三千號（已黏貼）植物標本，預備寄贈正大
（近與江南大學訂約，讓購五千號標本，價二億元），鳥類標本亦可
酌贈，以期奠定正大生物系研究之初基也。前蒙面允俟追加經費領
到時借一億元以供盧山植物園建築之用，盼能盡速撥付，一年內即
可歸還不誤。正大與植物園合作契約茲已擬就繕好，特寄呈察閱，
盼能及早與教育部接洽，早日核准，在明年一月即開始實行，以後
弟當以全力協助吾兄建設正大也。

專此候復，敬頌

勳綏

弟 胡先驌 拜啟

十二月十二日（1947年）〔註2073〕

12月13日，胡君除主持靜生生物調查所所務外，本年開始編纂《中國森
林樹木圖誌》，並繼續研究水杉新種。此項新發現，在植物分類學與古生物學
均有重要價值，頗引起國際學者之滿意。本年度發表及完成待印之研究及調查
結果多篇，其中有：胡先驌《中國水杉屬古生種之研究》，《中國地質學會會報》
二十六卷。胡先驌《中國森林樹木圖誌——殼斗科樺木科》，兩卷。胡先驌《水
杉屬與中國水杉屬之一新種》。〔註2074〕

12月13日，胡先驌致任鴻雋信函。

〔註2072〕江西檔案館，檔號：合作約書（J037-1-01043-0078）（1947年12月12日）。
〔註2073〕《胡先驌全集》（初稿）第十七卷下中文書信卷，第481頁。
〔註2074〕《中華教育文化基金會董事會報告（1947年1月～12月）》。

叔永吾兄惠鑒：

　　郵匯局韋主任告知，在北平匯款至滬，每千元收匯費二百四十元。渠勸本所與之辦理匯劃，每月二十五日由渠介紹之商號，憑弟親筆蓋章之條持往貴會取五千元，本所在此間即可收回六千元，溢出之數，不無小補，請即告知葉良才先生照辦為感。

　　專此即頌

時祉

弟　胡先驌

十二月十三日（1947 年）〔註 2075〕

12 月 15 日，任鴻雋致胡先驌信函。

步曾吾兄惠鑒：

　　十二月十二、十三日及八日各緘先後收到，敬悉一一。弟於十一日赴京開會，今日始返滬，各示未能早復為歉。雲南種煙場規程擬妥後，尚須經委會通過，兄似可先以委員會大意與蔡希陶君說明，章程稍緩再行寄去。蔡君來緘云農行借款僅撥到一億五千萬元，其餘如何，有全付之望否？又上次會議記錄有請兄自行往滇察看一次，或請蔡君北來，一為商洽之決議，兩者究竟何出，似不妨早為決定，以利進行也。關於靜所匯款與郵匯局韋主任打兌一節，當可照辦，惟請兄與韋主任訂劃匯約時抄一副本寄下，以資參考為要。卅七年度靜所經費此次年會通過美金一千元，將來當可按市價發放。植物園經費按月寄一千元與封懷兄，自屬不成問題。成問題者係因郵局匯寄過於零碎，甚欲得一簡便之寄法耳，兄如知有較好辦法望示。北平物價漲到何程度，甚以為念。兄一月薪津當為提前匯發不誤。

　　專此敬頌

冬安

弟　任鴻雋

卅六年十二月十五日

又關於靜所與清華合作事，近得梅校長來箋言現難以辦到，稍

〔註 2075〕胡宗剛撰《胡先驌先生年譜長編》，江西教育出版社，2008 年 2 月版，第 460 頁。

緩當將原緘擬以呈閱。〔註2076〕

12月16日，胡先驌致韓安信函。

竹坪吾兄惠鑒：

接十月卅日手書並薛紀如先生所記驌之講稿，略為更改即寄上，乞查收為荷。《森林樹木圖志》增添數頗多、日前有公函至貴所，請加撥款。現在各物翔漲，如不能寄到，必不能如計劃出版。如何辦法，請示知，多耽擱一日即須追加一日千萬，勿稽延為禱。

此頌

勳綏

弟 胡先驌 拜啟

十二月十六日（1947年）〔註2077〕

12月22日，韓安致胡先驌信函。

步曾吾兄大鑒：

本月十日、十六日先後惠書及講稿，均已收到，甚感。稿已交由本所出版，會優先發表，藉申謝忱。又《中國森林植物圖志》第一卷即可出版，聞之尤喜。至以篇幅增加，囑速補付國幣二千萬元，自應奉匯，以利進行。惟本所現值年終，經費拮据，一時力不從心，抱歉良深，若能將原份數酌予減少，使不超過原定預算最好。本所到之處元月經費只領到數千萬元，現屆年終，請求政府追加經費，亦不可能，尚乞諒察。將來本所經費如有意外機緣，得大量增加，再求補印。

專此奉復，並頌

研安

弟 韓安

卅六年十二月廿二日〔註2078〕

是年，蔡希陶致胡先驌信函。作為科研機關，從事科學研究是天職，結合

〔註2076〕 胡宗剛撰《胡先驌先生年譜長編》，江西教育出版社，2008年2月版，第461頁。

〔註2077〕 胡宗剛撰《胡先驌先生年譜長編》，江西教育出版社，2008年2月版，第461～462頁。

〔註2078〕 胡宗剛撰《胡先驌先生年譜長編》，江西教育出版社，2008年2月版，第462頁。

當時情況，當地的優勢從事煙草研究也是明智之舉。在三年國內戰爭中，科研單位處境非常艱難，政府的補助不能及時到位，物價飛漲，民不聊生。蔡希陶副所長帶領科研人員從事一些經營性煙草事業，實屬無賴之舉，單位不能擔保，也只能找其他辦法。蔡希陶寫信告訴胡先驌，煙草生產情況，採取一些辦法，解決資金的問題，特別是沒有違法原則，沒有採用農林所擔保，貸款，請放心。

步曾夫子鈞鑒：

　　接讀十八日諭示，獲悉吾師安返北平，至為欣喜。月來因鈞址不定，故未作稟報告。茲者昆明美煙已漲至每擔六百萬元，舊年後總可達一千萬元大關。而豫魯產區，烽火連天，非惟運輸不可能，恐煙田亦盡荒蕪矣。故明年滇省種煙已臻，斷然為有利階段，如收穫量三萬斤，總價可在二十至三十億元間，誠屬可喜。貸款經過吾師想已聞悉。十一月十八日生接任先生函告：「中基會會章規定，不能有任何經濟上之擔保責任，最好就昆明另覓一保。」即電請將借約寄回昆明，二十五日借約寄到，二十六日入城，煩子農先生以雲南實驗農場名義蓋章作保。一面請求農行先行撥款一部分。其他調查場地址、設備擔保等手續，皆面商免除，以求簡速。二十七日即將一億五千萬元領獲（此係農行三十六年剩餘之貸款），二十八日政府停止貸款，三令公布，可謂大幸矣。

　　現在食米已購存三百餘石，場地已租妥二百餘畝（先繳租金每畝每年十餘萬元），職員已添聘四人，規模至此，粗具矣。靜生財務委員會對此事之關心，自極合理。明年年終，生當將經營經過，及盈虧實況詳為報告，以求彼等之瞭解，並藉以作靜所此後運用基金之參考。然此次貸款，彼等並未擔保，誠恐吾師誤會，特函稟明。

　　滇所會計仍為曾吉光，人雖老朽，尚屬忠實。款項之運用，農行照約有監視權，又兼生名為貸款人，法律責任甚重，將來歸還如生問題，生實責無旁貸，故一切皆由穩重方面進行，決不致有辱師命。

請釋鈞念

蔡希陶

（一九四七年）〔註2079〕

〔註2079〕蔡希陶致胡先驌，1947，南京：中國第二歷史檔案館，609，（1026）。胡宗剛著《靜生生物調查所史稿》，山東教育出版社，2005年10月版，第214～215頁。

　　是年，1947 年度，續聘植物學胡先驌，動物學秉志，考古學李濟為中華教育文化基金會董事會科學研究教授。《中華教育文化基金會董事會報告（1947 年 1 月～12 月）》。

　　是年，《設立廬山國有林場並與廬山森林植物園合作造林計劃書》文章現存於中國科學院植物研究所檔案室。摘錄如下：

　　　　廬山林場創建於民國二年，初名廬山森林局，計有黃龍寺、東林寺、湖口三林區。民國六年，驌曾任該局副所長，知該林場情形甚悉，先後曾栽植林木數百萬株，就中以黃龍林場為尤佳，柳杉、金錢松、落葉松等佳木，今徑皆逾尺，為中國人工造林成績最佳者。後隸屬於江西省農業院，今又改隸於廬山管理局；但以省政府經費竭蹶，未能加意整頓，又無專家主持，不能藉以推廣，繼續將廬山全部造林，至為可惜。允宜由農林部向江西省政府接涉，將該場改設為廬山國有林場，派專家主持之，並擴大造林，以收將廬山全部造林之效，在建設廬山聲中，江西省政府或肯同意此計劃也。

　　　　民國二十三年靜生生物調查所與江西省農業院合辦廬山植物林植物園，佔地四千餘畝，廣植佳木珍卉，為中國唯一馳名國際之植物園。曾植有各種珍貴苗木二十餘萬株，今皆高四五尺，此種十餘年之針葉樹苗木，按市價至少每株可值法幣十萬元，其全部價值可以想見。但靜生生物調查所與廬山森林植物園均無此財力，能將此大批苗木造林，若使之久存苗圃中，則荒廢可惜；若農林部將廬山林場收歸國有，廬山植物園願將此二十萬株苗木全數廉價讓於廬山國有林場。議定價後，如農林部一時不能價買，可商請政府撥付廬山植物園以美金公債，或議定利率，每年付息，以充廬山植物園經費，是誠兩利之道，而尤要者則在能迅速將此項苗木移植成林，以綠化廬山也。

　　　　上項建議為農林部造林一重要計劃，是否有當，敬希裁核實行。

〔註 2080〕

　　是年，寫《四十年來北京之舊詩人》（上、中、下）文章，手稿，尚未發表。摘錄如下：

〔註 2080〕《胡先驌全集》（初稿）第十四卷科學主題文章，第 272 頁。

胡先驌寫《四十年來北京之舊詩人》（上）文章手稿

晚清末季，詩學甚為發達，大家名家輩出。民國四十年來作舊詩之詩人半係晚清遺老，半係後起之秀，但後者之宗派蘄向，實與清末之老輩詩人相同，故欲論近四十年之舊詩，非上溯晚清不可，陳衍常與鄭孝胥稱清同治光緒兩代之詩為同光體。……

石遺此論將清末詩家流派言之甚悉，然同光兩朝之詩不論其為清蒼幽峭，或為生澀奧衍，要以規撫宋人為多，其專學選體及唐音而賤視宋詩者，只有湖外派如王闓運曾廣鈞及章太炎之流，不足稱為主力軍也。

自宣統帝嗣位，……其時居高位而足以領袖詩人者只有張之洞一人，故欲論北京四十年來之舊詩，必認張之洞為其前導，……故實為清末之一賢相，而其優禮文士網羅賢俊，對於當時之詩教，亦有莫大之影響也。

張之洞，字孝達，號香濤，直隸南皮人，同治癸亥探花，官體仁閣大學士軍機大臣，著有《廣雅堂詩》。……可謂首屈一指，為曾國藩所不及，祁雋藻之䜩𥱼亭詩，亦不能勝之，……其談詩務以清切為主，……其沉痛幾等於屍諫，奈屠王不聽，此清室之終於傾覆也。

與張之洞同輩而享高壽，為入民國三十年來之魯殿靈光者，厥為清室太保陳寶琛，陳字伯潛，號弢庵，福建閩縣人，同治戊辰進士，官至太保，在翰林院時喜上書指陳時事，……

陳弢老除以詩為閩派詩人領袖外，其人格之高超，風義之篤厚足以使人欽佩不置。

……

弢老人格之高識見之卓，尤在其辛亥改步以後對於清室之態度，其再度出山即知時局之危殆，及清廷顛覆，亦認為大勢所趨，不得不然者。……對溥儀個人可稱忠藎，然不為愚忠而失卻愛國心，此其所以高出於鄭孝胥康有為輩者也。

弢老之詩，修潔幽峭，恰如其人與其書，然亦其廿年大隱於山水之鄉，所以涵泳而成者也，所居螺江有滄趣樓，面樓奇峰五折，疊若屏風，矗立千仞，視匡廬五老香爐諸峰殆有過之，詩境亦相似，其意境韻味似荊公與東坡，其句法則頗似昌黎與山谷。各體詩以七言古詩為最佳，以其橫肆峭折，具見詩功，七律則情味真摯，五言古詩則又次於此二體，然亦深秀雋永，其「留客便盤圓石坐，借書慣就柳陰攤」之句，置之荊公集中可以亂楮，然其筆力似不及陳散原與鄭太夷，故尚不能為同光詩派之宗主，夏映庵先生以為閩詩俱受作詩鐘習氣之累，故多好句而少好篇，弢老之詩亦不免此病，殊非過苛之論也。

民國成立第一有關係人為袁世凱，此盡人皆知者，……袁蓋曹操司馬懿一流人物而視曹操尚有愧色者也。

袁世凱乃一梟雄，並非詩人，然如曹孟德亦自能詩，……諸人相唱和，自號洹上漁人，有煙蓑雨笠一漁舟圖。……

袁之長子克定，次子克文皆能詩，而克文才氣橫溢，貢諛之人比之於陳思王曹植，袁世凱帝制自為之心，實克定逢惡所致，克定有為司馬炎之心，故亦折節交結名士，曾自洹上墓廬寄易哭庵以詩……

民國以來之達官當首推徐世昌，世昌字菊人，籍天津，有清翰林。……以黃老之術持身歷世，不為惡事，然亦無補時艱，其可傳之業當在輯刊《晚晴簃清詩匯》一舉。……世昌作詩意境技巧，並

非甚高，然以胸懷恬退，故亦自不俗。……世昌之詩，本非甚高，而其可稱則在此，其不及張之洞亦在此，二人之功業相似，然在之洞之詩則憂國之懷溢於言表，在世昌則身負國家安危之重任，而若一切不足以膺其懷者，達則達矣，以語忠貞憂國，則欿然不足矣。

其《退耕堂集題》，……此乃其集中最高超之作，然比之蘇東坡之和陶詩與孔繼榮之用陶韻詩則又不及矣。

咸同間耆儒老壽，至民國猶巍然獨存者首推王闓運，闓運字壬秋，湖南湘潭人……有《湘綺樓詩》，……蓋湘綺好為大言，不切實際，故曾國藩目之為妄，而終不欲羅致於幕府中也。

湘綺後來歷至各地講學任山長，以在蜀中主講尊經書院時作育人才最多，入民國後袁世凱聘任之為國史館館長，時年八十三，魯殿靈光，人爭禮侍。……其為詩也，專摹擬漢魏六朝與唐人，唐人以後之詩，則等諸自鄶。……

中國近代變局之導引人，盡人皆知為康有為，有為原名祖詒，字長素，號更生，廣東南海人，……民國既成立，保皇已無意義，然有為仍謂中國不可行民主。袁世凱利其言，致書稱國老，厚幣相迎，欲求一見，而有為勿往。……

有為初非以詩為業者，然以其襟懷權奇恢詭，故為詩亦光怪陸離，其記憶力絕強，能背誦杜詩全部，梁啟超曾工楷手寫其詩，其詩浩瀚汪洋，不能以詩律論之。……則又工整流麗，詩人之詩矣。

清末最淹貫之儒宗乃吾師沈乙庵曾植，而淺學之人或不能舉其名，亦可喟矣，沈師字子培，號乙庵，浙江嘉興人。……余始謁乙師在光緒甲辰年應童子試時，時師知南昌府，見師為五十餘老儒，衣巾垢敝，而書室中則牙籤萬軸，下自地板上接承塵，皆典籍也。……師博極群書，對於詞章之學初不措意，……師治學雖博，然不喜著書，讀書有得，隨手以片紙作札記，記後亦不董理，此等札記，動盈箱篋，身後朱古微先生欲為刊布，輒以無人敢為之整編而罷。其嗣子非克家兒，於此事殊不在意，今此無價寶藏，歸李證剛先生保存。……

師以善為同光體著稱，艱深晦澀，頗非淺學所能解……

　　清末執詩壇牛耳者二人，領袖江西派者為陳散原（三立），為閩詩宗主者則為鄭太夷（孝胥）。散原字伯嚴，晚年自稱散原老人，江西修水人。……清節自勵，張作霖死，張學良以二萬金乞為其父作墓表，而散原拒之，學良乃以一萬金餉章太炎，而太炎執筆，世人於是知二人之身價矣。……散原之詩少學昌黎，後乃學山谷而雜以薛浪語，己酉刊詩盡棄少作，存詩自辛丑始。余嘗謂並世詩推陳鄭，鄭詩如長江上游，水湍石激，鬱怒盤折，而水清見底，少淵渟之態，陳詩則如長江下游，波瀾壯闊，魚龍曼衍，茫無涯涘，此其軒輊所在歟。

　　散原之詩不為張廣雅所喜，蓋廣雅談詩專主清切也。……蓋海藏、石遺皆主清切，以三家貌似，故等量齊觀而不知其有上下床之別，而散原之目光夐矣。

　　戊戌政變散原實主張之，其父因以罪廢，此散原最為疚心之事。……

　　散原詩之境界，時而要眇幽深，時而陸離光怪，宏恢靜細，不拘一體，有時眼前景物，一經點染便覺超脫。……

　　與散原抗衡者則為鄭孝胥，孝胥字蘇堪，號太夷，福建閩縣人。而遼瀋變作，乃與其子垂與土肥原謀挾溥儀出關建滿洲國，而身任偽國務總理。後鄭垂與日人齟齬，為日人藥死。……

　　然其為詩則凌駕一代，三十以前專攻五古，規撫康樂而浸淫柳州，又出入東野，三十以後肆力七言而最喜荊公。……大抵海藏之詩，最善白描不假雕飾，而筆力透紙背。……海藏樓雜詩或議論或描寫，皆直往直來，不假雕飾，兀傲之氣，躍然紙上，蓋不求工而自工者，海藏過人之處在此。……海藏若甘以詩人終，自可使萬人低首，乃矜才使氣，誤君誤國，永為名教罪人，惜哉。

　　清末能作詩而尤善談詩者，當推陳石遺先生衍，先生福建侯官人。

　　……乃著《石遺室詩話》，月成一卷，至甲寅夏乃單印共十三卷。後又刊登於東方雜誌，最後陸續編纂，定本乃有三十二卷於十八年刊行。此為石遺畢生一重要著作，不但網羅文獻而以其詩學深邃，評騭恰當，有裨當代之詩學甚大。……又曾輯《近代詩鈔》，網羅近

代詩家甚備，然亦有遺漏。……

　　……敘與乙庵論詩事，折拗亦似同光體也。

　　清末詩人以儁才自負，效中晚唐體，作詩數萬首者，首推樊增祥，增祥字嘉父，號雲門，亦號樊山，湖北恩施人。……入民國後一度為清史館館長，詩尤有名，……

　　其詩雖取徑中晚唐，但論詩則不拘宗派。……

　　同為中晚唐詩與樊山齊名者厥為易順鼎，順鼎字仲碩，一字實父，自號眉伽，晚號哭庵，湖南龍陽人。……入民國與袁世凱次子克文深相結納，得代印鑄局，乃狂喜。及袁氏敗克文南行，順鼎乃佗傺失志，放蕩歌場，其癸丑詩存則淫穢不堪入目矣，民國五年卒，年五十九。

　　……則出入杜韓，辭義正大，若所作之詩多類此，則不至蒙頹放才人之譏矣，惜哉。

　　與樊樊山同時同鄉里，以詩鳴，卓然稱大家，而流俗不甚知之者，則湖北天門周泊園（樹模）也，樹模字少樸，號沈觀。……

　　其詩各體俱精，氣勢雄偉，不斤斤以琢句為工而自然工妙，則學養過人之故。其辛亥改步後寓居上海所作之詩，直擬杜陵，其憶昔遊詩浩瀚旁薄，紀其周遊列國事。……近代楚人之能詩首推樊，以其詩多而才大，若論品格，泊園反高出樊山一等矣。

　　與陳散原先生為姻婭而為清末一著名詩人者，是為俞恪士（明震），明震一號觚庵，浙江山陰人。……觚庵之詩，清新儁逸，較諸大家，似覺清而未厚，然風格道上，讀之如食鮮荔，如食鰒魚，味自不凡，二十五年前余曾作專文論之，今日重讀，猶愛不忍釋也。

　　觚庵詩存共分四卷，第一卷詩頗多儁句。……戊申己酉觚庵任江西贛南道，所作詩較前益進，如戊申十一月重遊通天巖留宿山寺，遊丫山，遊空同山遇雨，遊空同歸投田家一宿諸寺各詩風格皆極清儁。辛亥赴甘肅提學使任，詩格一變，由清轉厚。……

　　近代北方詩人當推張廣雅為第一，其次則為王晉卿樹枬，樹枬直隸新城人，光緒丙戌進士。

　　……奧邃蒼堅，的是杜陵。至七古六盤山則語奇句重，拗折筆

確，酷肖昌黎矣。……其卓識竟與科學暗合，噫異矣。

北方學者為海外所推重，不以詩鳴而詩亦可觀者，是為柯風孫先生劭忞，鳳孫先生山東膠縣人。……蓋先生一代儒宗，詩其餘事也。先生五言古體宗漢魏，最為渾古，七言古則宗唐人，時類昌黎，五七言律詩亦唐音，尤善為長律，排比鋪敘，氣沛神完，人所難能。先生雖淡於榮利而憂國之懷激烈，故感時撫事可稱詩史。……皆杜陵詩史也。……先生不以詩鳴，而所作自可與並世詩豪抗手也。

與柯鳳孫同時同為京師大學堂監督而以駢文著稱者則有孫師鄭雄，雄江蘇昭文人。……曾輯道咸同光四朝詩史十餘集，約得二千餘家，無論貴賤老幼，識與不識，以詩投者無不錄，有《鄭齋類稿》。……師鄭以駢文名，素為李慈銘所推重，雖博於選詩，而自著不多，要為能手也。〔註2081〕

是年，胡先驌當選北京博物學會理事，為期3年（1947年～1950年），會長鍾惠瀾。〔註2082〕

是年，廬山森林植物園採集員馮國楣到雲南的文山、富寧、硯山、西疇等地採集植物標本。

一九四七年馮國楣在雲南東南部亦採集有大量植物標本。在此大量雲南植物標本中發現新種植物甚多，且有新屬。此外歷年來對於淡水藻類亦有大量採集，皆由李良慶博士研究，曾發表論文多篇。所採大量蕨類植物，則由秦仁昌教授研究，曾發表多篇研究論文。〔註2083〕

是年，胡先驌致中央林業實驗所信函，盡快落實採集植物標本的經費。

胡先驌與農林部中央林業實驗所聯繫，與該所合作進行湘鄂贛邊區的森林資源調查，經費共計500萬元，靜生所和中央林業實驗所各擔負一半，此項工作由廬山森林植物園擔任。經遴選，派技士

〔註2081〕張大為、胡德熙、胡德焜合編《胡先驌文存》（上卷），江西高校出版社，1995年8月版，第470～496頁。
〔註2082〕孫承晟著《葛利普與北京博物學會》，《自然科學史研究》第34卷，第2期（2015年），第191～193頁。
〔註2083〕胡先驌著《植物分類學簡編》，高等教育出版社1955年3月版，第5頁。

熊耀國率領技術員葉永豐及練習生二人前往,於當年 6 月 1 日出發,
至年底歷經贛西北 12 縣,途程 2000 餘里。此區域的植物調查自此
始,得臘葉標本 1538 號、木材標本 32 種、球根 1100 餘個、種子 71
種,成績尚稱豐富,其中還有不少新紀錄。第二年,美國哈佛大學
阿諾德樹木園資助美金 500 元,秋間熊耀國又率隊前往,以做更全
面的調查。熊耀國於此次工作寫有《湘鄂贛邊區森林資源調查報告》,
惜未曾刊行,今抄錄其「引言」,以見採集始末。「湘鄂贛三省接壤
處,山脈綿延,縱橫千里,其間奇峰絕壑,不可勝數,珍木異卉,
極為繁茂,植物種類、農林產品蘊藏之富,皆超乎吾人平日想像之
外,然以地處偏僻之故,從無人注意。廬山森林植物園(以下簡稱
本園)有鑑於此,乃於二十四年夏,派編者前往調查,時以匪風正
熾,未能深入理想之境,然已搜得珍貴植物品種及重要農林產物資
料甚多,自此遂益知此區森林資源之不可忽視,而益增本園同人對
此區之研究興趣。二十七年秋,九江失守,廬山危急,編者避難於
此,在戰雲籠罩中,艱苦奮鬥,繼續調查,每深入人蹤罕至之處,
所見植物雜然,前陳多為前所未見者,自是每年皆不避艱險,入山
調查,綜計歷年所採臘葉標本一千八百餘號,其中特殊之品甚多,
且有樹種證實為新種,已由本園轉載於國內外刊物發表,至於其他
重要林木及各種經濟植物尤不勝枚舉。去年夏本園與中央林業實驗
所,咸以建國方殷,學術研究正宜積極進行,特合組湘鄂贛邊區森
林資源調查隊,由編者率領,於六月一日自本園出發,道經九江、
德安、永修、武寧、陽新、修水、通城、平江、銅鼓、宜豐、奉新、
靖安等十二縣,深入伊山、太平、黃龍、幕阜、黃崗、余袁、鋸齒崙
諸山,計程二千零七十里,費時八月,採得臘葉標本一五三八號,
六七七三份,木材標本三二號,森林園藝植物種子一二六種,重要
觀賞植物生苗一一〇二棵,土壤標本一七號,樹木圓盤五號、二十
個,繪製圖表四〇號。惜為經費所限(預算一〇〇〇萬元,在採集期
中,物價上漲十至三十倍,工作人員由三員三工,裁為一員二工),
工作成績未能盡符理想,近數月來,雖勉強於艱苦中繼續奮鬥,然
為節省運費,縮減開支,計不能不於中途停止,鋸取樹木圓盤,及

木材標本，擇便採收森林園藝植物種苗，裁減工作人員，停止調查湘贛邊境之武功山、上高之蒙山、武寧之九宮山、朱家山、嚴陽山、永修之雲居山、奉新靖安境內之西山山脈。關於農林產物之調查，亦為經費、人力、時間所限，一部分地帶且不安全，故除修水、武寧、銅鼓、宜豐四縣尚有較詳細之統計數字外，余皆未及調查，現全部標本種苗仍滯留武寧縣城，無法起運。因之科學性之調查報告刻下無法編成，此次報告僅係通俗性質，簡陋之處在所難免，閱者諒之。」〔註2084〕

是年，廬山森林植物園委員及職員。

廬山森林植物園第四次年報委員會。委員長：龔學遂，伯循；副委員長：金紹基，叔初；會計：董時進；書記：秦仁昌，子農；委員：胡先驌，步曾、范銳，旭東、程時煃，伯廬；職員。主任：秦仁昌；技師：陳封懷；技術員兼會計：雷震；助理員：馮國楣、劉雨時；事務助理：姚鏞；練習生：楊鍾毅、熊耀國、李遇正。本年，馮國楣、劉雨時兩君練習期滿，成績合格，自七月一日起，升為助理員。李遇正君於四月一日入園，當練習生。八月，聘姚鏞君為事務助理。本園主任，自三月一日起，受江西省農業院之聘，兼任廬山林場主任。〔註2085〕

是年，受雲南省人民企業公司委託，農林植物所派馮國楣、楊月波等到滇東南進行包括三七等經濟植物調查，調查時間從7月10日到1948年1月16日，馮國楣撰寫專題調查報告。〔註2086〕

編年詩：《丁亥修禊成短篇以報》《除夕和贛一》。

〔註2084〕 熊耀國，《湘鄂贛邊區森林資源調查報告》，1948，南昌：江西省檔案館。胡宗剛著《靜生生物調查所史稿》，山東教育出版社，2005年10月版，第211～213頁。

〔註2085〕 胡宗剛編《廬山植物園八十春秋紀念集》，上海交通大學出版社，2014年8月版。第129頁。

〔註2086〕 中國科學院昆明植物研究所編委會編《中國科學院昆明植物研究所簡史（1938～2008）》，2008年10月版，第4頁。